U0596505

蒋彝和他的文友

Chiang Yee and His Circle

旅英华人的艺术创作与社会交往
（1930—1950）

〔英〕**保罗·贝文**
〔英〕**安妮·韦查德**
〔美〕**郑达**
————主编

周小进　崔新羽　等
————译

中国出版集团　东方出版中心

图书在版编目（CIP）数据

蒋彝和他的文友：旅英华人的艺术创作与社会交往：
1930—1950 /（英）保罗·贝文，（英）安妮·韦查德，
郑达主编；周小进等译. －上海：东方出版中心，
2023.11
　　ISBN 978-7-5473-2271-0

Ⅰ.①蒋… Ⅱ.①保… ②安… ③郑… ④周… Ⅲ.
①蒋彝（1903－1977）－生平事迹 Ⅳ.①K825.72

中国国家版本馆CIP数据核字（2023）第174079号

Chiang Yee and His Circle: Chinese Artistic and Intellectual Life in Britain, 1930–1950
© 2022 香港大学出版社
版权所有。未经香港大学出版社书面许可，不得以任何（电子或机械）方式，
包括影印、录制或通过信息存储或检索系统，复制或转载本书任何部分。
本书简体中文版由香港大学出版社授权东方出版中心出版发行。
This Chinese edition is arranged through Gending Rights Agency (http://gending.online/)

上海市版权局著作权合同登记　图字：09–2023–0913号

蒋彝和他的文友：旅英华人的艺术创作与社会交往(1930—1950)

主　　编　〔英〕保罗·贝文　〔英〕安妮·韦查德　〔美〕郑达
译　　者　周小进　崔新羽　等
策划/责编　戴欣倍
装帧设计　钟　颖

出 版 人　陈义望
出版发行　东方出版中心
地　　址　上海市仙霞路345号
邮政编码　200336
电　　话　021-62417400
印 刷 者　上海盛通时代印刷有限公司

开　　本　710mm×1000mm　1/16
印　　张　17.25
字　　数　238千字
版　　次　2023年11月第1版
印　　次　2023年11月第1次印刷
定　　价　78.00元
版权所有　侵权必究
如图书有印装质量问题，请寄回本社出版部调换或拨打021–62597596联系。

目　录

第一部分　蒋彝

第二部分　蒋彝的朋友圈

序　言

　　我小时候在儿童医院刚做完疝气手术，正在康复之中。这时候有人敲门，中国领事的夫人走了进来，送给我两本书：《天桥》(The Bridge of Heaven) 和《哑行者伦敦画记》(The Silent Traveller in London)。她和我父母是朋友，对我很了解。她知道我喜欢读书，在学校里还上过绘画课。我半躺在病床上，觉得《天桥》读起来有些费劲，不是我喜欢的那种冒险故事，但那本《哑行者伦敦画记》中精妙的水彩却给我留下了深刻印象，与我小时候喜欢的浓墨重彩大不相同。

　　上面描述的场景发生于1943年，地点是澳大利亚的悉尼，我父亲在那儿担任中国总领事。

　　五年后，我想报考牛津大学。遗憾的是我既不懂拉丁语，也不懂希腊语，即所谓的经典语言，会经典语言是入学的必要条件。于是父亲请著名的剧作家和小说家熊式一来帮忙。他的确帮了忙，我被录取了，但我翻译的是孔子和孟子，而不是柏拉图和西塞罗。在牛津读本科的时候，我住在熊先生家里，在艾弗里路（Iffley Turn）上，是熊先生（我喊他"熊叔叔"，因为他是我父亲的朋友）租的房子，后来被著名作家格雷厄姆·格林买了下来。我知道，我一直用"著名的"这个词，令人厌烦，但这也没办法。我住在艾弗里路期间，熊叔叔因为《王宝川》这部戏剧而名声大噪，后来又因为小说《天桥》而声誉日隆。中国知识分子和艺术家纷纷来访，受到熊太太的热情招待，众人齐聚一堂、相谈甚欢。啊，那时候我还是不谙世事的少年，不知道自己正生活在中国知识和艺术的宝岛之上。因为少不更事和无知，我并没有想办法参与，甚至都懒得去记这群星之中究竟谁是谁。不过有一个例外，一天，进来一个人，在中国人中算身材魁梧的，别人介绍说他叫蒋彝，是"哑行者"系列图书的作者和插画师。大家围在放满美食的桌子四周，熊叔叔说他要问问费雯丽（Vivien Leigh）愿不愿意出演《王宝川》（*Lady Precious Stream*），其他人也提到了很多人的名字，大多我不熟悉，除了萧伯纳。他对旅居海外的中国文人非常支持，甚至还说，随着时间的推移，英语这门语言会不会因为华人作家的作品而慢慢带上淡淡的茉莉花味儿。

读者面前这项由多名作者共同完成的研究，详细描述了第二次世界大战期间一场了不起的运动，先是在伦敦，然后是牛津和剑桥——我说它了不起，是因为其创造者、发动者不是英国人，而是中国人。我没做过相关研究，无法对这些学者们的成果有所增补，但我有一个他们不具备的优势——我在现场，就站在一旁，目睹了西方文学史、美学史上这个不应忽略的重要章节。

段义孚（Yi-Fu Tuan）

（段义孚，1930年生于中国天津，曾任威斯康星大学麦迪逊分校J. K.赖特地理学教授和威勒斯地理研究教授，1998年退休，出版著作23种，包括《神州：历史眼光下的中国地理》和《归国记》，均已译为汉语。）

插图目录 [1]

1　本书出版前，我们已竭尽全力寻找并联络图片版权所有人，以获取图片使用之授权。若有疏漏，敬请告知，我们将在第一时间予以纠正。——编者注

致 谢

首先，作为编者，我们要向蒋彝的家人致以深深的谢意，尤其感谢蒋心怡（San Edwards）和蒋素娣（Sudi Chiang）对本书的支持。感谢段义孚教授慨然应允为本书作序。

我们感谢本书各撰稿人在百忙之中抽出时间撰写各自的章节，为离散华人研究领域提供了如此丰富而多元的新成果。本书最初的想法源自2019年6月在阿什莫林博物馆（Ashmolean Museum）召开的一次论坛"哑行者：蒋彝在英国，1933—1955"。我们要感谢该博物馆的所有人员，尤其要感谢费莉西塔思·冯·德罗斯特·楚·许尔斯霍夫（Felicitas von Droste zu Hülshoff）的幕后辛苦工作。我们要特别感谢威斯敏斯特大学为本研究提供资助。当天，蒋彝的牛津故居纪念铭牌揭牌，感谢牛津郡蓝牌委员会的秘书爱德纳·福布斯（Eda Forbes），她的组织工作对当天活动的成功至关重要。特别感谢吴芳思（Frances Wood）撰写的那个章节中提到的各艺术家和知识分子的家人们。

感谢以下人员解答我们各种问题：皇家芭蕾慈善基金执行董事克莱门廷·考尔（Clementine Cowl）；皇家歌剧院档案员简·福勒（Jane Fowler）；维多利亚与阿尔伯特博物馆舞蹈、戏剧与表演策展人简·普理查德（Jane Pritchard）；维多利亚与阿尔伯特博物馆戏剧与表演部现当代表演策展人西蒙·斯来登（Simon Sladen）；协助解答第七章与汉语有关问题的宝拉·金（Paula Jin）。

感谢以下图书馆提供协助：伦敦大学东方与非洲研究院图书馆、议会大厦图书馆；牛津大学博德利（Bodleian）图书馆、中国中心图书馆（K. B. Chen China Center Library）、萨克勒（Sackler）图书馆；大英图书馆；伦敦市吉尔德霍尔（Guildhall）图书馆；维多利亚与阿尔伯特博物馆戏剧和表演档案部；皇家歌剧院档案馆。

感谢蒋心怡许可我们使用蒋彝的图片；感谢伦敦的维多利亚与阿尔伯特博物馆允许我们使用与蒋彝相关的馆藏艺术品；感谢基思·米勒（Keith Millar）和约翰·休伊特协会（John Hewitt Society）允许我们使用第十章中的王礼锡照片。

感谢彼得·丹尼尔（Peter Daniell）、肯尼思·杨（Kenneth Yung）、香港大学出版社及两位匿名审稿人提供了有益的评价。

最后，感谢我们的家人和朋友在我们撰写此书期间的支持和鼓励。

撰稿人小传
（以英语姓氏首字母排序）

保罗·贝文（Paul Bevan）（联合主编）
牛津大学现代中国文学与文化系讲师。2018年至2020年，担任阿什莫林博物馆中国绘画部研究员，主要负责中国艺术和文学。他的研究领域包括民国时期（1912—1949）西方艺术和文学在中国的影响，尤其是期刊和杂志。他的第一部著作《时代杂记：上海漫画家，邵洵美的圈子，陈依范的旅行（1926—1938）》（2015），被认为是"对现代中国研究的重要贡献"；他的第二部著作《醉美上海：爵士时代上海画报的艺术与文学》出版于2020年。

郑嘉仪（Sarah Cheang）
伦敦皇家艺术学院设计史专业主任。著述颇丰，研究领域集中在19世纪至今的跨国时尚、种族和物质文化与身体方面。她关于英国的中国物质文化研究，涵盖瓷器、时尚和纺织、墙纸、家具、狗等话题。她是"时尚去殖民化研究团体"和"OPEN研究项目"的活跃成员。

柯律格（Craig Clunas）
牛津大学艺术史荣誉教授，有专著多部，研究领域为中国艺术与文化，尤其是晚清和现代时期。他最新的著作是《中国绘画及其观者》（2017）。

保罗·法兰奇（Paul French）
生于伦敦，在伦敦和格拉斯哥求学，在上海工作和生活多年。著有《午夜北平》和《恶魔之城：日本侵华时期的上海地下世界》，两部书目前都在改编为电视剧。他还是有声书《旧中国谋杀案》的作者、《南华早报》的长期撰稿人。

任可（Ke Ren）

圣十字学院（马萨诸塞）中国/东亚史助理教授。研究领域为现代中国文化和知识史、中西交流、国际主义和跨国运动。正在完成书稿《世纪末的外交官：陈季同与晚清世界主义》，目前正在研究第二次世界大战期间中国参与各跨国反法西斯和平运动的历史。

特莎·索恩尼利（Tessa Thorniley）

独立学者，研究领域为在英国生活和工作过的华裔作家。目前正在承担英国中国研究会（BCSN）的相关研究工作。她在威斯敏斯特大学完成了博士学位，同时在该大学承担当代中国文学与社会课程的教学工作。之前，她曾以自由记者的身份在中国工作和生活了七年。

安妮·韦查德（Anne Witchard）（联合主编）

威斯敏斯特大学英语文学与文化研究准教授。著有《托马斯·伯克的中国风：莱姆豪斯之夜与唐人街的奇特魔力》（2007）、《老舍在伦敦》（2012）、《英格兰的黄祸：恐华与第一次世界大战》（2014）。她与劳伦斯·菲利普斯共同编辑了《伦敦哥特：地方、空间与哥特想象》（2010）、《英国的现代主义与中国风》（2015）。

吴芳思（Frances Wood）

大英图书馆中国藏品部主任，现已退休。出版了多部与中国相关的作品，包括《中国蓝色指南》（2002）、《口岸往事：海外侨民在中国的迷梦与生活（1843—1943）》（1998）、《中国的诱惑：作家写中国，从马可波罗到巴拉德》（2009）、《中国的伟大图书》（2017）等。

叶树芳（Diana Yeh）

伦敦城市大学艺术与社会科学学院平等、多元与包容系副主任，社会学系社会学、文化与创意产业高级讲师。著有关于剧作家熊式一的专著《幸福熊家人：表演中国与对现代性的追求》（2014），合作主编《英国的中国文化》（2018）等。目前主要从事两个项目的研究：①"以社群关照、团结和抵制应对新冠疫情中针对亚洲人的种族主义暴力"，由"种族公正资源中心"和"艺术与社会科学学院高等教育创新基金"资助；②"成为东亚和东南亚人：种族、民族和青年归属政治"，由英国社会科学院利华休姆基金资助。

郑达（Da Zheng）（联合主编）

美国波士顿萨福克大学英语荣誉教授。发表美国文学、亚裔美国文学和离散群体研究等相关论文多篇。著有《西行画记——蒋彝传》（2010）、《消失的"中国莎士比亚"——熊式一传》（2020）等。

编者引言

　　20世纪30年代，一个由中国作家和艺术家组成的小群体，在当时伦敦西北的汉普斯特德镇居住，作家、诗人、画家蒋彝即其中一位。当时，这个地区生活了很多来自不同国家的艺术家、作家、音乐家、哲学家和评论家，有些是为了逃离欧洲的纳粹迫害而搬迁至此的。其中不少知识分子在这儿一直生活到20世纪八九十年代，于是几十年中，汉普斯特德成了伦敦最有艺术活力的地区之一。

　　蒋彝与熊式一、蔡岱梅夫妇共住在一套公寓内，该公寓位于汉普斯特德一幢维多利亚风格的大房子的二楼。他们的朋友和邻居包括：王礼锡（Shelley Wang）和陆晶清夫妇，两人都是作家和诗人；史学家和作家崔骥；散文家、翻译家和报社记者萧乾；还有未来的文学翻译家杨宪益，他在牛津大学读书，周末就住到伦敦来。这个群体与其家人、朋友们一起，构成了30年代伦敦一个重要的华人知识分子社交网络。后来，尤其是战争爆发之后，他们星散到伦敦各处，或搬到英国其他地方——特别是牛津和剑桥——但他们继续保持联系，仍旧积极参与英国和中国的政治文化活动。本书各章节即详细讲述了旅英华人此前鲜有人知的故事。30年代蒋彝和熊式一安家的汉普斯特德，当然算不上战前伦敦最浮华的地方，却与莱姆豪斯区判然有别，当时大多中国人聚集在该区，故而现在留有翔实记录。这段英国文化史此前学界关注不足，本书旨在予以弥补，以更丰富、更均衡地描述伦敦华人生活图景，展现他们在艺术和知识上所做的贡献。

　　旅英华人这个话题，在较短的时间内在学界和公众眼里都获得了较多的关注。到1993年，柯林·霍尔姆斯（Colin Holmes）的文章《中国关联》几乎还是关于这个话题的唯一成果。[1]该文的主要目的，是分析20世纪前十年英国对华人过分敌意的种种表现。英国第一批华人定居者是海员，居住在伦敦、卡迪夫和利物浦等各大码头附近的社区里。从统计学上看，华人只是个小群体——15 246名外国工人中，仅有华人480名（根据1911年英国人口统计数据），但霍尔姆斯的文章表明，人数很小的群体，如果涉及国民经济与社会关注，也可能被敌意的目光盯上。华人劳工价格低廉，引起当地人愤怒，第一次世界大战爆发之后情况恶化，在种族歧视的整体氛围下，非法性关系、非法赌博和使用毒品等说法被煽动起来。19世纪后期的"黄祸说"又复活了，媒体上天天充斥着反华情绪。霍尔姆斯强调了大众文化在其中扮演的角色，分析日报、媚俗的文学作品和哗众取宠的电影如何与警方及政府的报告沆瀣一气，使得人数很少的华人群体在公众意识中凸显出来。莱姆豪斯码头区的伦敦唐人街成了罪恶的代名词，被托马斯·伯克（Thomas Burke）的畅销书《莱姆豪斯之夜：唐人街的故事》（*Limehouse Nights: Tales of Chinatown*，1916）刻画成另类的异域，萨克斯·罗默（Sax Rohmer）关于邪恶天才傅满洲博士的故事，又将其进一步妖魔化。

　　蒋彝于1933年抵达伦敦。两年前，即1931年，英国人口普查显示，有1 934名华人住在英格兰和威尔士。普通民众对中国人的看法仍然建立在哗众取宠的媒体故事之上，小说和电影中漫画式的刻板印象已经深入人心。《中国关联》一文通过揭示这种反华话语，开辟了旅英华人研究的新领域，此后的学者在此基础上继续开拓。克里斯托弗·弗雷林（Christopher Frayling）的《黄祸：傅满洲博士和恐华症的兴起》（*The Yellow Peril: Dr. Fu Manchu and the Rise of Chinaphobia*，2014）、

1　Colin Holmes, 'The Chinese Connection', in *Outsiders and Outcasts: Essays in Honour of William J. Fishman*, ed. Geoffrey Alderman and Colin Holmes (London: Duckworth, 1993), 71–93. 该论文延续了霍尔姆斯在*John Bull's Island: Immigration and British Society, 1871–1971*（London: Macmillan Education, 1988）一书中对华人的关注，并参考了之前 J. P. 梅伊（J. P. May）的文章 'The Chinese in Britain, 1860–1914'，参见霍尔姆斯主编的 *Immigrants and Minorities in British Society*（London: Allen and Unwin, 1978）。这篇文章是后来该领域内很多研究的基础。

菲尔·贝克（Phil Baker）与安东尼·克雷顿（Antony Clayton）主编的《奇异死亡之王：萨克斯·罗默的魔鬼世界》（*Lord of Strange Deaths: The Fiendish World of Sax Rohmer*，2015）等作品都深入地挖掘了通俗猎奇作品中流行的"黄祸主义"。罗伯特·比克斯（Robert Bickers）的《中国里的英国：社群、文化和殖民主义，1900—1949》（*Britain In China: Community，Culture and Colonialism，1900—1949*，1999）则极为细致地呈现了流行文化对华人的表现所带来的恶劣影响。比克斯研究的是英国对中国的侵略，但该书第一章"英国及英国想象中的中国"，讨论的却是殖民心态的心理成因。他详细讨论了儿童和成人电影、戏剧和小说，如何将"中国和中国人——当然也包括英国的中国人"表现得残酷而邪恶，"以至于那些呼吁改善中国人和英国人关系的人，反而常常会遭到嘲笑"。[2] 两位学者尽最大可能收集了相关"事实"，探讨了伦敦早年的唐人街及其引发的各种幻想。约翰·希德（John Seed）的文章《莱姆豪斯蓝调：在伦敦码头区寻找唐人街，1900—1940》（"Limehouse Blues: Looking for Chinatown in the London Docks, 1900—1940"，2006），利用人口普查及其他数据，考察报道中的异域特色与赤裸裸的现实之间的差距。萨夏·奥尔巴哈（Sacha Auerbach）的《种族、法律与英帝国的"中国之谜"》（*Race, Law, and 'The Chinese Puzzle' in Imperial Britain*，2009），研究了媒体负面报道对中国移民在英国司法体系中所受待遇的影响，而法庭裁决的相关报道反过来又强化了英国媒体对华人的描写。

格雷格·本顿（Gregor Benton）与戈麦斯（E. T. Gomezd）合著的《1800年至今的英国华人：经济、跨国民族主义与身份认同》（*The Chinese in Britain, 1800—: Economy, Transnationalism, Identity*，2007），是对漫长的英国华人移民史进行全面研究的第一部著作。以前人们将所有华人移民看作一个统一的离散群体，本顿和戈麦斯对此进行了修正，这

2　Robert Bickers, *Britain in China: Community, Culture and Colonialism, 1900—1949* (Manchester: Manchester University Press, 1999), 27.

一点非常重要。英国的华人是个非常多元的群体，祖籍和离开祖国的原因各不相同，有明显的语言、种族和阶级差异。对单个旅英华人进行的研究的作品包括：郑达的《西行画记——蒋彝传》（*Chiang Yee: The Silent Traveller from the East*，2010）和《消失的"中国莎士比亚"——熊式一传》（*Shih-I Hsiung: A Glorious Showman*，2020）、安妮·韦查德的《老舍在伦敦》（*Lao She in London*，2012），以及叶树芳对熊式一夫妇的研究《幸福熊家人：表演中国与对现代性的追求》（*The Happy Hsiungs: Performing China and the Struggle for Modernity*，2014）。第一次世界大战百年之际，出现了很多关于英国华人史的作品。2014年，企鹅特别系列出版了多部图书，探讨中国在第一次世界大战中的工作，分析其影响，认可被人忽略的中国劳工旅（Chinese Labour Corps）的贡献。[3]

令人鼓舞的是，越来越多的作品挑战常见的负面叙事，探讨20世纪初中英交汇的文化影响，以及中国的视觉意象如何成为文学和视觉艺术中的现代主义的先河。帕特里夏·劳伦斯（Patricia Laurence）的《丽莉·布瑞斯珂的中国之眼：布鲁姆斯伯里、现代主义和中国》（*Lily Briscoe's Chinese Eyes: Bloomsbury, Modernism and China*, 2003）、尤金妮娅·佐罗斯基·詹金斯（Eugenia Zuroski Jenkins）的《品味中国：英国主体性与东方主义前史》（*A Taste for China: English Subjectivity and the Prehistoryof Orientalism*, 2013）、罗斯·福曼（Ross Forman）的《中国与维多利亚想象：各帝国的纠葛》（*China and the Victorian Imagination: Empires Entwined*, 2013）、伊丽莎白·张（Elizabeth Chang）的《英国的中国之眼：十九世纪英国的文学、帝国和审美》（*Britain's Chinese Eye: Literature, Empire, and Aesthetics in Nineteenth-Century Britain*, 2010），以及安妮·韦查德主编的《英国的现代主义与中国风》（*British Modernism and Chinoiserie*, 2015）等作品，都表明中国审美为英国人接受欧洲前卫艺术的发展提前做好了准备。在西方审美转型之初，

3　包括 Mark O'Neill, *The Chinese Labour Corps: The Forgotten Chinese Labourers of the First World War* (Melbourne, VIC: Penguin Group Australia, 2014); Anne Witchard, *England's Yellow Peril: Sinophobia and the Great War* (Melbourne, VIC: Penguin Group Australia, 2014)。

早在20世纪前十年，大英博物馆东亚版画与绘画部负责人劳伦斯·比尼恩（Lawrence Binyon）就在努力向非专业观众展示艺术陶冶精神、推进和谐的力量，这是中国和东亚群体主义传统的核心。比尼恩对没落的当代文化的诊断，与现代主义者重建艺术和生活的统一不谋而合。比尼恩著有《远东的绘画》（*Painting in the Far East*, 1908）、《飞龙》（*Flight of the Dragon*, 1911）等作品，在《星期六评论》上定期撰写专栏，还策划过一系列标志性的国际展览。他认为，东亚艺术背后的各种哲学思想能让20世纪的西方受益。

30年代有了进一步的发展。蒋彝出版了中国艺术和文化方面的著作，且多次在英国广播公司做演讲，表明到这个时期，中国艺术家和作家开始直接表达关于其文化遗产的信息和看法。他们的工作以各种不同的方式，挑战了他们本人亲历的、关于中国和中国人的偏见和刻板印象。这是视角上的重大转变，到第二次世界大战前几年，往往持左派立场的知名杂志编辑、评论家和图书出版人开始对这一转变表示欢迎。在黄祸话语仍然影响着英国集体意识之时，蒋彝的哑行者系列作品呈现了一个不一样的英国，以新颖的方式将这两种文化融合起来。

《蒋彝和他的文友：旅英华人的艺术创作与社会交往（1930—1950）》讨论了蒋彝生活和工作的方方面面，但同时也讨论了汉普斯特德的中国知识分子群体，正是这个群体在个人生活和事业发展上为他提供了滋养。这个小小的华人群体定居在汉普斯特德，他们移居海外的原因不同，但都受过高等教育，他们与伦敦的文化精英交往，参加反法西斯的政治活动，在重塑英国人对中国的看法中扮演了重要角色。这个文学艺术交流及战时合作的世界，现在开始受到学界的关注。本书旨在通过他们的生活和成就，表明在这20年中，他们为英国的社会、文化、生活作出了独到的贡献。我们希望本书能够激发学界对这一领域的兴趣，对20世纪英国华人进行更深入的探讨和研究。

2019年夏，一些学者、汉学家、艺术爱好者、当地的热心人士、国际友人以及仍旧生活在英国的蒋彝后代，共约100余人，齐聚牛津的阿什莫林博物馆，参加由威斯敏斯特大学的安妮·韦查德组织的论坛，该

图0.1　20世纪30年代蒋彝在寓所中阅读（蒋心怡供图）

论坛旨在纪念蒋彝的生活和工作，并庆祝蒋彝的牛津旧居获得英国文物保护"蓝牌"。本书即受该活动的启发，部分文章是在论坛论文的基础上修订而成的，也有一些是后续增加的文章。

　　本书分为两个部分。第一部分为"蒋彝"，包括六章。保罗·贝文撰写的第一章，为后续章节提供了一个基础。贝文的介绍性章节概述了20世纪30年代汉普斯特德的艺术生活——现代主义建筑开始在当地出现，吸引了一批视野开阔的人来此居住，其中有现代主义画家和雕塑家、包豪斯学派（Bauhaus）的成员以及受左翼政治和苏联社会主义现实主义激励的艺术家。贝文勾勒了画家、雕塑家、作家、设计师——其中很多是难民和流亡者——与他们的华人邻居们之间的社会交往和艺术交流。他们之间的关系说明了汉普斯特德对华人在社会地理学意义上的重要性，直到20世纪40年代伦敦遭到轰炸后他们被迫搬迁。

　　其余五章或多或少都直接聚焦于蒋彝的生活和作品。柯律格的文章将蒋彝关于中国艺术的作品置于时代背景下加以讨论，追踪了蒋彝艺术生涯中的思想演变过程。《中国之眼：中国绘画解读》（*The Chinese Eye: An Interpretation of Chinese Painting*, 1935）和《中国书法：审美与技巧入门》（*Chinese Calligraphy: An Introduction to Its Aesthetic and Technique*, 1938）呈现的是一位中国作者对中国审美原则的"原汁原味"的解读，与西方人笔下的相关作品大不相同。柯律格对这些文本进行了详细解读，认为它们是20世纪前半期复杂的艺术观念流通过程中的一个部分，当时"纯粹西方"和"纯粹中国"的观念都处于一个相互挪用的网络之中。郑嘉仪讨论了蒋彝所创造的"哑行者"这个人物形象，如何避开了可能的争议，虽然他对中国政治、种族主义以及华人在英美所受的待遇等都有强烈感受；换一个方式，他也许会成为"怒行者"。她认为，无论快乐还是悲伤，情感都难以顺畅地纳入线性叙事，从而让记忆成为历史的不可靠见证；史学家本人可能对所研究对象有个人的兴趣。她在文中呈现了一系列关于华人身体存在的片段，包括碎片化的、私人化的、情绪化的、被记忆改造加工的。她提出了一个问题：当一名"哑行者"究竟意味着什么？"哑行者"的沉默中没有言说的东西，我们该如何理解？

正如安妮·韦查德所示，蒋彝除了著述、绘画和诗歌之外，还介入了戏剧，处于战时英国芭蕾复兴的中心。1942年，蒋彝受邀为新芭蕾剧《鸟》（*The Birds*）设计的布景和服装，后来获得了评论家们的热烈赞扬。蒋彝事业中这个被人忽略的插曲，表明他在艺术上多才多艺，对英国文化生活有广泛的影响。在郑达的文章中，我们退后一步，追溯蒋彝的早年创作，讨论他1940年出版的作品《儿时琐忆》（*A Chinese Childhood*）。郑达在文中表明，在童年生活的平静叙述之中，涌动着悲伤情感的暗流。写这本书的时候，蒋彝旅居英国，深受焦虑和忧愁的困扰。郑达认为，作者通过写作该书，试图重新建造一个并不存在的家园，能让他暂时忘却流亡异国他乡的痛苦和焦虑。最后，保罗·法兰奇讨论了蒋彝在第二次世界大战期间的作品。蒋彝曾以各种方式参加与战争相关的宣传工作，既体现了当时他在英国社会中的地位，也说明他试图将中英两国抵抗轴心国的战争等量齐观。蒋彝的《战时小记》（1939）表现了英国在战争中的顽强。正如法兰奇所说，这本书也是宣传工作的一个早期实例，记录了战争时期的团结，笑对逆境的信心，以及面对毒气攻击和紧急疏散的"闪电战精神"。

本书第二部分为"蒋彝的朋友圈"，包括五个章节，介绍了蒋彝旅英期间结交的一些华人作家、艺术家和朋友。特莎·索恩尼利的文章关注的是战争期间及战后，当时英国的华人作家们如日中天，对中国持同情立场的几位出版人帮助他们找到了新的读者群，并获得了较高的文学声誉。本章追踪了蒋彝、萧乾、叶君健、罗孝建、崔骥等人的文学事业发展过程，以及他们与知名出版人之间的私人交往。叶树芳在为本书撰写的章节中考察了蒋彝和熊式一夫妇的关系。她认为熊式一夫妇很可能是20世纪30年代英国最为著名的华人夫妻，他们在蒋彝的个人生活和事业发展中扮演了重要角色，尤其是熊式一。她强调，作为旅居英国的华人离散作家，他们的关系是团结、互助的乡情。然而，她又进一步指出，这颇有成效的友谊，受到了当时种族表现的生产机制的严重影响，因为只有少数华人艺术家或作家才能出人头地。她认为这种机制让华人内部相互竞争，破坏了他们的团结和集体抵制，最终撕裂了他们乃至整个离散华人作家群体中的脆弱纽带。

保罗·贝文介绍了熊式一生活中一个很少有人关注的方面。他在文中探讨了熊式一作为编剧的角色，尤其是他与演出经理人雷欢之间的合作。文中提出了一个简单却关键的问题：熊式一的《王宝川》是否如当时很多人认为的那样，应当被看作严肃戏剧？还是像30年代活跃于中国的几位熊式一的同胞所说，傅满洲及其他关于中国的哗众取宠的电影小说构成了一个东方主义的世界，而《王宝川》不过是作者又为那个世界添砖加瓦而已？任可的文章聚焦中国作家及社会活动家王礼锡，他因为反对蒋介石的国民党政权而被迫流亡英国。他给自己取了"雪莱·王"这个英文名字，与江西同乡蒋彝和熊式一共同形成了一个伦敦的离散华人作家小组。在三人之中，王礼锡更加积极地参与政治活动，他四处奔走，为中国的抗日战争寻求国际支持，成为全球各反法西斯运动中的重要参与者。与此同时，他与英国左翼作家和艺术家建立了联系，并在此基础上催生了一系列跨文化文学活动，比如王礼锡在《左派评论》(*Left Review*)上发表文章，在多塞特和乌尔斯特（Ulster）参加公共沙龙，在英国广播公司电台上朗诵诗歌等等。最后，吴芳思将讨论带到20世纪50年代，用口述史的方法介绍了熊式一的家人，他们是在北伦敦定居的少数华人群体中的一部分，因为不同原因流散海外，但都受过高等教育，决心要在异域的环境里保存一点中国的生活方式。吴芳思告诉我们，到50年代，有些作家、画家和前外交官们聚在一起，要在麻将游戏和厨艺上一争高下！文章通过第二代的回忆，叙述了他们在汉普斯特德的生活。

（周小进　译）

第一部分

蒋彝

1

蒋彝的汉普斯特德

保罗·贝文

　　20世纪30年代，蒋彝和熊式一在伦敦汉普斯特德安家。这里虽不是战前最富裕的地区，却与多数华人居住的贫穷的莱姆豪斯区（Limehouse）形成了鲜明对比。可以说，汉普斯特德是当时伦敦最有活力的艺术区，而他们的公寓位于上公园路（Upper Park Road），正是汉普斯特德的核心地带。艺术评论家、诗人和理论家赫伯特·里德（Herbert Read，1893—1968）与妻子"卢多"（玛格丽特·路德维希）原来住在亨利·摩尔（Henry Moore，1898—1986）的公寓里，该公寓位于附近的公园山路（Parkhill Road）上。1934年，他们搬到这里，住在莫尔工作室（Mall Studios）3号。[1]有几位现代主义画家和雕塑家也住在这里，里德后来饶有兴趣地描述道：

　　我们在汉普斯特德生活、工作，就像14、15世纪在佛罗伦萨和锡耶纳生活和工作的艺术家们那样亲密无间……在汉普斯特德，我们彼此之间只有步行五分钟的路程，我不记得有任何争吵、嫉妒或恶意。这是一个由文雅艺术家们组成的"巢穴"……这些志同道合、认真严肃、见解相近的男男女女自发走到一起，形成了这个

1　Charles Darwent, *Mondrian in London: How British Art Nearly Became Modern*(London: Double-Barrelled Books, 2012), 28; Caroline Maclean, *Circles and Squares: The Lives and Art of the Hampstead Modernists* (London: Bloomsbury, 2020), 117.

团体。[2]

　　里德不止一次用"文雅艺术家组成的巢穴"来形容该群体，其中包括本·尼科尔森（Ben Nicholson，1894—1982）、芭芭拉·赫普沃斯（Barbara Hepworth，1903—1975）和亨利·摩尔[3]。此后数年，知识和艺术在该地区融合，于是出现了几座具有重要意义的现代主义建筑，反映了汉普斯特德在艺术界的进步立场。例如，离"巢穴"不远的唐郡山街（Downshire Hill）13号的建筑物，由迈克尔·邦尼（Michael Bunney）和夏洛特·邦尼（Charlotte Bunney）于1936年建造。到1939年，拐角处又增加了埃诺·戈德芬格（Erno Goldfinger）的房子，位于柳树路（Willow Road）1～3号，正对着汉普斯特德荒野（Hampstead Heath），那是蒋彝每天散步的地方。据《伦敦画记》一书记载，他每周至少会在汉普斯特德荒野的肯伍德府（Kenwood House）散步两次，根据他散步时选择的路线，他应该常常经过戈德芬格的房子。[4]也许最接近"巢穴"的是1933—1934年建于草坪路（Lawn Road）的伊索肯大厦（Isokon Building），从那里到上公园路50号和英国现代主义飞地[5]，步行都只需两分钟。这些移居海外的中国人与许多欧洲难民住得很近。伊索肯公寓的住户，有些是包豪斯建筑学派的艺术家和设计师，为了逃避纳粹的迫害才来到了伦敦。[6]1934年至1937年，沃尔特·格罗佩斯（Walter

---

2　引自 Maclean, *Circles and Squares*, 132–133; Christopher Wade, ed., *The Streets of Belsize* (London: Camden History Society, 1991), 33。参见 Herbert Read, *Art in Britain, 1930–1940: Centred around Axis, Circle, Unit One* (London: Marlborough Fine Art, 1965); Herbert Read, 'A Nest of Gentle Artists', *Apollo* 77, no.7 (September 1962): 536–540。

3　参见 Read, 'A Nest of Gentle Artists', 536–542。

4　参见 Chiang Yee, *The Silent Traveller in War Time* (London: Country Life, 1939), 113; Chiang Yee, *The Silent Traveller in London* (London: Country Life, 1938), 29。戈德芬格的房子现在是国家信托财产，面向公众开放，参见 https://www.nationaltrust.org.uk/2-willow-road. Accessed 2 September 2021。

5　由普里查德和莫莉·普里查德建造，建筑师威尔斯·柯茨（Wells Coates）设计。参见 Leyla Daybelge and Magnus Englund, *Isokon and the Bauhaus in Britain* (London: Batsford, 2019)。

6　Darwent, *Mondrian in London*, 26。

Gropius, 1883—1969）在此居住；1935年，他的同事马塞尔·布劳耶（Marcel Breuer, 1902—1981）和拉斯洛·莫霍利－纳吉（László Moholy-Nagy, 1895—1946）初到伦敦时也住在这里。[7]这三位包豪斯设计师在杰克·普理查德（Jack Pritchard）经营的伊索肯家具公司负责最重要的工作，同时为许多其他理念先进的公司工作。伊索肯家具公司授予格罗佩斯"设计总监"的头衔。1937年3月，格罗佩斯移居美国后，布劳耶接任了这一职位。三个月后，莫霍利－纳吉也移居美国，布劳耶也于当年12月离开了英国，他是"包豪斯三人组"中最后一个移居美国的人。[8]伊索吧（Isobar）是布劳耶为伊索肯大厦设计的餐饮俱乐部和酒吧，包括"巢穴"的成员在内，当地的艺术家们最喜欢在此聚会。[9]

摄影蒙太奇大师约翰·哈特菲尔德［John Heartfield, 即海尔穆特·赫兹菲尔德（Helmut Herzfeld），1891—1968］与包豪斯派没有直接联系。他曾是"敌国公民"，因此被短暂拘留。[10]1938年起，他就住在附近的唐郡山街，与英国艺术家罗兰·彭罗斯（Roland Penrose, 1900—1984）是多年的老邻居，彭罗斯正是在这条街上建立了英国超现实主义团体。战争爆发时，摄影师李·米勒（Lee Miller）也来到了这里，她与彭罗斯于20世纪40年代末结婚。[11]1936年夏，彭罗斯与赫伯特·里德在唐郡山路合作组织了国际超现实主义展览，于伦敦梅菲尔（Mayfair）的新伯灵顿画廊（New Burlington Galleries）举行。1935年

---

7 Daybelge and Englund, *Isokon and the Bauhaus in Britain*, 80-93.

8 Daybelge and Englund, *Isokon and the Bauhaus in Britain*, 106. 有英国官方"蓝牌"纪念他们在伊索肯的时光。

9 Darwent, *Mondrian in London*, 26; Daybelge and Englund, *Isokon and the Bauhaus in Britain*, 157-163. 其中包括乌克兰前魏玛包豪斯大师瑙姆·斯卢茨基（1984—1965），他曾在伊索肯公寓住过一段时间；以及他的老朋友俄罗斯建构主义者瑙姆·加博（1890—1977），他曾在魏玛包豪斯的德绍分部任教，当时住在草坪路11号的公寓附近。

10 由于健康状况不佳，他在六周后获释。Anna Schultz, 'John Heartfield: A Political Artist's Exile in London', in *Burning Bright: Essays in Honour of David Bindman*, ed. Diana Dethloff et al. (London: UCL Press, 2015), 254.

11 Maclean, *Circles and Squares*, 156. 哈特菲尔德的故居唐郡山路47号和彭罗斯与米勒在唐郡山路21号的房子有"蓝牌"标识，以示纪念。实际上，唐郡山路47号是德国画家弗雷德·乌尔曼（1901—1985）的房子。

2月至3月，上海著名画家刘海粟在同一地点举办了"现代中国画展"，他在伦敦的时候，曾前往熊式一和蒋彝位于上公园路的公寓中做客。[12]

沿着唐郡山路，在哈弗斯托克山路（Haverstock Hill）的贝尔塞斯公园（Belsize Park）地铁站对面，有一排新建的商店和公寓，名叫希尔菲尔德大厦（Hillfield Mansions），由希尔菲尔德地产公司于1934年建造，采用了当时最新的实用主义风格。自20世纪30年代中期起，摄影师比尔·布兰特（Bill Brandt，1904—1983）就在希尔菲尔德大厦58号安家，而他的弟弟罗尔夫·布兰特（Rolf Brandt，1906—1986）是一个超现实主义和包豪斯设计风格的拥护者，也是众多住在伊索肯公寓的艺术家之一[13]。1934年9月29日开业的哈弗斯托克山大剧院是希尔菲尔德建筑群的中心所在。[14]这里成为皮特·蒙德里安（Piet Mondrian，1872—1944）最喜欢去的地方，这位荷兰艺术家于1938年至1940年间在伦敦定居，住在公园山路60号，距离赫伯特·里德、亨利·摩尔和芭芭拉·赫普沃斯的家不远，在现今塔斯克路（Tasker Road）附近。[15]

现代主义者并不是唯一在此居住的艺术家群体。1933年，艺术家国际协会（AIA）成立了。这是一个兼收并蓄的团体，其口号是"政治上激进，艺术上保守"。他们的艺术创作主要受到苏联社会主义现实主义的启发，这正是艺术史学家安东尼·布伦特（Anthony Blunt，1907—1983）所捍卫的。[16]20世纪30年代，通过特立尼达左翼新闻记者陈依范

---

12   Da Zheng, *Chiang Yee: The Silent Traveller from the East — a Cultural Biography* (New Brunswick, NJ: Rutgers University Press, 2010), 59.

13   Paul Delany, *Bill Brandt: A Life* (Stanford, CA: Stanford University Press, 2004), 119; Daybelge and Englund, *Isokon and the Bauhaus in Britain*, 80. 更多有关罗尔夫·布兰特的详情，参见 https://www.englandgallery.com/artists/artist_bio/?mainId=78.Accessed 2 September 2021。

14   第一部在哈弗斯托克山大剧院放映的电影是《朱清周》（*Chu Chin Chow*），由乔治·罗比（George Robey）和黄柳霜（Anna May Wong）主演。http://cinematreasures.org/theaters/15082.Accessed 31 December 2020.

15   Darwent, *Mondrian in London*, 58–59.

16   关于艺术家国际协会更多信息，参见 Robert Radford, *Art for a Purpose: The Artists' International Association, 1933 –1953* (Winchester: Winchester School of Art Press, 1987); Christine Lindey, *Art for All: British Socially Committed Art from the 1930s to the Cold War* (London: Artery Publications, 2018), 29–34, 177–180。

（Jack Chen），布伦特了解了中国艺术。1937年，陈依范在伦敦市中心的夏洛特街（Charlotte Street）举办展览，布伦特为此在《旁观者》周刊（The Spectator）上写了一篇满是溢美之词的评论。[17]那时，布伦特是社会主义现实主义的忠实拥护者，但并非与艺术家国际协会有关的所有艺术家都认同这带有政治意味的艺术形式。另有多位知名人物都与该团体有关，包括肖像画家奥古斯塔斯·约翰（Augustus John，1878—1961）；表现主义画家奥斯卡·柯克西卡（Oskar Kokoschka，1886—1980），他住在附近的亨利国王路；漫画家大卫·洛（David Low，1891—1963），他的工作室位于荒野街（Heath Street），就在汉普斯特德地铁站拐角处。蒋彝曾是艺术家国际协会的成员，尽管他的政治和艺术目标可能与该协会提出的目标并不完全一致，但该协会确实为援助西班牙和阿比西尼亚的战争筹集了资金，而这些战争正是蒋彝著作中尤其关注的。[18]该团体也在一定程度上参与了为抗日战争筹集资金的工作，后来这项工作由全英援华总会（China Campaign Committee）专门负责。该团体是王礼锡、萧乾、熊式一等人与其同事李汉章[19]和陈依范一同工作的几个团体之一。陈依范是艺术家国际协会和全英援华总会的成员，曾居住在汉普斯特德。[20]

根据艺术家国际协会的成员登记册（现存泰特美术馆档案部）记载，其重要成员就住在"巢穴"的中心地带，而绝大多数成员住在汉普斯特德、贝尔塞斯公园和白垩农场（Chalk Farm），邮政编码为NW3和

17　参见 Paul Bevan, *A Modern Miscellany: Shanghai Cartoon Artists, Shao Xunmei's Circle and the Travels of Jack Chen, 1926－1938* (Leiden: Brill, 2015), 204－213。

18　Chiang, *The Silent Traveller in War Time*, 1－2.

19　李汉章（Liem Ham-Djang）后来成为中国中央通讯社驻伦敦记者。据《海峡时报》1941年1月23日第10页的文章《日本在太平洋的目标：关于日本入侵泰国的中国观点》称："作为首位'报道'英国首都的中国记者，李汉章昨天在全英援华总会的午宴上就日本在太平洋的目标发表了讲话。"

20　参见 Arthur Clegg, *Aid China, 1937－1949: A Memoir of a Forgotten Campaign* (Beijing: Xinshijie chubanshe, 1989), 18－19, 35。更多有关陈依范的详情，参见Bevan, *A Modern Miscellany*, 192, 203－204。

NW1。[21]亨利·摩尔不仅是汉普斯特德现代主义圈子里的重要人物，同时也是艺术家国际协会的成员。不过能在汉普斯特德与所有不同艺术团体——中国知识分子圈、摩尔的现代主义小组、包豪斯派及社会主义现实主义者——产生联系最紧密的是赫伯特·里德。

到20世纪30年代末，里德不仅在英文界闻名，在中文界也很出名，在中国国内更是声名远扬。1933年，他出版了《今日之艺术》（*Art Now*），由颇具影响力的作家施蛰存（1905—2003）翻译成中文，1935年在上海出版。次年，里德的文章《现代艺术方法》在上海的英文期刊《天下月刊》（*T'ien Hsia Monthly*）上发表。[22]他的诗《轰炸惨案：西班牙》也有中文译本，1938年发表于上海的杂志《自由谭》，由该杂志的出版商邵洵美翻译。[23]在伦敦，里德的住所距离中国艺术家们仅一步之遥，而且他还与蒋彝关系密切。[24]在《伦敦画记》中，蒋彝对里德的描述让人感觉他们不过是泛泛之交，但在1937年，里德为蒋彝的《湖区画记》（*The Silent Traveller: A Chinese Artist in Lakeland*，"哑行者"系列中的第一本书）写过一篇序言，称蒋彝为"山水画艺术的大

21　艺术家国际协会登记册中列出的姓名和地址包括如下内容：恩斯特·卡普（E. Kapp），斯蒂尔工作室2号（2 Steele's Studios），哈弗斯托克山路；瑙姆·斯卢茨基（Naum Slutzky），草坪路31号；南希·夏普（Nancy Sharp），上公园路30号；勒伊拉·雷伊（Leila Leigh），上公园路38号。上公园路38号也是威廉·科德斯特里姆（William Coldstream，1908—1987）1930年至1941年的地址，威斯坦·休·奥登（W. H. Auden）1934年住在那里。这个名单上有些人的住所距上公园路只需步行10分钟：海伦娜·M. 克拉克（Helena M. Clarke），贝尔塞斯公园23c；海伦·卡普（Helen Kapp），贝尔塞斯公园44号；莫里斯·凯斯特曼（Morris Kestelman），贝尔塞斯公园27号；法兰西斯·克林根德（F. D. Klingender），唐郡山路45号；詹姆斯·B. 莱恩（James B. Lane），贝尔塞斯广场37号；玛丽·马丁（Mary Martin），贝尔塞斯公园54号，邮编皆为NW3；麦勋男爵（Lord Methuen），樱草山工作室（Primrose Hill Studios）6号，菲茨罗伊路（Fitzroy Road），邮编NW1。参见'Ledger Book Recording Payment of Ledger Fees', Artists' International Association, London, Tate Gallery Archive, TGA 7043/11/1。
22　Herbert Read,'An Approach to Modern Art', *T'ien Hsia Monthly* 4, no.4 (April 1937): 329–341; Herbert Read, *Art Now* (London: Faber and Faber, 1933); 里德，《今日之艺术》，施蛰存译，上海：商务印书馆，1935。
23　赫勃脱·吕德，"轰炸惨案：西班牙"，钟国仁（邵洵美）译，《自由谭》，第1卷第1期（1938年9月1日），第40页。
24　Chiang, *The Silent Traveller in London*, 257–258.

师"。[25]1955年蒋彝离英赴美之前，里德又为蒋彝的《中国书法》第二版写了序言。[26]该书初版于1938年问世，显然里德在此之前已经读过，因为他在序言中说，当时他已经看出了中国书法美学和西方抽象艺术美学之间的"相似之处"。[27]

创作《中国书法》时，蒋彝已经在空间上向英国现代主义艺术家团体中心所在地靠拢。当时，他已搬至公园山路56号。1940年，由于公园山路的住所在伦敦大轰炸中被炸毁，他搬去同萧乾住了一阵子，后来又搬到了牛津。[28]《萧乾文集》中叙述了萧乾当时在汉普斯特德遭遇轰炸的经历：

> 正吃晚饭时，警报又响了。我住的汉普斯特德是伦敦地势最高的区域，市中心的警报照例先鸣，远听轻盈如牧童在牛背上试笛；及后各区陆续响应，越鸣越近，有如教堂的大风琴；但等我们身旁的警报鸣起了，那声音才唤起死的联想，又是个象征的讽刺；远东的，西班牙的，这回轮到伦敦了。[29]

伦敦大轰炸期间，比尔·布兰特拍摄了贝尔塞斯公园地铁站防空洞的照片，地铁站离他家只有几分钟的路程，亨利·摩尔正是在站台上开始创作他的"防空洞画"的。[30]不久之后，由于空袭，摩尔和他的妻子

25　Chiang Yee, *The Silent Traveller: A Chinese Artist in Lakeland* (London: Country Life, 1937). 参见 Anna Wu, 'The Silent Traveller: Chiang Yee in Britain, 1933–1955', *V&A Online Journal* 4 (Summer 2012), http://www.vam.ac.uk/content/journals/research-journal/issue-no.-4-summer-2012/the-silent-traveller-chiang-yee-inbritain-1933-55. Accessed 15 April 2020。

26　Chiang Yee, *Chinese Calligraphy: An Introduction to its Aesthetic and Technique*, 2nd ed. (London: Methuen, 1954). 1938年第一版（由麦勋书局出版）中，序言由时任国民政府主席林森（1868—1943）撰写。赫伯特·里德为第二版（1954年）写了新的序言。

27　Herbert Read, preface to *Chinese Calligraphy* by Chiang Yee, viii.

28　Zheng, *Chiang Yee*, 115. 公园山路56号那幢维多利亚时代的房子已经消失了。取而代之的是一座较新的建筑，位于60号（皮特·蒙德里安的故居）旁边。现在没有58号。

29　傅光明主编，《萧乾文集》（第2卷），杭州：浙江文艺出版社，1988年，第272页。

30　Andrew Causey, *The Drawings of Henry Moore* (Farnham: Lund Humphries, 2010), 104. 参见 Ann Garrould, *Henry Moore: Drawings* (London: Thames and Hudson, 1988), 84–97.

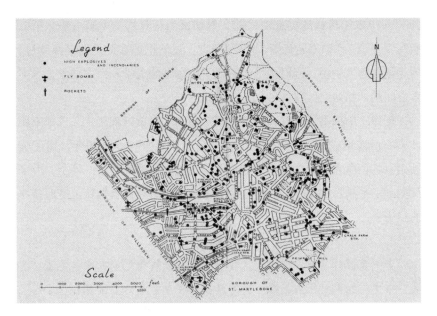

图1.1 该图反映了战争中汉普斯特德地区遭遇袭击的情况，最初由汉普斯特德区政厅于1946年前后出版

伊莉娜被迫搬离他们在公园山路的公寓，他们的邻居皮特·蒙德里安也是如此。摩尔搬到了贝尔塞斯路的临时安置地，地址就在他喜爱的哈弗斯托克山大剧院（Odeon Cinema）的拐角处，后来他于9月底离开了英国，再也没有回来。[31] 两个月后，大剧院被一枚炸弹击中，遭到严重破坏，直到1954年翻新后才重新营业。[32]

伦敦大轰炸波及了附近所有居民。1940年9月9日，汉普斯特德首次遭遇炸弹袭击，那一排曾经宏伟壮观的维多利亚式房屋，包括上公园路50号在内，在空袭中严重受损，随后都被拆除。现在这里矗立着一幢大楼，包括46个政府出租公寓和小套房。战争结束后，1947年至1948年间，巴恩公寓楼（Barn Field）于上公园路拔地而起，后面是其

31 Darwent, *Mondrian in London*, 86.

32 Mark Aston, *The Cinemas of Camden* (London: London Borough of Camden, 1997), 54−55. 参见 'Odeon Haverstock Hill', Cinema Treasures, http://cinematreasures.org/theaters/15082. Accessed 31 December 2020。

28

姊妹楼伍德公寓楼（Wood Field），正对着公园山路。这两幢战后公共住房的典范，在建筑方面具有重要意义，现在都是英国二级保护建筑。伍德公寓楼正对面有多幢房屋，正是当年蒋彝、皮特·蒙德里安等"文雅艺术家"们的安身之所。[33]

（崔新羽　译）

33　这两幢四层的公寓建于1947年到1949年之间，自2000年12月起被定为英国二级保护建筑（英国遗产建筑编号：486927）。位于上公园路的巴恩公寓楼和位于公园山路的伍德公寓楼现由卡姆登委员会管理。参见'Barn Field: A Grade II Listed Building in Gospel Oak, Camden', British Listed Buildings, http://www.britishlistedbuildings.co.uk/en-486927-barn-field-greater-london-authority. Accessed 31 December 2020。

2

作为艺术史学者的蒋彝

柯律格

1933年8月，上海《时事新报》（*China Times*）的读者可能看过一篇题为《蒋彝画佛盛誉》的简短报道。文章开头写道："前九江县长蒋彝以画佛著名，因有志深造，于上月赴英伦研究学术。"[1]报道还称，他带往伦敦展出的三幅佛像画广受赞扬。仅一年之后，1934年11月，通过《留英学生蒋彝参加国际画展》的报道，读者再次看到了这位艺术家在国外取得成就的消息。报道中提及的画展似乎是一起重要事件，组织者是"英国教育部"，委员会名单上有各国驻伦敦大使。蒋彝有三幅作品在画展上陈列：《庐山之松》《西湖之柳》和《黄冈之竹》。[2]月末，读者还了解到戏剧《王宝川》在伦敦舞台上大获成功，已出版的剧本中有蒋彝和著名艺术家徐悲鸿（1895—1953）所作的插图。[3]据上述三则报道：蒋彝以视觉艺术领域的重要人物这一身份首次进入公众视野，后来才创作了"哑行者"系列书籍，成为广受欢迎的跨文化评论作者。蒋彝的第一本书《中国之眼》（1935）及随后出版的《中国书法》（1938）确立了他的地位。事实上，中国媒体围绕着第一本书（封面上的中文标题仅仅是"中国画"）对蒋彝进行了长篇报道。1936年2月，《时事新报》发表

---

1 《时事新报》，1933年8月23日，第11页，通过"晚清和民国时期中文报纸集"数据库访问，网址为https://gpa.eastview.com/crl/lqrcn/. Accessed 5 November 2020。

2 《时事新报》，1934年11月19日，第6页。

3 《时事新报》，1934年11月26日，第11页。

了一篇题为《蒋彝君之荣誉》的文章，对他高度赞扬：

伦敦快讯：我国留学生蒋彝，在伦大攻习地方政治，业已三载，以素擅书画，曾以杰出中国画数幅，在展览会陈列，引起英伦人士极大之注意与赞美。蒋君乃编著英文《中国画》，以介绍吾国之绘画艺术，初版问世，销售一空，再版亦将售罄，即继续发行三版，故最近又另编《中国之名山大川》一书，不久可告杀青。自伦敦中国艺展开幕后，英人欣赏吾国艺术，发生浓厚兴趣，于是蒋君被聘各处讲演中国艺术，大有应接不暇之势，伦敦大学复于本学期起，特聘蒋君专讲中国书画法六星期，于2月12日开始，报名者非常踊跃。1月20日蒋君个人绘画展览会开幕，参观者络绎不绝，该会将延至2月终闭幕。又英国最大影片公司高曼特，特请蒋君摄制一教育新闻影片，表示如何画中国画及写中国字，业已制成，2月中旬即可在伦敦各电影院开映，随即运往各处，从此蒋君之真面目，将为世人所认识矣。又蒋君近作英国风景画一幅，已为英人定购，有陈列大英博物馆之说。

查蒋君字仲雅，原籍江西九江，东南大学毕业，曾历任九江、上饶、芜湖、当涂各县县长，以不能展其抱负，辞官来英，平时刻苦力学，为此邦士林所推重，乃至名噪一时，其成功岂偶然哉。[4]

实际上，当时蒋彝正于伦敦大学东方学院任教，而不是在伦敦大学经济学院学习，因此蒋彝的经历可能与这些报道并不相符。如果我们要准确评估蒋彝作为文化名人在英国的地位，在中国艺术的写作背景下精确判断他的人生成就，就要解决这些同时代的报道与事实不符所引发的问题。"艺术史"成为一门专业学科之前，各色人等自诩权威以获取文化资本，艺术经典和艺术标准均存在很大争议，因而像蒋彝这样的跨国人士所面临的挑战非常特殊。分析蒋彝如何利用其移民身份的优势和劣势参与这些论争，有助于我们理解个体和话语（如"中国艺术"本身）

---

4 《时事新报》，1936年2月23日，第7页。

背后更广泛的信息流动和权力变化。而且，当时的"政治经济学具有种族表征的倾向，只有少数中国艺术家或作家能获得关注"。[5]

让我们从蒋彝"以画佛著名"的那篇报道谈起。这让我们不得不面对他离开中国前的画家身份问题。1933年5月20日，蒋彝乘"安德烈·勒邦"（*André Lebon*）号客轮离开中国，上海英文报刊上刊登了该客轮的乘客名单，船上的中国乘客不多，而蒋彝名列其中。[6]然而，蒋彝出现在公共视野中并非因为他的艺术成就，而是因为他在民国政府颇有政绩，而且他的家族与国民党的最高层有关联。无论蒋彝后来获得了怎样的成功，他在20世纪20年代至30年代都无足轻重，那时的中国艺术界充满活力、蓬勃发展，出版物、社团、广告、展览、辩论和报纸如雨后春笋般涌现。[7]20世纪20年代至30年代初，报纸上对他的报道，要么与他进入东南大学学习有关，要么与他在家乡江西省各地担任县长有关。[8]因此，无论如何，他佛像画家的"名气"只限于当地，甚至只限于家族内部。事实上，这些佛像画没有在伦敦展出，也没有作为公共收藏品被保存下来，而且蒋彝自己或他人撰写的当代出版文献中都很少提及他信仰佛教或者遵循佛教习俗。1936年8月，蒋彝在伦敦大学东方学院注册，打算攻读博士学位。一开始，他博士论文的题目是"中国不同佛教流派的历史与教义"，但没过几个月，他就放弃了这个题目，转而研究中国书法。[9]事实上，他的作品基本上没有提及宗教信仰。我们必须注意，1936

5　Diana Yeh, *The Happy Hsiungs: Performing China and the Struggle for Modernity* (Hong Kong: Hong Kong University Press, 2014), 88.

6　*The China Press*, 21 May 1933, 5. 通过"历史报纸：近现代中国英文报纸库"访问，网址 https://search.proquest.com/hnpchinesecollection. Accessed 5 November 2020。

7　参见刘瑞宽，《中国美术的现代化：美术期刊与美展活动的分析》（北京：生活·读书·新知三联书店，2008）; Pedith Pui Chan, *The Making of a Modern Art World: Institutionalisation and Legitimisation of* Guohua *in Republican Shanghai* (Leiden: Brill, 2017).

8　他的入学记录刊登于1921年9月5日《时事新报》第2页。另，关于"匪徒"在当涂县烧毁了许多学校和商店时他的政治活动，参见《时事新报》1930年4月21日，第6页。

9　20世纪50年代，他考虑过参与一个佛教文本的重大翻译项目，但未能实现。参见 Da Zheng, *Chiang Yee: The Silent Traveller from the East — a Cultural Biography* (New Brunswick, NJ: Rutgers University Press, 2010), 70, 74, 181, 191。另请参阅本书中郑达的相关文章，他从不同角度解读了蒋彝这段生活经历。

年有一篇报道记录了他取得的辉煌成就，之后他就在中文文献中消失了。因此，我们今天了解蒋彝的书画艺术和人生经历，几乎完全依赖于他的各种自传作品。这些资料中的某些矛盾之处，无论是因为时间的流逝而出现记忆偏差，还是想用成功的光辉来掩盖过去，都意味着我们必须谨慎地看待蒋彝的自述，而不能只看表面就信以为真。我们要将他的自述放在更宏观的历史背景中，与其他资料来源相互印证，其目的不是"揭穿蒋彝的真面目"，而是要把他放回到具体的历史语境之中，考虑其作出抉择时的权宜变通和实际因素，以这样的方式呈现蒋彝的人生经历，虽然没有他本人自述那样畅达整一、水到渠成，却更加真实可信。

蒋彝的画作不太可能于1936年在大英博物馆的画展中展出，也没有迹象表明他写过一本关于"中国之名山大川"的书；除此之外，1936年那篇文章中所报道的成功是基本准确的。1935年出版的《中国之眼》的确广受好评，销量极佳。毫无疑问，如果没有这本书，1937年"哑行者"系列的第一本书所带来的各种机会就不会出现。在某种程度上，《中国之眼》的诞生源于蒋彝利用天时地利的高超能力。1935年11月28日至1936年3月7日，英国皇家艺术学院（Royal Academy of Arts）举行了大型中国艺术国际展览，激发了伦敦出版商对这一流行主题作品的迫切需求。当时英国麦勋书局（Methuen）的负责人是艾伦·怀特（Alan White）。他已经出版了美国作家赛珍珠创作的众多中国题材的小说，还出版了1935年由丹尼尔·瓦雷（Daniele Varè，1880—1956）创作的《天裤匠》（*The Maker of Heavenly Trousers*），风靡一时。艾伦与熊式一相识。熊式一创作的《王宝川》曾在伦敦西区引起轰动。他与蒋彝都是江西人，当时还是蒋彝的房东。蒋彝可能不是中国艺术界的重要人物，但他在国画方面造诣颇深，自抵达伦敦以来，已在两次重大场合展示了自己的作品。第一次（即上文1934年11月的报道中提及的展览）是一场来自世界各地有关树木的画展，由一个早期生态组织"树之人"（The Men of the Trees）举办，但展览似乎并没有引起伦敦艺术界的关注。[10]

---

10 科学杂志《自然》中确有提及，参见 *Nature* 105, (22 June 1935): 1031.

第二次展出蒋彝作品的伦敦展览意义重大，也广受关注，那就是1935年2月21日至3月12日在伦敦梅菲尔区著名的私人画廊新伯灵顿画廊举行的现代中国画展。这一活动由中国政府资助，得到了中国驻伦敦大使郭泰祺（1888—1952）的鼎力支持，并由当时最成功、最杰出的艺术家刘海粟（1896—1994）策划。[11]以前他曾在多个德国交流中心组织过同样的展览。1935年1月，刘海粟到达伦敦，住在熊式一家里，与蒋彝在同一个屋檐下。刘海粟在艺术界声名远扬，非常活跃，而蒋彝不是艺术界的重要人物，所以他可能从未见过蒋彝。1933年至1934年，刘海粟一直在欧洲奔忙，中国公众则通过一系列报道知道了他是多么成功。他邀请蒋彝加入展方组委会，一同受邀的还有国立中央研究院（Academia Sinica）院长蔡元培（1868—1940）及著名艺术家兼民国政府交通部部长叶恭绰（1881—1968）。[12]刘海粟在新伯灵顿画廊的展览中陈列了蒋彝的十幅作品（可能包括神秘的佛像画），他还记录了蒋彝在此期间的演讲。与刘海粟一同组织画展的还有著名英国诗人、策展人、中国艺术学者劳伦斯·比尼恩。蒋彝演讲的题目是"中国文字与绘画"，而刘海粟讲的是"中国画与六法"。[13]现代中国画展结束时，刘海粟似乎留在了伦敦（下一个展览地点是布拉格，他没有一同前往），后于1935年回到中国。《中国之眼》出版于1935年11月21日，距英国皇家艺术展览开幕正好一周。蒋彝在写书期间与刘海粟进行的交流现已无从考证。但是，

11　此次及相关展览，参见Shelagh Vainker, 'Exhibitions of Modern Chinese Painting in Europe, 1933-1935', in *Chinese Painting and the Twentieth Century: Creativity in the Aftermath of Tradition*, ed. Cao Yiqiang and Fan Jingzhong (Hangzhou: Zhejiang Art Publishers, 1997), 554-561; Shelagh Vainker, 'Chinese Painting in London, 1935', in *Shanghai Modern, 1919-1945*, ed. Jo-Anne Birnie Danzker, Ken Lum, and Zheng Shengtian (Ostfildern-Ruit: Hatje Cantz Verlag, 2004), 118-123; Michaela Pejčochová, 'Exhibitions of Chinese Painting in Europe in the Interwar Period: The Role of Liu Haisu as Artistic Ambassador', in *The Reception of Chinese Art Across Cultures*, ed. Michelle Ying-Ling Huang (Newcastle-upon-Tyne: Cambridge Scholars Publishing, 2014), 179-199; Michelle Ying-Ling Huang, 'Introducing the Art of Modern China: Trends in Exhibiting Modern Chinese Painting in Britain, c. 1930-1980', *Journal of the History of Collections* 31, no.2 (2019): 383-401。

12　《刘海粟报告欧游经过（四）》，《申报》，1935年7月3日，第14页。

13　《刘海粟报告欧游经过》，第12页。关于"六法"，后文将会继续讨论。

正如我们将在下文看到的那样，这些交流对蒋彝产生了深刻影响。作为作家，这是蒋彝首次发表关于"中国画"本质的作品，而且使用的不是母语。

据蒋彝所说，他担忧自己的英语写作能力，而出版商打消了他的顾虑。[14]该书成功出版的关键是贾静如［英妮丝·杰克逊（Innes Jackson），即后来的英妮丝·赫尔登（Innes Herdan），1912—2008］的参与。当时她刚从牛津大学毕业，因为热爱中国文化，所以在1935至1936学年间首次参加了蒋彝在伦敦大学东方学院教授的语言课程。[15]贾静如没能在蒋彝的著作上署名，蒋彝去世后，她向蒋彝的传记作者表达了失望之情。贾静如的贡献非常重要，远不止润色原作的英文（例如，书名就是她提出的）。[16]为了与蒋彝合作这本书，贾静如阅读了相关文献，鉴于她的贡献显著，了解这些文献更有价值。但是，这本书体现的是对中国艺术纯粹且真实的"本土"理解，"西方评论家的理解虽然有价值，但其解释必然与中国艺术家完全不同"[17]。这两者的鲜明对比是本书营销的关键，也是书中确立的"真正的中国人"身份的关键。这本书中常用的修辞策略是，区分"我们"（中国人）和"你们"（西方人）。因此，书中不能展现证据表明"本土知情人"因为与"西方"的接触而受到了污染。然而，正如我们看到的那样，这绝非看待蒋彝作品的唯一视角。实际上，将该书看作"共同创作"更加有效。虽然该书强调东西有别，质疑并建构了中国和西方的主体，但正是这一点，更加证实了该书是两者融合的产物。事实上，正如叶树芳对熊式一作品的评价一样，蒋彝也"根本不曾重现或表达一种固定的'中国'身份或文化……为特定的观众，他吸收了一系列移民前后接触到的全球化的艺术、文学思想、概念

14　Chiang Yee, *China Revisited, after Forty-Two Years* (New York: W. W. Norton, 1977), 37.

15　Irini Antoniades, 'Obituary: Innes Herdan (1912–2008)', *The Guardian,* 18 June 2008. https://www.theguardian.com/theguardian/2008/jun/18/2. Accessed 6 November 2020.

16　Zheng, *Chiang Yee*, 62.

17　这是熊式一在《中国之眼》前言中的话，参见 *The Chinese Eye: An Interpretation of Chinese Painting*, by Chiang Yee (London: Methuen, 1935), ix。

和语言"。[18]也许值得思考的是，来自不同国家的作者都主张东西方完全分离。例如劳伦斯·比尼恩对《中国之眼》的评论："这本书向我们展示了中国本土画家的观点，与欧洲的看法大相径庭。"[19]

《中国之眼》里中国人的名字和其他词语并不准确，转述中英两种语言时出现了记录错误，蒋彝的编辑艾伦·怀特显然发现不了，但贾静如应该能发现这一点。蒋彝的祖籍是江西省，众所周知，江西话往往分不清辅音"l"和"n"，所以宋代画家刘松年（Liu Songnian, 1174—1224）变成了"刘松连"（Liu Sung-Lian）（正确威妥玛式拼音的拼写方式为 Liu Sung-nien），而著名宫廷耶稣会修士郎世宁（Giuseppe Castiglione, 1688—1766，威妥玛式拼写为 Lang Shih-ning）的中文名字变成了"南世林"（Nan Shih-Lin）。[20]我们可以从蒋彝的说法中了解他的生活经历："我们采用西方教育体系后，学校开设了绘画这门课程。有四位知名人物主导了这次改革，旨在对艺术展开普遍适用、科学有效的指导，他们分别是：刚逝世的李梅庵，在北平担任艺术教授的齐白石，在南京担任教授的徐悲鸿和在上海担任教授的刘海粟。"[21]齐白石（1864—1957）、徐悲鸿和刘海粟都是今天的权威人士，但人们对"刚逝世的李梅庵"可能不太熟悉（当然这是就艺术市场而言）。李梅庵就是李瑞清（1867—1920），他在晚清时积极推动艺术教育，时至今日，这是他在大学教育改革中最为人所知的成就。[22]他也是东南大学的校长，蒋彝曾在该校攻读化学。在蒋彝的青年时代，发生了佛教复兴运动，李瑞清是其中的著名人物。蒋彝是否受到了李瑞清的影响，所以才将他与当时最著名的其他三位画家并列？事实上，在（1921年）新建立的东南大学，蒋

18　Yeh, *Happy Hsiungs*, 8.

19　Laurence Binyon, review of *The Chinese Eye: An Interpretation of Chinese Painting* by Chiang Yee, *Journal of the Royal Asiatic Society of Great Britain and Ireland* (1 January 1937): 165–166.

20　Chiang Yee, *Chinese Eye*, 156, 157. 至少有一位评论家发现了这个问题，参见 William King, 'Chinese Art', *The Spectator*, 20 December 1935, 1036–1037。

21　Chiang Yee, *Chinese Eye*, 60.

22　吕澎，《中国艺术编年史》，北京：中国青年出版社，2012年，第63页。

彝构建了自己的知识体系。在蒋彝的求学时期，东南大学是文化保守主义者的堡垒，以《学衡》(*Critical Review*)期刊为中心，旨在复兴国学。此外，在诗人兼学者吴梅（1884—1938）的带领下，中国最有名的宋词写作社团在该校蓬勃发展。[23]蒋彝是一位热衷古汉语的诗人，他是否参加了这些活动我们不得而知，但我们不应认为他对这些活动一无所知。在古典主义复兴（事实上，把它简单地称为"保守主义"似乎是错误的）的社会背景下，关于蒋彝有一个鲜为人知的小插曲：他后来承认在东南大学求学期间曾学习古琴，这是一种类似于齐特琴的乐器，是新文人主体特征的显著标志。[24]在蒋彝青年时代，中国没有一种声音独占鳌头，而是众声喧哗、百家争鸣，如贺麦晓（Michel Hockx）所说："在控制资源和形成审美品位的竞争中，没有一方……有明显的优势。"[25]当时关于绘画的许多"事实"其实不过是主观立场，蒋彝必定知道有些立场并非定论，是可以讨论的。有人认为，真正的中国画家不为盈利作画，他们只在有灵感时创作，或将画作赠予友人。以经验来看，这是一种误解[26]，而在蒋彝人生的前三十年里，事实更非如此，当时报纸上充斥着国画画家的报价表，其中包括最令人尊敬和最有名望的画家。[27]

如果仔细阅读《中国之眼》，必能强化如下解读：从修辞上讲，"中国画"超越时间，亘古不变，因此《中国之眼》这本书只存在于民族志意义的当下；但实际上，这本书却是其时代的产物，反映了当时人们关

23　Shengqing Wu, *Modern Archaics: Continuity and Innovation in the Chinese Lyric Tradition, 1900-1937*, Harvard-Yenching Institute Monograph Series 88 (Cambridge, MA: Harvard University Press, 2013), 254-263.

24　Chiang Yee, review of *Foundations of Chinese Musical Art* by J. H. Levis, *The Journal of the Royal Asiatic Society of Great Britain and Ireland* (1 January 1938): 145-148.

25　Michel Hockx, *Questions of Style: Literary Societies and Literary Journals in Modern China, 1911-1937* (Leiden: Brill, 2003), 221; 引自 Wu, *Modern Archaics*, 262。

26　James Cahill, *The Painter's Practice: How Artists Lived and Worked in Traditional China* (New York: Columbia University Press, 1994).

27　Craig Clunas, 'Reading a Painter's Price List in Republican Shanghai', *Source: Notes in the History of Art* 35, no.1/2 (Fall-Winter 2016): 22-31.

于绘画主题相关的特定争议和影响因素。这些争议必须在跨国交流角度下进行理解，其中有文本和思想、物体和意象的流动，而且很大程度上不是单向的，而是一个永不停歇的循环，像"回音室"，观点在不同的地点和语言之间传递并得以放大。[28]正因为蒋彝没有（无论后来的解释是如何说的）密切参与中华民国早期的艺术界，他就更加依赖国际对话中的各种声音，作为判断"中国画"的依据。

"中国视角"中蕴含着一种身份表演，其要点是：之前没有人这样做过，而且此前从未听过来自本土的知情人士发出的声音。可以这样说："新伯灵顿画展之前，几乎所有关于中国艺术主题的英文文献都由西方作者撰写，而中国本土专家却寥寥无几"。[29]但是要维护这种优先权，他的中国作者和英国读者就要"遗忘"任何可能存在的先驱。就视觉艺术而言，如我们所见，这些先驱中最出众的一位是刘海粟。1935年夏，蒋彝的作品出版之前，刘海粟在英国的一流艺术期刊上发表了一篇文章，题为《中国画家的目标》。[30]还有一些先驱者甚至可追溯至19世纪，如被人遗忘的陈季同（1851—1907）。他是一位杰出的清朝外交官，也是中国首位法语作家，曾在多部著作中介绍中国人的生活，其作品已由法语翻译成英语，并大获成功；其中一部著作中有专门介绍"画家"的章节，除了翻译唐朝诗人杜甫（712—770）的两部关于绘画的诗作外，还介绍了一些"事实"，比如他说所有中国画家本质上都是业余爱好者。[31]陈季同与蒋彝一样，在西方取得了非凡的文学成就，但中国公众直到最近才了解他。[32]

---

28 关于该主题更为详尽的讨论，可参见柯律格的著作 *The Echo Chamber: Transnational Chinese Painting, 1897-1935*（北京：OCAT研究中心，即将出版）。

29 Anna Wu, 'The Silent Traveller: Chiang Yee in Britain, 1933-1935', *V & A Online Journal* 4 (Summer 2012), http://www.vam.ac.uk/content/journals/research-journal/issue-no.-4-summer-2012/the-silent-traveller-chiang-yee-in-britain-1933-55/. Accessed 2 November 2020.

30 Liu Hai-Su, 'Aims of the Chinese Painters', *The Studio* 109 (1935): 240-250.

31 Tcheng-Ki-Tong, *Chin-Chin*; 或 *The Chinaman at Home*, trans. R. H. Sherard (Fairford: Echo Library, 2019), 71。

32 Catherine Vance Yeh, 'The Life-Style of Four *Wenren* in Late Qing Shanghai', *Harvard Journal of Asiatic Studies* 57, no.2 (1997): 436.

熊式一认为"西方评论家……解释必然与中国艺术家完全不同"，如果我们带着这样的观点分析《中国之眼》，书中的内容会与其有多大冲突？中国艺术国际展览会（International Exhibition of Chinese Art）的举办让英国人对中国艺术兴趣高涨，以至于出版了许多有关中国艺术的书籍。这些书籍可供我们相互比较（事实上，蒋彝的作品经常是评论的焦点）。我们可将蒋彝的作品与罗杰·索姆·詹宁斯（Roger Soame Jenyns）的《中国古代绘画背景纵论》（*A Background to Chinese Painting*）进行比较。[33]詹宁斯（1904—1976）于1926年至1931年在香港担任公职，1931年起是大英博物馆的馆员。他生于1904年，和蒋彝（生于1903年）生活时代大致相同。与上一代一些重要人物（最著名的是劳伦斯·比尼恩）不同，詹宁斯略通中文，因为他担任过行政长官。他们两人的书受众皆为"普通读者"，且都特意避开学术方面的内容。蒋彝的书包括九个章节："引言""历史概述""绘画与哲学""绘画与文学""题跋""绘画题材""绘画要领""绘画工具"和"绘画种类"。詹宁斯的作品则只有七章："概述""宗教的影响""与书法的关系""皇室的赞助""材料和技法的选择""风景和人物的处理"和"花、鸟和动物意象的使用动机"。对不符合他们标准的中国画作，两人或多或少都不屑一顾。詹宁斯评论道："过去几年里，中国画家更喜欢到巴黎学习欧洲艺术。1926年前后，上海到处都是中国版的塞尚，从那时起，就有中国艺术家不再沿用本国风格，反而热情地投入到问题颇多的现代欧洲艺术之中。"而蒋彝则抱怨道："现在，我们许多现代画家都致力于融合东西方的理想，但他们的星星之火却未能燎原！"[34]

对于6世纪绘画理论家和知识分子谢赫（其生卒年不详）所谓的"六法"，两位作者持不同态度，尤其是在最令人困惑的第一个标准——"气韵生动"方面，两人差异更为明显。首先，英国作者詹宁斯直截

33　罗杰·索姆·詹宁斯（Roger Soame Jenyns）用索姆·詹宁斯（Soame Jenyns）这个名字发表作品。参见 Soame Jenyns, *A Background to Chinese Painting* (London: Sidgwick and Jackson, 1935)。

34　Jenyns, *Background to Chinese Painting*, 22; Chiang Yee, *Chinese Eye*, 61.

了当地指出："中国所有的艺术批评都是基于谢赫（479—501）提出的六法。"[35] 他认为："气韵生动是六法中最重要的一条。"翟理斯（Herbert Giles，1845—1935）翻译为 "rhythmic vitality"（有节奏的活力），而冈仓天心的翻译是 "the life movement of the spirit through the rhythm of things"（精神在事物节奏中的生命运动）。[36] 詹宁斯断言："虽然这六条原则可能不太能说服我们，但其中蕴含了无穷的中国哲学奥妙。"接着，他又补充道："但正如韦利所说，'无论哪个时代，哪个阶级定义的艺术之美都代表他们的利益，并不断被淘汰。谁能说谢赫的'六法'比其他的更模糊呢？'"[37] 他所引用的三位学者——翟理斯、冈仓天心（Okakura Kakuzō，1862—1913）和阿瑟·韦利（Arthur Waley，1889—1966）都在1935年前发表了大量关于谢赫"六法"的英文文献。[38] 詹宁斯曾负责大英博物馆的工作，继韦利之后，他也有些怀疑对"六法"的解读。相比之下，蒋彝更加强调"韵律"（rhythm）和"有节奏的活力"（rhythmic vitality）这两个核心概念：后者在《中国之眼》的索引中至少有11个条目，是整本书中最常见的概念之一。[39] 下述文字是蒋彝对这两个概念的介绍：

"六条绘画原则"［这是蒋彝对"六法"的表述］是由他［谢赫］构想的精辟论断。可以用这一标准衡量任何绘画作品，故保留至今，无任何变更或增补，几乎无人批判……最佳的英文译法引发了一些讨论：要在外国语言中找到对应的单词非常困难，因为赖以评判的灵感和技巧本身就互不相容。这里有一个简易版本：有节奏的活力（Rhythmic

---

35　Jenyns, *Background to Chinese Painting*, 136.

36　Jenyns, *Background to Chinese Painting*, 137.

37　Jenyns, *Background to Chinese Painting*, 139.

38　相关的作品有 Herbert Giles, *An Introduction to the History of Chinese Pictorial Art* (Shanghai: Kelly and Walsh, 1905); Kakasu Okakura, *The Ideals of the East with Special Reference to the Art of Japan* (London: J. Murray, 1903); Arthur Waley, *An Introduction to the Study of Chinese Painting* (London: Ernest Benn, 1923)。

39　Chiang Yee, *Chinese Eye*, 239.

Vitality）、结构和笔法（Structure and Brushwork）、形态相近（Modelling after Object）、颜色相似（Adaptation with Coloring）、选位构图（Careful Placing and Composition）、临摹模仿（Following and Copying）。[40]

另外，他评论说："谢赫认为捕捉一切物体的'气韵'是画家的首要任务，因为宇宙中的万物皆有灵。'气韵生动'是'我们绘画中最重要的部分……画家的唯一目标……其他五个绘画原则的纲领'。"[41]毫无疑问，蒋彝明确表示，他对这一话题的看法很大程度上借鉴了刘海粟的观点。刘海粟当时与他同住，名气也比他更大。蒋彝直接引用了刘海粟对"气韵生动"的解释，将"韵律和谐与生命运动"两个概念结合起来，他还在介绍现代中国画展时大量引用了刘海粟的观点。[42]刘海粟认为"气韵生动"是其他五种法则的"纲领"，蒋彝借用了这一看法。然而，如果仔细阅读原文，我们会发现，这种在20世纪初广为认可的观点，其实是站不住脚的。我们从下面这句话中也能看出蒋彝对刘海粟的挪用："谢赫是中国5世纪的艺术评论家，强调'气韵生动'是创作一件艺术杰作的首要条件，他也谨慎地指出'笔致'（touch）和对'结构'的把握是实现这一目的最重要的方式。"从"笔致"一词我们可以看出，蒋彝借用了刘海粟独有的解释。[43]1931年，刘海粟出版了《中国绘画上的六法论》（*The Theory of the Six Laws in Chinese Painting*），其序言的日期是1931年4月24日，署名是"刘海粟于巴黎拉丁区"。由此可见，这是由一位中国作者在巴黎用中文写的著作，而最为关键的是，巴黎当时是广受认可的"艺术之都"。至少有一位学者认为，刘海粟本人并不是这本书的作者，而是由与他一起共事的年轻人滕固（1904—1941）为他代笔的。[44]与此同时，蒋彝在伦敦确立了自己的地位，还有过撰写博士

---

40 Chiang Yee, *Chinese Eye*, 32–33.

41 Chiang Yee, *Chinese Eye*, 105, 186.

42 Chiang Yee, *Chinese Eye*, 186.

43 Chiang Yee, *Chinese Eye*, 176.

44 Jane Zheng, *The Modernization of Chinese Art: The Shanghai Art College, 1913–1937* (Leuven: Leuven University Press, 2016), 288.

论文的想法，而此时滕固正在努力攻读柏林大学早期中国绘画理论的博士学位，并于1934年至1935年用德语发表了一篇学术性文章，篇幅很长，令人印象深刻。该文分为两部分，基本上是他学位论文的材料，题为《唐宋时期的中国绘画理论》。[45]因此，为了维护蒋彝已有的地位，滕固就成了另外一位需要被"遗忘"的人。无论《中国绘画上的六法论》是刘海粟还是滕固所作，蒋彝"笔致"这一概念显然由此而来，因为用这个词来表达谢赫六法中的第二法——骨法用笔（蒋彝的"结构与笔法"）有点奇特。刘海粟（或滕固）在拉丁区出版《中国绘画上的六法论》时，"笔致"一词实际上是用英文写的，这种做法必然将大多数不精通外语的人拒之门外，但这是民国时期学术写作甚至文学写作的常见做法。[46]因为刘海粟引用了维多利亚时代伟大的批评家沃尔特·佩特（Walter Pater，1839—1894）最著名的理论，所以他的解释在国外仍立于不败之地。谈到"气韵生动"时，他说：

　　若用一外国语来代替，我们便可用节奏（Rhythm）一语，已经很适当。英国批评家裴德在他的不朽名著"文艺复兴论"中说："一切艺术，都倾向于音乐的状态。"所以节奏，不但是音乐的状态，是互在全部艺术中的一种状态。明白了这一点，对于谢赫的气韵生动之本意，必能易于理解。[47]

此处，"rhythm"一词的出现并不像典型的"中国概念"，该词可追溯到现存一系列英文解释之中，都是在相对集中的时间范围内出现的。1903年，也就是蒋彝出生这一年，冈仓天心在他的《东洋的理想——建构日本美术史》（*The Ideals of the East: With Special Reference to the Art of*

45　Ku Teng, 'Chinesische Malkunsttheorie in der T'ang und Sungzeit I', *Ostasiatische Zeitschrift*, N. F. 10 (1934), 155–175; Ku Teng, 'Chinesische Malkunsttheorie in der T'ang und Sungzeit II', *Ostasiatische Zeitschrift* N. F. 11 (1935), 28–57.

46　刘海粟，《中国绘画上的六法论》，上海：中华书局，1936年，第16a–16b页。

47　刘海粟，《中国绘画上的六法论》，上海：中华书局，1936年，第25a–25b页。

Japan）一书中，首次用英语翻译了"气韵生动"一词。在加尔各答，他与皈依印度教的爱尔兰修女尼韦迪塔［Nivedita，原名玛格丽特·伊丽莎白·诺贝尔（Margaret Elizabeth Noble），1867—1911］密切合作。冈仓天心青年时正值日本明治时代，因为那时赫伯特·斯宾塞（1820—1903）是最有影响力的西方思想家，所以该译文不仅体现了他所处的孟加拉国文艺复兴时期的哲学和宗教环境，还体现了斯宾塞的思想。尼韦迪塔贡献突出，故而有些学者认为《东洋的理想》实际上是她和冈仓天心的"合作产物"。这是上述提及的蒋彝和贾静如的先例，他们的分工也是以性别为基础的。[48]劳伦斯·比尼恩采用了冈仓天心的英译本，随后与翟理斯合作将其修改为更简洁的"rhythmic vitality"，这在很大程度上得益于亨利·柏格森（Henri Bergson，1859—1941）的活力论。第一次世界大战前，柏格森在英国的影响达到了顶峰。后来，这些英译本又传回中国，中国作家发现西方人对充满"生命力"且无法模仿的中国艺术充满热情，于是他们反过来利用这一点，主张以充满"生机"的东方文明来对抗机械的、反人文主义的、日薄西山的"西方"文明。[49]德国活力论哲学家和科学家杜里舒（Hans Driesch，1867—1941）在中国进行了大量的演讲，当时初涉科学的蒋彝在东南大学学习化学，这里环境非常特殊，是国学热潮的大熔炉。也许应该指出，刘海粟所珍视的"气韵生动"概念，后经蒋彝引申有了令人满意的翻译。后来，另一位在英国学习的中国学生（虽然没有证据表明他们相识）全面驳斥了这些对"气韵生动"的翻译，他就是博学多才的小说家钱锺书（1910—1998）。他旁征博引，对将"气韵生动"翻译为"rhythmic vitality"嗤之以鼻。[50]

48 Inaga Shigemi, 'Okakura Kakuzō's Nostalgic Journey to India and the Invention of Asia', in *Nostalgic Journeys: Literary Pilgrimages Between Japan and the West*, ed. Susan Fisher (Vancouver, BC: Institute of Asian Research, University of British Columbia, 2001), 119–132; Rustom Bharucha, *Another Asia: Rabindranath Tagore and Okakura Tenshin* (New Delhi: Oxford University Press, 2006), 35.

49 Ku Ming (Kevin) Chang, '"Ceaseless Generation": Republican China's Rediscovery and Expansion of Domestic Vitalism', *Asia Major*, 3rd ser., vol. 30, no.2 (2017): 101–131. 更多关于此主题的信息，参见 Clunas, *The Echo Chamber*。

50 钱锺书，《管锥编》（第4卷），北京：中华书局，1986年，第1354页。

但此处关键在于，只有在观念跨国交流的背景下才能理解这一概念的重要性。在此背景下，中国作家们试图用英语来表达一个由日本作家冈仓天心介绍的概念，这位日本作者浸淫于赫伯特·斯宾塞的思想，而英国沃尔特·佩特的追随者又通过柏格森的思想对冈仓天心的观点进行了解读。当刘海粟提及佩特时（我们当然可以联想到，蒋彝对他那本有关"六法"的书很熟悉），这种相互引证的循环闭合了，对"气韵生动"的解释在这个循环中流动，永不停歇。[51]这不是"中国理论"向"西方"的简单"传播"，《中国之眼》远不是中国精髓的简单涌现，它本身就是一个跨国诠释产生的艺术品。

然而，除了书中的文字，也许研究其中的24幅插图，尤其将它们与竞争对手詹宁斯书中的43幅珂罗版印刷插画相比较，我们可以了解一种极其独特的文化政治在发挥作用。比较这两本书，可以明显看出，书中选择的绘画作品没有重叠，甚至连涵盖的艺术家也几乎如此，仅有五位艺术家是相同的。意料之中的是，詹宁斯的大部分作品来自收藏机构。该书共收录插图43幅，其中13幅来源于大英博物馆，12幅来自"北平的国展"，其他插图来自波士顿美术博物馆和佛利尔画廊。而蒋彝的24幅插图都来自国内的收藏。这也许说明，若要在"中国视角"下进行探讨，《中国之眼》中的作品就必须来自中国国内。实际上，蒋彝选择的插图非同寻常，不过，如果意识到这些插图都出自双语作品《平等阁藏中国名画集》（*Famous Chinese Paintings Collected by Ping Teng Ke*）（图2.1），他的选择（不止一位评论家指出，书中的绘画作品缺乏出处）才讲得通。[52]1930年，有正书局将这本珂罗版印刷的出版物分两册发行。不过在此之前，这本书有复杂的历史。狄葆贤（1873—1941）精力充沛，不仅是杰出的实业家和资深的反清活动家，还是有正书局的

51　邵宏，谢赫"六法"及"气韵"西传考释，《文艺研究》（2006年6月），第112-122页。
52　《平等阁藏中国名画集》，第2册，上海：有正书局，1930年。该书副本收藏于牛津大学赛克勒图书馆。整理后发现，《中国之眼》中的24幅插图，有17幅来源于此。考虑到《中国名画集》是分册出版的作品，历史非常复杂，且现存副本之间或有差异，其他7幅插图可能也来自该作品。包括威廉·金在内的许多评论人注意到，其中收录的作品缺少出处。参见 William King, 'Chinese Art', 1036-1037。

图2.1 蒋彝,《中国之眼》(伦敦, 1935), 插图十二, 下面
的书是《平等阁藏中国名画集》第二卷 (上海, 1930)

创办者。[53] 当时有大量用珂罗版印刷的中国艺术出版物, 在这一浪潮中
狄葆贤和他的出版社处于最前列, 出版了大量绘画和诗歌, 有力支持了

---

[53] 'The Context of *Famous Chinese Paintings*', Mywoodprints. free. fr, http://mywoodprints.
free.fr/famous_chinese_painters/fca_context.html.Accessed 7 November 2020。狄葆贤生卒年
或有争议, 本文出现的生卒年可参见 Richard Vinograd, 'Patrimonies in Press: Art Publishing,
Cultural Politics, and Canon Construction in the Career of Di Baoxian', in *The Role of Japan
in Modern Chinese Art,* ed. Joshua A. Fogel (Berkeley: University of California Press, 2012),
245-272。

20世纪初文化辩论中的"国学"派活动。[54]但是,《平等阁藏中国名画集》绝不是一个"纯粹"的中国空间,而是一个跨国空间,书中有中英文的图片说明和两种语言写成的狄葆贤传记,以及其他有正出版物的双语广告。这本读物以英镑计价,可见针对的是西方读者。

这本书究竟是蒋彝自己带来的,还是从他的房东熊式一那里借来的(熊式一以买卖中国艺术品为副业),抑或从其他来源获取的?(他的雇主东方学院的图书馆中没有副本)但毫无疑问,他的插图直接借鉴了《平等阁藏中国名画集》这部作品,因为其中一些画来源不明,其他出版物未见,另外,绝非巧合的是,他还直接借用了书中插图的英文标题。例如,有一幅署名顾云程(没有日期)的人物画,画中有一位伏案休憩的女人,在《平等阁藏中国名画集》中,这幅画的标题"Hors de Combat"(丧失战斗力)多少有些奇怪。而蒋彝在书中收录的这一作品也沿用了该标题,即插图四(图2.2)。这不是蒋彝直接抄袭的唯一案例。[55]这些作品之所以难以理解,是因为狄葆贤的出版作品主要基于他自己的家庭收藏。他的收藏颇为可观,其中有一些作品至今仍为杰作,但也有一些作品的作者鲜为人知,或者其作者难以考证;"Hors de Combat"属于前者,而蒋彝的插图一则属于后者,虽然蒋彝乐观推测它出自唐代大师王维(699—759)之手。[56]也许更重要的是我们要认识到在20世纪30年代,"中国画"的经典之作在很大程度上仍有待商榷。正如文以诚(Richard Vinograd)所言,狄葆贤"当时所处的环境,文化权

54　Yujen Liu, 'Second Only to the Original: Rhetoric and Practice in the Photographic Reproduction of Art in Early Twentieth-Century China', *Art History* 37, no.1 (2014): 69–95. 有正书局出版的词集,参见 Wu, *Modern Archaics*, 84。

55　《平等阁藏中国名画集》中给出了中文标题《明顾云程倦吟图》(没有标页码)。"Index to Ming Dynasty Paintings"中没有收录该画家的名字,参见 https://library.harvard. edu/collections/index-ming-dynasty-chinese-paintings. Accessed 7 November 2020. 明代政治家顾云程(1535—1608)所处年代,对于这种风格的作品来说似乎太早了,但也许只是狄葆贤在此声称他是艺术家。

56　高居翰在借鉴喜龙仁(Osvald Sirén)和埃伦·约翰斯顿·赖因(Ellen Johnston Laing)研究成果基础上,认为该作品出现的时代要晚得多。*An Index of Early Chinese Painters and Paintings: T'ang, Sung and Yüan* (Berkeley: University of California Press, 1980), 18.

" HORS DE COMBAT "   Ku Yün-Cheng (Ming)

图 2.2　蒋彝,《中国之眼》(伦敦, 1935),
插图四

威不断变化, 极不稳定", 也就是说 "1908 至 1930 年的大部分时候, 艺
术机构发展不完善, 这样脆弱的环境意味着艺术经典不能看作一成不变
的事物, 可随时用于不同的场景和目的, 而应看作尚在变化与争论中形
成的产物"。[57] 虽然《中国之眼》表面上提出了久经考验、广泛赞同的
经典和标准, 但其作者对插图的选择却表明不可能有一致的观点。更进
一步说,《中国之眼》对插图的处理最为明显地颠覆了其既定目的。刘

57　Vinograd, 'Patrimonies in Press', 259.

宇珍指出，包括狄葆贤的出版物在内，早期的珂罗版印刷艺术品无形中体现了晚清中国的视角和鉴赏标准，用当时该书的销售话语来说，"较原件丝毫不爽"。[58] 这就意味着书籍的出版信息、题记及各种副文本都具有突出作用，不是"插图"之外可有可无的东西。现代博物馆和出版社倾向于省去这些内容，但在阅读像《平等阁藏中国名画集》这样的作品时，读者（不管是中国人还是外国人）会注意到图画周围的文字。蒋彝在整整一章中论述了绘画题跋的重要性，还特意举了这样一个例子："曾有一位名叫'狄平子'的优秀艺术家，在陈老莲的人物画上作有题跋（插图六）。""狄平子"就是狄葆贤本人。这件事让人饶有兴趣地想到，狄葆贤和蒋彝之前或有联系，这种可能性的另一佐证是该画的题跋中涉及狄葆贤与李瑞清之间的交往。李瑞清是蒋彝母校的校长，蒋彝曾将他列为中国现代艺术的四大名人之一。狄葆贤和李瑞清都是佛教复兴运动的杰出人物，这让我们不禁联想，蒋彝在"匆忙"离开中国之前可能从朋友那里获取了赞助和支持，但现已无从考证。[59] 尽管蒋彝注意到这个例子，但总的来说，《中国之眼》可以说是藐视了"中国视角"的惯例（如果这样的概念有任何实际意义的话），其中删减了一些狄葆贤出版物中精心收录的题词，例如"Hors de Combat"的顶部和底部都丢失了大量文字。

《中国之眼》在英国获得成功之后，蒋彝创作了"哑行者"系列丛书及视觉艺术方面的文章，因此声名远扬；但随着对艺术史的研究日趋专业，他在该领域的地位几近边缘。甚至早在他抵达英国之前，英国高等教育中的中国艺术教学就已迈出试探性的第一步——沃尔特·珀西瓦尔·耶兹（Walter Perceval Yetts，1878—1957）被任命为科陶德艺术学院（Courtauld Institute of Art）的教授，他是一位医生，也是中国青铜器及其他古文物方面的作家。[60] 蒋彝努力在英国从事中国研究的大人物中

---

58 Liu, 'Second Only to the Original', 80.

59 关于蒋彝突然离开的情况，可参见其《重游中国》第35页。

60 耶兹偏爱古文物，这就使他与当时的"艺术界"毫无瓜葛，参见 Craig Clunas, 'Oriental Antiquities/Far Eastern Art', *positions: east asia cultures critique* 2, no.2 (Fall 1994): 341。

寻找赞助时，似乎从未与耶兹有过联系，耶兹的名字既没有出现在蒋彝的著作中，也没有出现在他的传记中。1935年至1936年也许是蒋彝作为视觉艺术作家的辉煌时期，他在两份期刊上分别评论了友人巴尔（A. W. Bahr）（1877—1959）的中国绘画收藏目录，[61] 还和友人威廉·威伯福斯·温克沃斯（W. W. Winkworth, 1897—1951）一起点评了英国皇家艺术学院展览中的画作。[62] 但他放弃了那篇原定关于中国书法的博士论文，原因有很多。颇具影响力的雷金纳德·约翰逊（Reginald Johnson）大力支持蒋彝，但他后来退休了，而约翰逊的继任者伊凡杰琳·多拉·爱德华兹（Evangeline Dora Edwards, 1888—1957）未与蒋彝续签东方学院的教学合同（部分原因是蒋彝发音不标准，带有江西口音）。我们还想知道，蒋彝是否知道杨毓珣（1895—1947）在巴黎写的一篇关于中国书法的博士论文与他的写作主题十分相近。[63] 虽然蒋彝关于书法的著作在战后被广泛引用，但并没有像《中国之眼》一样迅速流行、取得成功。该书出版时，《伯灵顿杂志》（The Burlington Magazine）还刊登了一篇书评，对其不屑一顾。[64]

蒋彝一生中，虽然"哑行者"系列丛书为他带来了一些赞誉，但是他的自我形象仍以视觉艺术为核心。1956年，住在美国的蒋彝受颇负名

---

61 Chiang Yee, 'Early Chinese Painting: Nature as Viewed through the Eyes of the East', *Country Life* 84, (26 November 1938): lxii; Chiang Yee, 'A Collection of Chinese Paintings', *The Burlington Magazine for Connoisseurs* 73, no.429 (December 1938): 236, 262-264.

62 W. W. Winkworth and Chiang Yee, 'The Paintings', *The Burlington Magazine for Connoisseurs* 68, no.394 (January 1936): 30-31, 34-36, 39. 此例中，温克沃斯对蒋彝的态度比蒋彝对贾静如的态度更加宽宏大量，他简略提到了"可敬的收藏家和艺术家狄平子先生"。温克沃斯只有可能从蒋彝那里听说这个名字，因此蒋彝与狄平子至少有认识的可能。

63 Yang Yu-hsun, *La calligraphie chinoise depuis les Han* (Paris: Librairie Orientaliste Paul Geuthner, 1937). 感谢埃里克·威洛（Eirik Welo）确认了这一人物的身份。杨毓珣为汪精卫的日本傀儡政权服务，第二次世界大战后死于狱中。

64 蒋彝回忆说，"这本书出版时销量不佳"。Chiang, *China Revisited*, 42. 这篇评论是以笔名"S. J."发表的，很有可能首字母缩写掩盖了作者詹宁斯的真实身份。参见 S. J., review of *Chinese Calligraphy*, by Chiang Yee, *The Burlington Magazine* 73, no.425 (August 1938): 90. 该书1956年重印时，英国艺术史学家赫伯特·里德写了一篇热情洋溢的序言，他将书法比作抽象艺术，因此吸引了更多人的注意，这也是20世纪80年代由郑达和白谦慎翻译的第二本蒋彝作品。

望的美国大学优等生荣誉学会邀请，在哈佛大学发表演讲，主题是"中国画家"。此时距他第一次讨论这个话题已过去二十多年，但"中国画家"的形象仍是一个超越时代的抽象轮廓，蒋彝在此次演讲中未提及具体的画家或画作。在冷战最严峻的时期，蒋彝坚持认为："我想强调的是精神，它是不朽的、无界的、永恒的。"[65] 随着"中国艺术"在大学日趋规范化，尤其在美国，来自中国的学者接受了艺术史学科的规范训练，这样一来，蒋彝自信利用本土人身份得出的综述只会受到越来越大的压力。正是在这个时候，李铸晋（1920—2014，毕业于南京大学）、何惠鉴（1924—2005，毕业于岭南大学）和方闻（1930—2018，生于上海）在美国高校和博物馆中担任要职，另外还有迈克尔·沙利文（Michael Sullivan，1916—2013）和高居翰（James Cahill，1926—2014）等学者，这是一代在中国艺术领域拥有博士学位的学者，他们发表了对特定时期、主题和艺术家的详细学术研究，而没有像蒋彝一样泛泛而谈。因此，蒋彝在去世前一年发表的最后几篇简短的艺术史作品，必然要符合这种新的学科范式，他为鸿篇巨制《明代名人录》（*Dictionary of Ming Biography，1368—1644*，1976）中所写的条目即是如此，这不免令人唏嘘。该书的作者不少于125位，蒋彝是其中之一，他只负责明代两位画家陆治（1496—1576）和吕纪（约1477—? ）的条目。在介绍明代艺术家的作者中，李铸晋和高居翰更出名。这两个条目很可能是哥伦比亚大学的老板、卓越的思想史学家、《明代名人传》指导委员会成员狄培理（William Theodore de Bary，1919—2017）分配给蒋彝的。蒋彝表示他们之间"相处得并不愉快"。[66] 当然，在该著作中，没有任何迹象表明蒋彝对这两位截然不同的艺术家（一个是精英文人，一个是宫廷画家）有任何特别的兴趣。蒋彝引用的学术成果值得关注。首先，他提到了徐邦达（1911—2012）的著作，他可能是1949年后中国最杰出的鉴赏家，这表明蒋彝确实与最新的中文研究成果保持同步。其次，蒋彝也提到了

65　Chiang Yee, 'The Chinese Painter', *Daedalus* 86, no.3 (May 1957): 250.
66　Zheng, *Chiang Yee*, 218.

20世纪70年代已广受推崇的一些西方著作，包括20世纪初翟理斯和阿瑟·韦利的作品。40年前，一度与蒋彝交好的朋友熊式一写道："西方评论家的理解虽然有价值，但其解释必然与中国艺术家完全不同。"[67]写下这句话时，熊式一心里想到的应该也是这些人。蒋彝所介绍的两位明代画家的生平并不引人注目，却强调他们的作品曾被列入1935—1936年在英国皇家艺术学院举办的"中国艺术国际展"。[68]无论有意与否，这都令人想起蒋彝的光辉时刻，那时他曾短暂地掌握了中国绘画问题上的话语权。蒋彝发表著作约40年后，这位"哑行者"回到了故乡江西，随即永远地销声匿迹了。

（崔新羽　译）

67　Chiang Yee, *Chinese Eye*, ix.

68　Chiang Yee, 'Lu Chih', in *Dictionary of Ming Biography, 1368–1644*, ed. L. Carrington Goodrich and Chaoying Fang (New York: Columbia University Press, 1976), 1: 960–961; Chiang Yee, 'Lü Chi', in *Dictionary of Ming Biography*, 1: 1005–1006.

3

身为蒋彝：感受、差异与叙事

郑嘉仪

我当然不是想取悦知识渊博的学者！我记得曾和一位女士聊天，她说绝不会为了消遣而写一本记录"零碎"的书，没有学者会做这样的事！

——蒋彝[1]

蒋彝不取悦渊博的学者，我效仿他，从《伦敦画记》和《牛津画记》中选择了一些幽默的"零碎事件"在本章叙述，希望读者能喜欢。然而，这篇文章的写作意图是严肃的：让我们有机会通过蒋彝的故事思考英美华人的经历、生命中的切身感受和情感面向，以及一切历史的复杂特性。正如蒋彝以"零碎事件"——这些生活片段来对抗特定文化知识上的等级差异，本章亦采用这一视角，探讨何为文化上的"零碎事件"，以及这与蒋彝在牛津的生活经历有何关系。

蒋彝的书令人难忘。我第一次读《伦敦画记》时，其中有一段话让我印象最深：中国男人总是比英国警察矮得多。这个论断十分滑稽，对中国人的男性气概和着装尊严都产生了影响：

因为我比这里大多数中国人都高，所以同胞们都叫我"警察"。受此启发，我常常把自己与受人尊敬的伦敦警察进行比较。我总是畏缩不

1　Chiang Yee, *The Silent Traveller in London* (London: Country Life, 1945), xii–xiii.

前，因为我一走近就显得他比我高很多。剧作家熊式一先生个子不高，很多次一起出去的时候，总提醒我，在他抬头询问警察的时候，帮他留意帽子是不是会掉下来！ [2]

记得读这篇文章时，文中细致描述了中英两国男子气概擦出的火花，令我深受触动。作为一名中英混血的女性，我个子也不高，所以非常理解熊先生仰头注视一名严厉警察时的心情。在20世纪30年代的伦敦，戴帽子是一种必备的时尚，戴不戴帽子、戴什么样的帽子，在公共场合都有可能引起社交焦虑。在蒋彝幽默的轶事背后，有衣着不当的"尴尬"，演变为身体特征上的"格格不入"，乃至转变到"种族差异"。在蒋彝笔下，亲切和蔼的英国警察变得令人生畏，他想走近警察却做不到。这篇短文给我留下了深刻的印象，我记得，应该还附有插图。然而，几年后我再翻阅这本书时，却惊讶地发现，其中既没有描绘熊先生抬头、帽子滚落的线描画，也没有展现蒋彝一边保持一定距离，一边又好奇地悄悄走近警察的画作。我发现了一幅完全不同的插图：在庆祝英王登基的银禧之夜，一名警察被当地人围着跳舞，脸上露出疑惑不解的神情。[3]

所有的作者都会犯错，记忆会玩把戏，人生经历会改变我们对"事实"的理解，作者们对此或加以利用，或严加防守。想到蒋彝，我就会情不自禁地产生共鸣。我的家人也是中国人，而且我的父亲和祖父也在20世纪前往英国，和蒋彝一样，我们都在英国展现了中国的形象。[4] 情感无论悲喜，很难将其自然地纳入线性叙事之中，无论其形式是故事、正史还是学术论文。接纳非理性和具象，而不是抗争或回避，或许是一种可行的策略。[5] 我们能否关注蒋彝如何仅通过其本人的身体存在，跨

2　Chiang, *The Silent Traveller in London*, 208.

3　Chiang, *The Silent Traveller in London*, Plate XIa, facing 208.

4　1929年到1931年，我的祖父郑观昌在剑桥大学学习历史，但他没有毕业，就回到上海结婚了。1958年，我的父亲郑文彦也被派往英国留学，后来在英格兰南海岸永久定居。

5　Walter Mignolo and Rolando Vazquez, 'Decolonial Aesthesis: Colonial Wounds/Decolonial Healings', *Social Text Online* (15 July 2013): 2–13, http://socialtextjournal.org/periscope_article/decolonial-aesthesiscolonial-woundsdecolonial-healings/.

越时间和文化，与他人建立联系，感知自身存在的时刻？专注于这一层面能否加深我们对蒋彝作品的理解？我们从他如何体验自身存在中又可以了解什么？当一名沉默的"哑行者"意味着什么？我们如何从中获取"沉默"的言外之意？

理解误解

历史学家索尔·弗里德兰德（Saul Friedländer）认为，个体记忆和集体记忆是一个连续体。他认为"历史和记忆之间存在一个模糊地带"，并鼓励我们深入其中。[6]弗里德兰德在其著作中写到自己在大屠杀历史中的定位，突破了两个学术禁忌。首先，历史学家可以有个人看法和立场，可以与其研究的主题有个人关联，也可以带有个人情感。其次，创伤事件幸存者的记忆或许不可靠，但要试图理解。弗里德兰德鼓励我们深入理解而不是否认历史学家作为故事讲述人的角色，尽力了解事件目击者如何理解我们所看到的历史事件。这些方法在我试图理解"哑行者"系列书籍时非常奏效。

尽管蒋彝对中国政治以及英美如何看待中国人深有感触，他塑造的"哑行者"形象却刻意回避了这些争议。一方面是作为作者的蒋彝在英国的真实经历，另一方面是"哑行者"这一书中人物，这两者之间有差异也有重叠，我们应该如何看待？对于读者和历史学家及蒋彝本人来说，书中遗漏了哪些不可或缺的内容？我们可以想象：这位"哑行者"陷入沉思，缓慢行走，专注于简单的事情，一边思乡怀旧，一边思考中国美学、社会或历史之间的联系，记录个人经历和日常生活。作为一个身在英国，具有中国眼睛、中国大脑的中国人，蒋彝并非一直是"哑行

6 Saul Friedländer, 'Trauma, Transference and "Working Through" in Writing the History of the "Shoah"', *History and Memory* 4, no.1 (Spring–Summer 1992): 39–59; James E. Young, 'Between History and Memory: The Uncanny Voices of Historian and Survivor', in 'Passing into History: Nazism and the Holocaust beyond Memory — in Honor of Saul Friedlander on His Sixty-Fifth Birthday', ed. Gulie Ne'eman, special issue, *History and Memory* 9, nos. 1/2 (Fall 1997): 47–58.

者",对于"中国人的身体",他也有很多话要说。

事实上,《牛津画记》包含了许多关于"种族"问题的思考,以及许多涉及中国人外表的讽刺对蒋彝的影响。蒋彝在文字和绘画中展现了幽默、迷人、温文尔雅的特质,但这不应掩盖他生活中令人不悦的经历,比如蒋彝在书中写道:"我听说现在只有剑桥大学三一学院不招收东方人。我的脸是扁平的,所以我不去那里,避免误解。"[7]

这里的"误解"一词有什么含义?虽然蒋彝进入了特权阶层和知识分子的圈子,但他非常了解,由于"种族"和种族主义,有些地方他不能进入。有些情况下,中国人会吸引好奇的目光,令人不快,内心产生情绪。"误解"指的是什么呢?在英国旅居时,蒋彝的内在自我意识和被视为中国"种族"代表的感受并不匹配?我用"种族"这个词来表示一个西方的思想流派,因19世纪人类学的兴起,该流派不断完善,变得更加可信,根据身体特征(主要是皮肤、眼睛颜色、头发类型和面部特征)把人类分为不同群体。西方的"种族"概念把人类划分等级,将北欧血统的白人置于顶端。[8]在一定程度上,这一做法将生物学特征、文化实践和历史结合,根据天生能力和气质的差异来区分种族群体。这种"种族"的"科学"完全是在种族主义的社会背景下发展起来的,尽管现在人类学已经完全拒斥这种观点,但这是"哑行者"所处时代理解种族差异的主要方式,在今天该观点仍然是种族主义的基础。

蒋彝的故事和插图"策略高超"(tact)。我之所以选择这个词,是因为这个词暗含技巧和敏锐之意。这一词源于"touch"(触摸),但也让我想起了"默契"(tacit)这个词,默契暗示着一种心照不宣,暗示着隐含但没有明说的事情。有读者好奇蒋彝扮演的"哑行者"是何模样,这一章正是为他们而写,但更为那些与蒋彝书中有着共同经历的旅英华人而写。小说家和社会活动家艾丽芙·沙法克(Elif Shafak)一语

7　Chiang Yee, *The Silent Traveller in Oxford*, 3rd ed. (London: Methuen, 1946), 17.

8　Michael Banton, *Racial Theories*, 2nd ed. (Cambridge: Cambridge University Press, 1998); Christine Bolt, *Victorian Attitudes to Race* (London: Routledge and Kegan Paul, 1971); Stephen Jay Gould, *The Mismeasure of Man* (London: Penguin Books, 1997).

道破："为人所知的故事让我们相聚，不为人知的故事让我们分离。"[9]

成为"尊敬的"蒋彝

蒋彝在牛津时正值第二次世界大战和抗日战争时期。他在伦敦的公寓被炸毁，从祖国传来日本侵略的消息，弥漫着恐怖、暴力和悲剧的色彩。在《牛津画记》中，蒋彝在"尊敬的猫咪阁下"一章中讲述了这一时期在公交车上发生的一件事：

> 夏天的傍晚，天还亮着，我坐在开往卡法克斯的巴士顶层。四个女学生坐在我前面，她们在大声说话，其中有一个孩子，十一二岁左右，不停地回头看我。然后她对她的同伴们说些什么，她们也回过头来看我。我听不清她们在说什么，但毫无疑问，她们对我扁平而陌生的脸很感兴趣。我们到达卡法克斯时，女孩们先下车。我刚下车，其中一个就喊道："陈查理！"其他人也跟着喊。我猜他们认出我是陈查理的同胞，所以我笑了笑，表示感谢，乘客大都笑了起来。
>
> 几个星期后，我沿着阿宾顿路去拜访一位朋友。到达湖街之前，一群男孩女孩从游泳池迎面走来。突然，其中一个喊道："陈查理！看！陈查理在牛津！"我想问问他们是什么意思，但他们说完就跑了。当我到达朋友家时，我告诉他别人称我为"陈查理"。他笑了笑，静静打量我一番后说："你看起来的确像陈查理。"我们都笑了。[10]

在这个故事中，我们很快就会明白"哑行者"受到特别关注的原因。美国电影《陈查理在巴拿马》（*Charlie Chan in Panama*，1940）在牛津上映，主角是一位名叫陈查理的虚构人物，他是一名来自檀香山的华裔美国警探。为了看看自己与陈查理有多相似，蒋彝特地去了电影院。在插图（图3.1）中，他分别创作了一个虚构的陈查理和一个虚构

9　Elif Shafak, *How to Stay Sane in an Age of Division* (London: Wellcome Collection, 2020), 9.

10　Chiang, *The Silent Traveller in Oxford*, 78.

的蒋彝。从着装细节来看，陈查理身穿美式西装，系着领带，而蒋彝身着更传统的中式立领和侧扣式服装，似乎是"学者的装扮"（长衫），[11]但他在牛津街头不太可能穿这样的长衫。事实上，虽然蒋彝通过艺术创作将自己置身于一个更中国化的社会外衣中，但他书中的反思似乎更贴近生活，并且关注了外在特征。他得出以下结论：

事实证明，陈查理和我一样，脸孔扁平，但他的脸颊和额头宽阔，他的脸方方正正，而我的脸更像长方形。我可以想象，如果我有他的小胡子，从侧面看我们应该长得很像，孩子们把我认错也就不足为奇了。[12]

图3.1　蒋彝，"陈查理与我"，《牛津画记》（1944）中所刊印之原画（伦敦维多利亚和阿尔伯特博物馆供图）

11　19世纪的中国，穿长衫的男人属于非劳动阶级。在民国早期，长衫是一种与西服不同的穿衣时尚，而西服与西方帝国主义有关。Antonia Finnane, *Changing Clothes in China: Fashion, History, Nation* (London: Hurst, 2007), 177–178.
12　Chiang, *The Silent Traveller in Oxford*, 79.

1929年至1949年，陈查理系列电影就是所谓的"扮黄脸戏"，即白人演员扮演中国人和日本人的角色。1919年由D. W. 格里菲斯（D. W. Griffith）导演的电影《残花泪》（*Broken Blossoms*）中，理查德·巴塞尔梅斯（Richard Barthelmess）扮演陈查理。1932年由查尔斯·布拉宾（Charles Brabin）导演的《傅满洲的面具》（*The Mask of Fu Manchu*）中，布利斯·卡洛夫（Boris Karloff）扮演了傅满洲。弗劳拉·罗布森（Flora Robson）在1963年由萨缪尔·布朗斯顿（Samuel Bronston）执导的《北京55日》（*55 Days in Peking*）中饰演慈禧太后。"扮黄脸戏"电影中的白人演员模仿了中国人的肢体语言和声音，化妆师也因塑造了中国人形象而受到称赞。[13]在生活中及线描画上，蒋彝把自己和扮演陈查理的西德尼·托勒（Sidney Toler）做比较，这位欧洲裔美国演员在22部电影中扮演了这一角色。[14]除了服装和化妆之外，"扮黄脸戏"通常这样演绎：里面的角色声音柔和低沉，说话语调伴有停顿，拖着脚走路，佝偻着腰（在某些情况下几乎直不起腰），手要么放在背后，要么放在身前插进袖子。人物对话中经常使用富有神秘色彩的中国古代谚语，谚语可能是真实的，也可能是编造的。

与小说中的恶棍傅满洲（Fu Manchu）不同，陈查理这个角色聪明、善良、英勇、令人尊敬，从正面刻画了中国男性的形象，似乎在中国广受观众的欢迎。[15]然而，"扮黄脸戏"及20世纪流行电影中的中国角色

13　关于如何"把西方人变成东方人"的描述，参见Cecil Holland, 'Orientals Made to Order', *American Cinematographer* (December 1932): 16, 48。

14　在20世纪福克斯系列电影中，扮演陈查理的演员有华纳·欧兰德（Warner Oland）、曼努埃尔·阿尔博（Manuel Arbó）、西德尼·托勒、罗兰·温特斯（Roland Winters）、罗斯·马丁（Ross Martin）和彼得·乌斯季诺夫（Peter Ustinov）。陈查理这个角色一直不由具有中国血统的演员来扮演，直到1972年，美籍华裔资深演员陆锡麒为动画电视连续剧《陈查理一家》（*The Amazing Chan and the Chan Clan*）中的陈查理配音。1935年至1949年间，陆锡麒活跃于银幕上，在九部电影中饰演了陈查理的儿子。

15　Yunte Huang, *Charlie Chan: The Untold Story of the Honorable Detective and His Rendezvous with American History* (New York: W. W. Norton, 2010), 247−258. 这个虚构的角色陈查理，个性冷静，对种族主义持宽容态度，被视作美籍华裔少数群体的典范。这也许是他在"黄祸论"言论背景下受欢迎的原因。William Wu, *The Yellow Peril: Chinese Americans in American Fiction, 1850−1940* (Hamden, CT: Archon Books, 1982), 181−182.

都带有刻板印象，因此美籍华人深受其害。[16]例如，在洛杉矶和费城长大的朱比尔（Bill Chu）回忆，20世纪50年代，他和弟弟因其种族遭到他人的嘲笑，而这些侮辱性的语言就源于陈查理系列电影中杜撰的孔子语录。[17]2003年，在进步人士的抗议下，福克斯电影频道不得不重新考虑陈查理电影的档期。美籍亚裔民权组织"亚裔法律联会"（Asian Law Alliance）的负责人根田（Richard Konda）说："20世纪30年代的这些电影带有种族主义色彩，时至2003年亦是如此。"[18]20世纪40年代的牛津，许多观众理解并欣赏陈查理这一角色，认为这是美籍华裔男性形象的正面写照（包括传统的陈查理和他美国化的儿子）。然而，误解与被人误解的感受会继续存在。

这里适合采用兼收并蓄的方法。在非此即彼的思维方式下，需要确定正确或错误的事实、区分历史和现实，而"兼收并蓄"的方法意味着允许存在矛盾的信息。[19]这样，我们能够参与情感力量的转变，在涉及这种转变的世界中构建和维持自我意识，特别是在受到胁迫时，允许存在冲突的情感、记忆和意义。[20]无论陈查理是不是一个积极的榜样，他的身份确实产生了一种刻板印象，提供了一个语言和符号系统，能够让人们在欧洲和美国分辨出中国人。重要的是，对蒋彝来说，在牛津的电影院里看陈查理系列的电影，是一种什么感觉？他写道：

观众席爆发笑声时，我正陷入深思，并没有看这部电影。我看着屏

---

16 Frank H. Wu, *Yellow: Race in America beyond Black and White* (New York: Basic Books, 2002), 1-5.

17 Pradnya Joshi, 'A Charlie Chan Film Stirs an Old Controversy', *The New York Times*, 7 March 2010, https://www.nytimes.com/2010/03/08/business/media/08chan.html. Accessed 22 November 2020.

18 'Charlie Chan Season Shelved after Race Row', *The Guardian*, 3 July 2003, https://www.theguardian.com/ film/2003/jul/03/news. Accessed June 2019.

19 Arturo Escobar, *Pluriversal Politics: The Real and the Possible* (Durham: Duke University Press, 2020).

20 Sarah Cheang and Shehnaz Suterwalla, 'Decolonizing the Curriculum: Transformation, Emotion and Positionality in Teaching', *Fashion Theory* 24, no.6 (2020): 879-900.

幕：天黑后，陈查理的儿子跟着父亲去搜查一座大房子，被从高处跳下的东西惊扰。儿子告诉父亲那是一只小猫，但陈查理纠正他说那是"尊敬的猫咪阁下"。观众们显然觉得用"尊敬的"来称呼一只猫十分好笑，我也笑了起来。[21]

蒋彝将这一轶事与"尊敬的"一词在英语语境中的其他用法联系起来，立即想到在牛津大学的正式辩论中常常听到的"尊敬的"一词。他改变了虚构作品中中国人说话的固有方式，为我们呈现了一个被重新改造过的新刻板印象——这是陈查理的说话方式，但经过了改造。在蒋彝的自述中，当观众嘲笑陈查理用词老套时，哑行者作为电影观众，化身为暗中的观察者，嘲笑陈查理让他的儿子称一只猫为"尊敬的猫咪阁下"，就好像这只猫是牛津大学的辩手或议员。

让我们比较蒋彝讲述的故事和电影中的场景和声音，再次重温这一时刻。在影片中，这一场景实际上是这样展现的：陈查理和他的儿子正在搜查一间昏暗的房子，而陈查理的儿子被一只猴子吓到，他看到有东西在移动，告诫父亲要小心猴子。然而，跑过去的却是一只猫。儿子喊道："那不是猴子！"陈查理也看到了这只猫，随声附和道："尊敬的猫咪阁下。"

据此我们可以推测，蒋彝可能没有仔细看电影，反而渐渐沉浸在自己幻想的世界中。他看到这一幕，误以为是一位中国父亲在纠正美国化的儿子。而我们也可以推测，为了迎合"哑行者"系列丛书定好的章节主题，蒋彝在书中重新改写了这段记忆。事实上，给一只猫冠以"尊敬的"的头衔是整章的核心，该章随后讲述的是中国大使顾维钧参加辩论的故事。这位大使及所有中国人民坚持不懈，奋力抵抗日寇入侵，每一位发言者对此都赞不绝口。

蒋彝也是牛津大学的听众，他将这一幕记录了下来："我突然意识到和自己血脉相连的同胞受到了赞扬，似乎为了表示感谢，我从座位上稍

21　Chiang, *The Silent Traveller in Oxford*, 79.

60

稍起身。然而，我的心情远非纯粹的喜悦。"他解释道，他一直想知道中国是否值得这种赞美？中国做得有多好？现代中国的弱点和优势是什么？他继续说："我不禁想起，在中国墨守成规的日子里，在革命初期，很少有人夸赞她，但她的人民确实具有许多传统美德，而这些美德常常因缺失而引起人们的注意。"[22] 他反思中国还是一个很年轻的国家，会犯错误，甚至会陷入危险的境地，故而需要指导，就像孩子需要家长指导一样。在这种长辈教导晚辈的话语中，交织着对生命消逝这一悲剧的思考。父辈的智慧、晚辈的愚蠢以及传统和现代中国之间的脱节，在激烈的内心对话中涌动，与战争的创伤、流亡的痛苦混合在一起，最终以故事的形式浮现出来，在这个故事中，他突然意识到自己的中国人身份，并因此感到了痛苦的冲突。

故事接下来是这样的：

接着一些人开始发言。经常出现"来自此方和彼方尊敬的先生们"和"本院尊敬的成员"这样的话，让我印象最深。发言人说话时的夸张手势令我感到惊讶。"尊敬的"这个词让我想起了《陈查理在巴拿马》那部电影和其中出现的"尊敬的猫咪阁下"，因此，我没能跟上辩论的思路。[23]

最终，电影院之行对"哑行者"蒋彝在牛津学联（Oxford Union）观摩辩论的体验影响颇深。顾维钧以陈查理的形象出现，新中国则是他现代化的儿子——蒋彝并没有听完辩论，就像在电影院，他并未一直观看电影。本章以这几句评论结束：

在结束这一章时，我必须提到一位不屈的演讲者……当他说"尊敬的院长先生"或"尊敬的先生们"时，从嘴中喷出的气就像要吹灭蜡烛

22 Chiang, *The Silent Traveller in Oxford*, 82.
23 Chiang, *The Silent Traveller in Oxford*, 83.

一样，令人印象深刻。他低着头，看着面前的笔记，我在旁听席上看不清楚他的脸，但是他的举动就像陈查理在向那只"尊敬的猫咪阁下"鞠躬。我自嘲地笑了笑，喃喃自语："陈查理在此处，陈查理在牛津。"毕竟，陈查理是一个西方人。

现在想到那个场景，我就会忍俊不禁。[24]

就这样，蒋彝把我们带回了一个杂糅空间，历史记载和个人经验相互交融，电影胶卷上的确凿事实和充满个人情感留于头脑中的柔软记忆相互交织。"哑行者"叙述的真实性处在一个灰色地带，介于自传、纪录片、记忆和讲述的故事之间。帕特里夏·德罗彻（Patricia DeRocher）提醒我们：

经历既是"真实的"又是"建构的"，既指实际发生的、外在的、客观的事件，又必然通过我们的主观视角过滤为具体的对象，并在我们试图向他人传达时进一步被语言和现有的社会叙述方式塑造。虽然经历只是外部世界真实发生的事件，但其本身总是该事件的叙事建构——经历了内部阐释和处理。[25]

作为陈查理，在牛津被种族化对蒋彝来说意味着什么？当我们理解这一点，以及蒋彝对构建更和谐、更包容的未来期望时，就能明白《牛津画记》真正有价值的正是痛苦和尴尬、误解和困惑。在"闻所未闻"一章中，牛津大学新旧融合，历史建筑和传统的学位服因为新的东西而焕发生机，让他陷入深思，而这新的东西中包括他自己"那张来自现代中国的扁平脸，与古老的建筑和谐相融"。[26]这些故事讲述了他在牛津的岁月中，如何对待自己来自现代中国的身体，也进一步证明蒋彝如何通

24　Chiang, *The Silent Traveller in Oxford*, 84.

25　Patricia DeRocher, *Transnational Testimonios: The Politics of Collective Knowledge Production* (Seattle: University of Washington Press, 2018), 30.

26　Chiang, *The Silent Traveller in Oxford*, 67–68.

62

过误解中必然存在的矛盾情感，为我们留下了一些记录，更加真实地记载了20世纪中期英国华人的经历。

"头发袭击"：在理发店的邂逅

我的父亲习惯自己理发，他会在浴室的地板上仔细铺上一层报纸，接住剪掉的一簇簇头发。他解释说，英国理发师不知道如何剪中国人的头发——有一次这样的体验就够了。然而，阅读蒋彝的书，我还想知道这背后的故事：与身体相关的经历如何将我们联系起来，又将我们分开；头发作为区分不同种族的主要标志，如何引发一种可怕的共鸣。

在"头发袭击"一章中，蒋彝描述了"哑行者"在牛津理发店的一次经历，并创作了一幅自己周围铺满了头发的画作（图3.2）。也许很重要的是，他提到只光顾一家理发店，尽管去那里很不方便，要坐两趟公交车才能到。[27]蒋彝之所以偏好这家店，是因为它远离市中心，而且理发师失聪，故而几乎没有交流。可以说，他希望能够远离人们的打扰。然而，一旦坐在椅子上理发，不仅是头发会被剪短，连这种不被打扰的时间都有缩短的危险：

> 我在理发时，四个孩子胳膊上搭着毛巾和泳衣，冲进店里。就在这时，警报声响起，孩子们一个接一个地喊着："头发袭击！头发袭击！"直到理发师让他们安静下来为止。在伦敦大轰炸后，我已经习惯了这种警报声，我想知道这几个小孩是否也觉得这种声音很耳熟？或者他们是在嘲笑我浓密的黑发大把掉在地上吗？毕竟，这的确是一次头发袭击，而我并不在意被人嘲笑。[28]

发色和发质是分辨不同"种族"的首要标志之一，皮肤、眼睛的颜

27　Chiang, *The Silent Traveller in Oxford*, 98.

28　Chiang, *The Silent Traveller in Oxford*, 102.

图 3.2　蒋彝，"头发袭击"，《牛津画记》（1944）中所刊印之原画
（伦敦维多利亚和阿尔伯特博物馆供图）

色及面部特征也是分辨依据。[29]头发是人体最显眼的部分，掩盖、暴露、
修剪、装扮、打理起来都很容易。所有文化都用头发来区分不同形式的
社会身份认同。头发是高度个性化的体现，是身体的自然特征，不断生
长，需要不断打理，以适应不同的社会身份或者创造不同的身份认同效

29　Sarah Cheang, 'Roots: Hair and Race', in *Hair: Styling, Culture and Fashion*, ed.
Geraldine Biddle-Perry and Sarah Cheang (Oxford: Berg, 2008), 27–42.

果。因此，毋庸置疑，头发具有重要的社会和个人意义。[30]

在"头发袭击"这一章中，蒋彝作为黄种人在英国格格不入，不过他却淡然处之。可以推测，那些跑进店里的孩子们，要么认识理发师，要么与理发师是一家人，他们经常一听到警报声就喊"头发袭击"，可能是以此嘲弄理发师，或仅是为了自娱自乐。"哑行者"心中疑惑，孩子们这样做是否因为他那头显眼的黑发——那一刻，他的体验是关于头发的——这表明他并不具有所谓的"白人特权"。无论哑行者是否对这个玩笑感到不自在，他都无法忽视自己身在异乡的感受。似乎是为了强调这一点，蒋彝写道，在到达理发店不久前，

> 一位亲切和蔼的老妇人坐在靠近门的位子上，正等着她的丈夫。她微笑问我是否来自彭尼菲尔德。我答道："不，我从伦敦来的。"她对我的答案似乎感到意外。我突然想起，彭尼菲尔德就是著名的莱姆豪斯，也就是唐人街的所在地，老妇人显然住在那附近，见过或认识很多我的同胞。她甚至可能有很多话要对我说，不过看来颇不满意我的回答，于是我急忙补充道，我也常去彭尼菲尔德。[31]

这段话短小却蕴含丰富的经历。这位女士与他友好攀谈、建立联系，是因为他显然具有华人的特征，或利用他中国人的身体特征，在两个陌生人之间建立纽带。她在牛津专门挑出来自伦敦的同胞，还以为20世纪40年代所有旅英华人都住在伦敦东区的唐人街。[32]也就是说，只要在伦敦生活过，住在中国人附近，认识或看到过中国人，就足以与哑行者有共同话题。为了迎合中国人都住在唐人街的成见，哑行者感到了压

---

30 Susan J. Vincent, *Hair: An Illustrated History* (London: Bloomsbury, 2018); Geraldine Biddle-Perry, and Sarah Cheang, 'Hair, ' in *Berg Encyclopedia of World Dress and Fashion: Global Perspectives*, edited by Joanne B. Eicher and Phyllis G. Tortora (Oxford: Berg, 2010), accessed 28 September 2021, http://dx.doi.org/10.2752/ BEWDF/EDch10311.

31 Chiang, *The Silent Traveller in Oxford*, 101−102.

32 Anne Witchard, *Thomas Burke's Dark Chinoiserie: Limehouse Nights and the Queer Spell of Chinatown* (Farnham: Ashgate, 2009).

力。他看上去敏感而礼貌，积极寻求某种方式来延续这一误解，减轻社交尴尬，正如前文所示，让旅居英国的中国人对三一学院望而却步的正是这种尴尬。哑行者拥有东方面孔，人们会视他为旅居英国的中国人的一员，而不只是一个孤单的异乡人，然而，因为黄种人的身份，他在英国仍格格不入。

流亡者和难民

如果你在国外，哪里可以寻找榜样？你的忠诚和归属如何安放？在《牛津画记》中，蒋彝把哑行者与中国朋友、大使、陈查理、伦敦"东区人"、中国国民（包括传统的和现代的）以及所有拥有"扁平脸孔"和黑头发的人进行比较，描写他们之间的情谊及彼此之间的联系。在两次世界大战期间，许多城市探索游记体裁的著作都会写到在伦敦"唐人街"的经历，当时唐人街以东区的两条短街为中心，一些亚洲海员居住于此。非华裔"旅行者"对旅英华人的描述带有窥视色彩，将其与有关社会阶层、外形和人种的伪人类学结合，以满足白人和中产阶级读者的好奇心。[33] 相比之下，蒋彝没有向读者提及伦敦东区，即使在《伦敦画记》这本书中也是如此。牛津理发店中的邂逅，那次令人尴尬的误解，使蒋彝以一种抽象的方式与"唐人街"产生了联系，这也是他最接近"唐人街"的一次经历。

蒋彝常活跃于不同的精英圈，圈子里的人来自不同的国家。[34] 然而，他深刻意识到，作为一个在英国的异乡人，他要向别人解释自己，有时这甚至让他痛苦不堪。尽管蒋彝的文字知性文雅，而且可以看出他交友广泛，即使是漫谈（包括游记和抒情）也构思精巧，但在忆及访问牛津

33　可参见 Stephen Graham, *London Nights: Studies and Sketches of London at Night* (London: John Lane, 1925); H. V. Morton, *H. V. Morton's London* (London: Methuen, 1940)。

34　他的熟人包括庄士敦（Reginald Johnston）、骆仁廷（Stewart Lockhart）、劳伦斯·比尼恩和肯尼斯·克拉克（Kenneth Clark）。Da Zheng, *Chiang Yee: The Silent Traveller from the East — a Cultural Biography* (New Brunswick, NJ: Rutgers University Press, 2010).

大学女王学院时，他却说自己及书中的哑行者是"牛津的流亡者和难民"，因为其他中国朋友和熟人都离开了，而他被迫留在英国。[35] 故事中的故事——蒋彝提到他的朋友克勤带他参观了一个房间，据说有一个年轻人在那里被谋杀，阴魂不散。后来，哑行者梦见自己回到了那里，遇到了那个鬼魂。他满怀感情，与鬼魂对话（鬼魂保持沉默），蒋彝叙述了以下内容：

> 我说道："你是否介意进来休息一会儿，聊个天呢？有一肚子心事想倾吐，却没人倾听，肯定很难受。若我有任何触及你痛处的地方，还请见谅。我是个中国人，来自遥远的国度，你想说的任何事，我都非常乐意倾听。假如你仍介意，无法向我诉说心事，我或许仍能给你所需要的同情和理解……你自然会觉得别人误解了你。你不肯去谈论或争辩，因为你被剥夺了这么做的权利，而人们只知一味地惧怕你。我能理解你的悲伤，理解你为何不快乐，但还有谁会同情你呢？如果你听到人们是怎么说你在此游荡，把你的出现当作一个笑话，或借此吓唬人，你一定会十分沮丧，自己竟被这样误解。但人总是经常遭到误解，可仍得尽力过好一生。孔夫子曾说：'人不知而不愠，不亦君子乎！'"[36]

我发现这段话非常感人。哑行者尽力与一个由梦境中潜意识幻化出来的鬼魂对话，和它做朋友。蒋彝通过这一形象表达了自己的孤立感，以及身在异国他乡因外形与他人不同产生的困扰，还有社会要求——用得体的方式来自我安慰，用哲学的方法安抚心灵上的创伤。大家都保持有尊严的沉默。而且，蒋彝没有受中国传统的影响，将鬼魂妖魔化，而是将他作为人来看待。

"为什么要用种族或国别来区分人？"蒋彝在《伦敦画记》结尾处问道。[37] 他也用这个主题给《牛津画记》收尾，这一次带有生活气息。前

35　Chiang, *The Silent Traveller in Oxford*, 106.

36　Chiang, *The Silent Traveller in Oxford*, 107.

37　Chiang, *The Silent Traveller in London*, 263.

面有一章提到，他在大学公园里看鸭子，这时他掷地有声地说道："如果有一天，人类的词典中没有不同种族和国家的名称就好了！就像鸭子和水鸡同属于鸟类，让我们每个人都只是人类群体的一员，快乐和谐地生活在一起。"[38]然而，书的最后他提到，因为哑行者是中国人，所以无法进入三一学院。他这样写道：

如果你打算在牛津读书，最好找出想要进修的学院——如果你能达到入学的标准……不妨提醒你，无论你多么向往三一学院，申请进入该学院所做的努力都是在浪费时间。

然后，在为赴牛津的中国游客列出的注意事项中，蒋彝又提到了有关理发店的情节，以开玩笑的方式将微观地理和元地理空间结合起来，并在末页说道："你的脸孔扁平，一看就是'东区人'。"[39]

不管误解令人不适还是有趣，它都是本章讨论的核心。哑行者在生活中面对文化差异时，用幽默的方式巧妙应对，本章正是受此启发创作而成。正是因为蒋彝保留了主观现实的多层次复杂性，而不是追求更传统的叙事方式、忽略"零碎事件"，他才得以把捕捉到的这么多历史时刻作为生活经验记录下来。在英国，面对战时的恐怖，人们总能在延续至今的古老建筑和传统中找到慰藉，这对中英两国人的审美都极具吸引力。他的作品可以被视为不同国家间为实现种族和谐架设的桥梁，作品中文化之间的差异悄无声息地变成文化上的共同点。然而，作者对文化差异的切身感受，内心创伤和不快经历对其写作的影响，也都体现在他的字里行间，像鬼魂一样，成为故事中的故事。

（邓思南　译）

---

38 Chiang, *The Silent Traveller in Oxford*, 95.

39 Chiang, *The Silent Traveller in Oxford*, 183.

4

蒋彝与英国芭蕾

安妮·韦查德

> 我没有得到任何金钱上的回报，但是我却成了第一个在西方做舞台
> 设计的中国人。
>
> ——蒋彝[1]

蒋彝实际上只接触过一次芭蕾艺术，也许是因为这个原因，他在这方面的贡献今天很少有人记得。但正是他的这段经历让我们了解诸多信息：他不仅是艺术上的多面手，而且身为中国艺术家，他对英国文化生活也颇为重要。1942年夏末，新近成立的萨德勒斯威尔斯（Sadler's Wells）芭蕾舞团的音乐总监康斯坦特·兰伯特（Constant Lambert，1905—1951）邀请著名艺术家和作家蒋彝为新芭蕾舞剧《鸟》设计布景和服装。英国芭蕾舞这种民族艺术形式，当时还处于起步阶段。

在《阿尔比恩的舞蹈：二战中的英国芭蕾舞》（*Albion's Dance: British Ballet During the Second World War*）一书中，凯伦·艾略特（Karen Eliot）对这一时期进行了重新评价。正如她所说，战后几十年的评论家倾向于把这种独特的英国芭蕾描述得像凤凰一般，羽翼丰满，在困境中涅槃重生。[2]人们倾向于绕开单调乏味、生活匮乏的战争年代。

1　Da Zheng, *Chiang Yee: The Silent Traveller from the East — a Cultural Biography* (New Brunswick, NJ: Rutgers University Press, 2010), 162.
2　Karen Eliot, *Albion's Dance: British Ballet During the Second World War* (Oxford: Oxford University Press, 2018).

实际上，这恰恰证明许多小型舞蹈团充满活力，尤其是尼内特·德瓦卢瓦（Ninette de Valois）的萨德勒斯威尔斯舞团，其前身为维克-威尔斯（Vic-Wells）芭蕾舞团，1946年成为皇家歌剧院的常驻芭蕾舞团（1956年获得皇家特许状）。[3]在《牛津画记》中，蒋彝以其特有的质朴文风，仅用几页篇幅，简单提及了他为战时英国芭蕾发展所做的贡献。

康斯坦特·兰伯特聘请蒋彝，证明两次世界大战期间人们对中国艺术形式有真正的兴趣。兰伯特是其所处时期艺术精神的核心——他是一位音乐奇才，其导师是西特韦尔家族（the Sitwells）的成员，包括伊迪丝（Edith Sitwell，1887—1964）、奥斯伯特（Osbert Sitwell，1892—1969）和萨谢维雷尔（Sacheverell Sitwell，1897—1988）。他的密友包括作曲家威廉·沃尔顿（William Walton，1902—1983）、伯纳斯勋爵（Lord Berners，1883—1950）、作家和美学家安东尼·鲍威尔（Anthony Powell，1905—2000）、哈罗德·阿克顿（Harold Acton，1904—1994）和塞西尔·比顿（Cecil Beaton，1904—1980）。认识到兰伯特在英国芭蕾创立过程中所起的关键作用，对细究英国芭蕾的兴起非常重要。19岁时，兰伯特应邀为《罗密欧与朱丽叶》（*Romeo and Juliet*，1926）配乐，成为第一位受谢尔盖·佳吉列夫（Sergei Diaghilev）委托为其作品创作芭蕾舞配乐的英国作曲家，这是难得的殊荣。[4]佳吉列夫去世后，兰伯特成为萨德勒斯威尔斯舞团创始三人组中的一员，另外两位是德瓦卢瓦与舞蹈家弗雷德里克·阿什顿（Frederick Ashton）。在佳吉列夫的影响下，萨德勒斯威尔斯舞团坚持传统——不与戏剧设计师共事，而是与最具创新精神的优秀艺术家合作，其中包括邓肯·格兰特（Duncan Grant）、瓦妮萨·贝尔（Vanessa Bell）、爱德华·伯拉（Edward Burra）、爱德华·麦克奈特·考夫（E. McKnight Kauffer）、安德烈·德朗（André Derain）和雷克斯·惠斯勒（Rex Whistler）［惠斯勒的《浪子的

3　参见 Alexander Bland, *The Royal Ballet: The First Fifty Years* (Garden City, NY: Doubleday, 1981)。

4　除此之外，佳吉列夫仅委托过英国人伯纳斯勋爵为《海神的胜利》（*The Triumph of Neptune*）(1926)作曲。

历程》（*The Rake's Progress*）与《鸟》一同出现在节目单上］。[5]总之，当时蒋彝的周围是一群杰出人物。

兰伯特一生获誉无数，在即将46岁之际猝然离世。德瓦卢瓦对此深感痛惜，认为他"唯一有希望成为英国的佳吉列夫"；而鲍威尔在十二卷系列小说《伴随时间之曲而舞》（*A Dance to the Music of Time*，1951—1975）的第五卷《卡萨诺瓦的中餐馆》（*Casanova's Chinese Restaurant*，1960）中，以作曲家休·莫兰德（Hugh Moreland）这一人物来纪念朋友兰伯特。[6]1964年企鹅版的护封上说该书的书名"多元混杂、稀奇古怪"。实际上书名提供了一个只有内行人才能发现的线索，强有力地证明了传记作者斯蒂芬·罗伊德（Stephen Lloyd）所说的兰伯特生涯中的"中国阶段"。[7]我们可以看到，兰伯特多少有些亲华。英国舞台、电影屏幕和音乐会上"中国特性"的跨文化呈现，对兰伯特战前艺术发展至关重要。与此相关的是，佳吉列夫出于对"整体艺术"（Gesamtkunstwerk，即编舞家、作曲家、布景艺术家的集体综合）的追求，坚持不懈地演绎安徒生具有中国风味的童话《夜莺》（*The Emperor's Nightingale*，1843），这对兰伯特产生了影响。我认为，他聘请蒋彝担任《鸟》的舞台设计师，应该放在这样的背景下考察。

1942年11月13日，星期五

《牛津画记》倒数第二章的标题是"十三号星期五"。该章开篇说，某些全球普遍的迷信，影响了当地的基础设施，导致火车不准时。[8]因

5　参见Rupert Martin, ed., *Artists Design for Dance, 1909–1984* (Bristol: Arnolfini Gallery, 1984)。

6　Ninette de Valois, *Come Dance with Me: A Memoir* (Cleveland, OH: World Publishing, 1957), 118.

7　Anthony Powell, *Casanova's Chinese Restaurant* (Harmondsworth: Penguin Books, 1964); Stephen Lloyd, *Constant Lambert: Beyond the Rio Grande* (Woodbridge: Boydell Press, 2014), 530.

8　Chiang Yee, *The Silent Traveller in Oxford* (London: Methuen, 1944), 169.

为伦敦大轰炸，蒋彝从汉普斯特德搬到了牛津。他认真思考火车不准时的原因，认为显然是由于战时的紧急情况，铁路系统难以满足需要，才导致往返伦敦不便，而不是一位老太太反复说的："今天是十三号星期五，才会这样。"[9]他接受了萨德勒斯威尔斯芭蕾舞团的委托，设计"芭蕾舞剧《鸟》的舞台布景和服装"。他称："我需要处理诸多杂事，例如需要试穿已经制作完成的服装，或者挑选新的材料，因为原本挑好的材料无法获得。事情总是非常急迫，不能浪费任何时间。"[10]为了制成一件复杂精细、覆有羽毛的舞蹈服，蒋彝需要频繁前往伦敦，而且总是一收到通知就要赶到。

《鸟》是一部喜剧芭蕾，意在展现舞团年轻芭蕾舞演员的才华，她们分别是崭露头角的莫伊拉·弗雷泽和15岁的贝丽尔·格雷（生于1927年）。[11]这部芭蕾舞剧由澳大利亚舞蹈家罗伯特·赫尔普曼（Robert Helpmann，1909—1986）筹划，他是该舞团的领军人物，在阿什顿应征入伍后成为舞团的首席编舞。1928年意大利音乐学家奥托里诺·雷斯庇基（Ottorino Resphigi）改编的管弦乐曲是该舞剧的音乐灵感来源，乐曲中模仿了不同鸟类的声音（分别是鸽子、母鸡、夜莺和布谷鸟），涵盖了17世纪和18世纪不同作曲家的作品。音乐中不仅呈现了鸟的叫声，还有鸟的动作声音，比如振翅或挠脚。赫尔普曼芭蕾舞剧的故事或"情节"如下：一只由亚历克西斯·拉辛（Alexis Rassine）扮演的英俊的鸽子，爱上了热情奔放的夜莺（格雷饰），而一只滑稽的母鸡（弗雷泽饰）却爱慕那只鸽子，试图通过模仿夜莺来获得他的青睐。与此同时，戈登·汉密尔顿饰演的傲慢的布谷鸟披上了鸽子的羽毛，企图获得夜莺的芳心。由玛格丽特·戴尔和琼·谢尔登饰演的一对厚脸皮的麻雀，与安妮·拉塞尔斯（Anne Lascelles）、莫伊拉·希勒（Moira Shearer）、波

9　Chiang, *The Silent Traveller in Oxford*, 172.

10　Chiang, *The Silent Traveller in Oxford*, 169–170.

11　1964年，贝丽尔·格雷成为第一位受邀在中国跳舞的西方芭蕾舞演员。她曾在中央芭蕾舞团工作，该舞团曾由戴爱莲担任团长。参见 Beryl Grey, *Through the Bamboo Curtain* (London: Collins, 1965), 40。

琳·克莱登（Pauline Clayden）和洛娜·莫斯福德（Lorna Mossford）等人饰演的鸽子，随从合唱团一起，将母鸡和布谷鸟这两个冒牌货视为笑柄。舞剧最后，夜莺和鸽子举行了婚礼，获得了圆满的结局。

我们从《牛津画记》中可以了解，尽管"十三号"这个日期不吉利，蒋彝仍设法赴约，基本按时到达了服装设计师玛蒂尔达·埃奇斯（Matilda Etches）位于苏荷区的工作室。[12]赫尔普曼已经到了，他正在"往头上套雄鸽服装的尾部配饰，看起来像把扇子，或像印第安人的羽毛头饰"。[13]赫尔普曼"又大又圆"的眼睛再一次给蒋彝留下了深刻印象，"他抱怨说从曼彻斯特到伦敦，赶了一整晚火车，现在很疲惫。我几乎不敢相信，因为他的眼睛睁得又大又圆"。[14]在此，我们可以一睹他们身上展现的毅力，正是这种战时颇具传奇色彩的毅力让刚刚起步的萨德勒斯威尔斯芭蕾舞团受到全国人民的喜爱。尽管战时定量配给食物、空袭频繁、征兵服役、舟车劳顿、火车延误，但在历经这些重重考验之后，萨德勒斯威尔斯舞团仍孕育了享誉世界的杰出舞者。格雷对试穿服装那天的兴奋之情记忆犹新，她在长篇小说中提到，"为我设计定制的服装很合身，我非常满意"。[15]蒋彝自然对服装十分担心，尤其是在给莫伊拉·弗雷泽试穿母鸡服装的时候：

制作繁复的母鸡服装让我非常忧虑，因为母鸡是芭蕾舞剧中的重要角色，服装所有的细节都要完美。当时服装几乎都没制作完成，然而我看到莫伊拉·弗雷泽笑容灿烂，步伐活泼滑稽，她穿上了这套尚未完成的服装，看与舞步是否搭配。我相信，等这套服装完工，穿到她身上，一定会在舞台上大放异彩。[16]

12　玛蒂尔达·埃奇斯（1898—1974）是一位电影、芭蕾和歌剧服装设计师，也是著名的女装设计师。尽管有炸弹落下，她仍坚持在弗里思街（Frith Street）的工作室度过了战争年代。作为"他人服装设计草图的演绎者，她工作忘我……热情而又敏锐"。

13　Chiang, *The Silent Traveller in Oxford*, 172.

14　Chiang, *The Silent Traveller in Oxford*, 173.

15　Beryl Grey, *For the Love of Dance: My Autobiography* (London: Oberon Books, 2017), 30.

16　Chiang, *The Silent Traveller in Oxford*, 174.

蒋彝提到，除了赫尔普曼和埃奇斯，德瓦卢瓦本人也在现场帮忙调整每一件衣服："作为萨德勒斯威尔斯芭蕾舞团的创始人兼主管，她非常忙碌，为新芭蕾舞剧的成功付出了巨大努力，令我敬佩不已。她甚至还帮忙缝制服装！"[17]1931年德瓦卢瓦刚创立舞团时，舞蹈评论家阿诺德·哈斯凯尔（Arnold Haskell）认为她固执己见，还说"谈英国芭蕾的人肯定是盲目的爱国者"。[18]她的志向看起来不太可能实现，但事实证明，第二次世界大战成了孕育英国本土芭蕾舞的温床。[19]

1910年前，芭蕾在英国舞台上一直是一种边缘化的艺术活动，直到谢尔盖·佳吉列夫具有开创性的俄罗斯芭蕾舞团（Ballet Russes）抵达伦敦，才改变了这一情况。该舞团将芭蕾在英国的地位从一种有伤风化的音乐厅娱乐项目，提升为一种受人尊敬的艺术形式。正如艾略特指出的，"使英国陷入另一场世界冲突的诸多事件"，很可能导致"这种精心培育但仍年轻脆弱的形式停滞不前"。[20]然而，事实正好相反，战时的爱国主义浪潮让伦敦的观众数量暴增，休假的士兵、布鲁姆斯伯里美学家与芭蕾舞爱好者们一起纷纷前来观看。《闲谈者与旁观者》（*The Tatler and Bystander*）杂志评论说："尤其是伦敦大轰炸开始以来，战时伦敦的戏剧现象之一就是芭蕾舞活力惊人，广受欢迎。"[21]艺术赞助机构，如音乐和艺术促进委员会（Council for the Encouragement of Music and the Arts，CEMA）与国家娱乐服务联盟（Entertainments National Service Association），也和评论家们一样认识到，芭蕾舞可以让战时观众远离悲惨的日常生活，为他们的生活"注入美感"。巡演受政府赞助，将地方的芭蕾舞表演团带到全国各地的市政厅和军事哨所，在全国范围内鼓舞了士气。[22]在英国广播公司的战时节目中，赫尔普曼谈到他们"在驻军

17　Chiang, *The Silent Traveller in Oxford*, 174.

18　Arnold Haskell, *Ballet* (Harmondsworth: Penguin Books, 1945), 121.

19　Bland, *The Royal Ballet*, 71.

20　Karen Eliot, 'Starved for Beauty: British Ballet and Public Morale During the Second World War', *Dance Chronicle* 31, no.2 (2008): 175.

21　*The Tatler and Bystander*, 12 March 1941; cited in Eliot, 'Starved for Beauty', 180.

22　Eliot, 'Starved for Beauty', 181.

剧院演出，为各省后勤官兵及其他为战争付出的观众演出"，他们"乐此不疲，如鱼得水"。[23]同时，萧伯纳（George Bernard Shaw）也非常高兴芭蕾舞能够重新引发人们的兴趣，他还为男性舞者游说，希望免除他们的兵役："我们这个时代剧院最惊人的艺术发展之一，就是萨德勒斯威尔斯剧院高级艺术芭蕾舞的重生。我们原以为它随着佳吉列夫的离世一起消失了。"[24]萧伯纳认为广播节目提升了"自上次战争以来士兵们的思想和品位"，且认为如果男性芭蕾舞演员应征入伍，"休假的士兵会发现没有什么能提供娱乐……除了他们鄙视的无线电里的那些垃圾"。[25]音乐评论家埃德温·埃文斯（Edwin Evans）注意到，为了迎合新民粹主义的观众，编舞家们与其他领域的艺术家合作，创作新作品："与音乐会领域不同，编舞家并不完全依赖于可表演的项目"，他对此颇为赞赏。[26]尽管如此，艾略特评论说，在战争期间，编舞家们创造力迸发，而且明显"转向人们熟悉和珍视的题材"。[27]1914年至1925年间，佳吉列夫在以安徒生广受喜爱的童话故事[28]为基础的《夜莺》（ Le Rossignol，1914 ）中，运用了各种各样的处理手法，而兰伯特在芭蕾舞剧《鸟》中加入中国设计的理念，可视作他对佳吉列夫的致敬。

佳吉列夫的俄罗斯芭蕾舞团和中国风芭蕾

佳吉列夫在音乐和艺术的创造性组织方面具有独特天赋。1899

23　Kathrine Sorley Walker, 'Robert Helpmann, Dancer and Choreographer: Part One', *Dance Chronicle* 21, no.1 (1998): 65.

24　George Bernard Shaw, 'Letter to the Editor', *The Daily Telegraph and Morning Post*, 6 February 1940, 35.

25　Shaw, 'Letter to the Editor', 35.

26　Edwin Evans, 'The Food of Love', *The Sketch*, 13 December 1939, 358.

27　Eliot, *Albion's Dance*, 137.

28　情节如下：中国皇帝囚禁了一只美丽的夜莺为他唱歌。后来，他得到了一个礼物——一只机械鸟夜莺，整个皇宫上下对此非常迷恋，而真正的夜莺被人遗忘，回到了森林。最后，机械鸟出现故障，无法歌唱，皇帝逐渐病入膏肓。为了让皇帝恢复健康，真正的夜莺从森林归来，用歌声治愈了他。

年，他与艺术家亚历山大·伯努瓦（Alexandre Benois）和里昂·巴克斯（Leon Bakst）一起，创办了《艺术世界》(*Mir iskusstva*) 杂志，并且担任主编达六年之久。他们偏爱装饰美学，尊崇传统的俄罗斯民间艺术、意大利的即兴喜剧（commedia dell'arte）和让－安托万·华托（Jean-Antoine Watteau）带有中国风的洛可可风格。[29] 对伯努瓦来说，芭蕾舞起源于路易十四宫廷，这种艺术充满异域风情，超凡脱俗、不可思议，是表达《艺术世界》观念的理想形式。1908年，伯努瓦发表了《谈芭蕾》一文，论证了芭蕾在戏剧上的潜力，综合了听觉、动感和视觉艺术，独一无二。[30] 他声称，在其他所有艺术形式中，芭蕾舞可能是瓦格纳（Wagnerian）"整体艺术"理念的典范。"整体艺术"是一种整合作品，构成作品的每一个艺术元素都对整体具有同等程度的贡献。[31] 伯努瓦与伊戈尔·斯特拉文斯基（Igor Stravinsky）在《夜莺》上的合作将是他芭蕾宣言的完美证明。

兰伯特年纪轻轻就成了俄罗斯芭蕾舞团的狂热爱好者，1946年他对英国广播公司的观众说："我只能在佳吉列夫芭蕾舞团表演的第一晚和最后一晚去看演出。其他演出时间呢，哎呀，我都要待在学校里。"他那时候年纪太小，没参加1914年《夜莺》在伦敦德鲁里巷（Drury Lane）的首次公演。[32] 斯特拉文斯基的"未来主义"配乐激怒了评论界，而伯努瓦的中国风装饰和服装华美壮丽，受到一致好评。[33] 后来伯努瓦写

29　理查德·塔鲁斯金（Richard Tauruskin）引用了德米特里·梅列日科夫斯基（Dmitriy Merezhkovsky）对伯努瓦及其圈子的批评："我们俄罗斯的西方主义者并未与（真正的现代主义）完全一致。他们是世界公民，而非欧洲人；他们永远是用休闲的方式，永远是18世纪的方式，永远是路易十五的风格。" Richard Taruskin, *Stravinsky and the Russian Traditions: A Biography of the Works through* Mavra: *Volume One* (Berkeley: University of California Press, 1996), 439n32.

30　Alexandre Benois, 'Beseda o balete', in V. Meyerhold et al., *Teatr, kniga o noveom teatr* (Saint Petersburg: Shipovnik, 1908), 100. 参见 Taruskin, *Stravinsky and the Russian Traditions*, 540n128.

31　1849年，理查德·瓦格纳在论文《未来的艺术品》和《艺术与革命》中使用了"整体艺术"这一术语，提倡一种将艺术统一化的戏剧形式。此后，这一术语便与他的审美理想紧密联系在一起。

32　Lloyd, *Constant Lambert*, 28. *Le Rossignol* premiered on 18 June 1914.

33　Stephen Walsh, *Igor Stravinsky: A Creative Spring, Russia and France, 1882–1934* (London: Jonathan Cape, 2003), 231.

道,《夜莺》给了他"一个机会,去表达我对中国艺术的迷恋",那源自"我收藏的中国流行彩印画,是别人从满洲里带给我的……最终的结果是以我的方式呈现了一种中国风,虽然以学究的标准来看并不准确,甚至可以说是一种混合,但毫无疑问,这是适合斯特拉文斯基的音乐的"。[34]第一次世界大战期间,由于剧院疏于管理,伯努瓦的布景和服装在德鲁里巷潮湿的地下室里腐烂了。战争期间,佳吉列夫在罗马安身。1916年,他在那儿将童话《夜莺》重新改编为芭蕾舞剧《夜莺之歌》(Le Chant du Rossignol),并委托意大利未来主义先驱福尔图纳托·德佩罗(Fortunato Depero)设计新的布景和服装。故事的主题中,人造物与自然物并置,因此很适合用未来主义的方式处理,不过由于各种原因,德佩罗充满动感的雕塑花园——机械的花朵,几何形状的侍女和官员——从没真正出现在舞台上。[35]战争结束后,佳吉列夫一如既往,追求最前沿的艺术处理方式,他委托亨利·马蒂斯(Henri Matisse)两度重排该中国风格的芭蕾舞剧,第一次是1920年,由莱奥尼德·马赛因(Leonide Massine)编舞,第二次是1925年的建构主义版本,编舞的是乔治·巴兰钦(George Balanchine),当时他才20岁,刚从苏联回来不久。佳吉列夫总是寻找最令人兴奋的艺术家,而不是戏剧设计师,来参与他的芭蕾舞剧;而兰伯特邀请一位引人注目且具新闻价值的当代艺术家,以中国风格来设计《鸟》,正是对佳吉列夫的效仿。

蒋彝和芭蕾舞

蒋彝第一次讨论芭蕾是在《中国书法》一书中,他认为可以用芭蕾舞女演员展现的舞蹈艺术来启发非中文读者更好地理解中国书法技巧:

---

34 Alexandre Benois, *Reminiscences of the Russian Ballet* (London: Putnam, 1947), 359.

35 关于背后的原因有诸多猜测。也许是因为纸板做成的服装会影响舞者的动作;也有人说,德佩罗没有按时完成工作。德佩罗的女房东"把布景拆掉,变卖了部件,因为艺术家拖欠租金",所以《夜莺》的服装和道具又一次丢失了。参见 Selma Jeanne Cohen, 'Le Chant du Rossignol', in *Stravinsky and the Dance: A Survey of Ballet Productions, 1910–1962* (New York: New York Public Library, 1962), 44。

一个人有了一些书法练习经验之后，就会开始感到他的笔下有了生命，这种感觉可以说是自然而然的……就像芭蕾舞女用一只脚趾保持平衡，用另一只脚趾旋转、跳跃和保持姿态一样。她必须完美地控制自己的动作，还要拥有惊人的柔韧性。书法家也同样需要具备这样的特质。舞者随着伴乐的节奏而变化，而书法家的作品取决于他练习的书法风格，以及这种风格的结构和笔画长度。[36]

蒋彝还说，在伦敦的三年里（从1933年开始），他"听说过很多场俄罗斯芭蕾舞团的演出"，而且还去"看了几场表演"。[37]

1929年佳吉列夫去世后，他的俄罗斯芭蕾舞团解散了。几年后，法国艺术总监勒内·布鲁姆（René Blum）和白俄罗斯移民瓦西里·德·巴兹尔（Wassily de Basil）上校合作，于1932年重建了蒙特卡洛俄罗斯芭蕾舞团（Ballets Russes de Monte-Carlo）。经过一系列激烈的争论后，布鲁姆最终于1935年与巴兹尔上校分道扬镳，成立了一个独立的舞团——蒙特卡洛芭蕾舞团（Les Ballets de Monte Carlo）。这两个舞团名字相似，也几乎同时于1936年演出季在伦敦西区登台演出，这无疑容易让人混淆二者，这也解释了为什么蒋彝写到他看"俄罗斯芭蕾舞团"的表演经历时，会把这两个舞团（实际上两者的演出场地并不相同）混为一谈。在与《中国书法》同一年出版的《伦敦画记》中，蒋彝再次提到上述所说的书法和芭蕾舞的相似之处，并将其作为"我喜欢俄罗斯芭蕾舞的一个特殊原因"。[38]他在书中写到了去科文特花园皇家歌剧院观看"俄罗斯芭蕾舞季"演出的经历，"第一次来，是亚历山大·W. 劳伦斯爵士（Sir Alexander W. Lawrence）和他的两个儿子约翰和乔治带去的"。[39]蒋

36 Chiang Yee, *Chinese Calligraphy: An Introduction to Its Aesthetic and Technique* (London: Methuen, 1938), 129.

37 Chiang, *Chinese Calligraphy*, 129.

38 Chiang Yee, *The Silent Traveller in London* (London: Methuen, 1938), 170.

39 亚历山大·瓦尔德马尔·劳伦斯爵士（1874—1939）是勒克瑙（Lucknow）第四任准男爵，也是一位政治家。在参观芭蕾舞团的时候，他的儿子约翰·瓦尔德马尔爵士（1907—1999），也就是第六代准男爵，正在与英国广播公司合作，建立了该公司的欧洲分部。

彝后来写过一篇文章,题为《关于芭蕾我能说些什么》(1948),他在文中说:"我第一次接触芭蕾,就对它产生了兴趣。芭蕾舞结合了三种艺术——舞蹈、音乐和绘画——十分吸引我。"[40]然而,他对芭蕾舞的初次体验让他产生了一些疑虑,正如他在《伦敦画记》一书中所描述的那样:"我特别喜欢古典芭蕾舞剧《火鸟》。"他写道:"尽管我对舞蹈和西方音乐一无所知,但芭蕾舞让我接触了现代艺术。"[41]

《火鸟》(L'Oiseau de feu)是米歇尔·福金(Michel Fokine)1910年为佳吉列夫创作的,1934年由马赛因为德·巴兹尔和布鲁姆创建的蒙特卡洛俄罗斯芭蕾舞团演出。1936年,两人分道扬镳后,德·巴兹尔的蒙特卡洛俄罗斯芭蕾舞团在柯文特花园皇家歌剧院上演《火鸟》,使用了纳塔莉亚·冈察洛娃(Natalia Goncharova)1926年设计的原版动作。而从蒋彝所描述的细节来看,他观看的那部"现代"芭蕾,显然是福金的《爱的考验》(L'Épreuve d'amour),又名《春香和官员》(Chung Yang and the Mandarin),是由布鲁姆脱离蒙特卡洛俄罗斯芭蕾舞团后创立的蒙特卡洛芭蕾舞团上演的,地点在莱斯特广场附近的阿尔罕布拉剧院(Alhambra Theatre)。[42]

布鲁姆费尽力气,说服福金从美国回来,重新上演他以前的芭蕾舞剧[《仙女们》(Les Sylphides)、《彼得鲁什卡》(Petroushka)和《天方夜谭》(Scheherezade)],并创作新的芭蕾舞剧。《爱的考验》是福金为布鲁姆创作的第一部全新的芭蕾舞剧,参与创作和设计的是俄罗斯芭蕾舞团资深合作者安德烈·德朗(André Derain,他与马蒂斯共同创立了野兽绘画流派)。这是福金自1914年以来首次出现在伦敦,他是佳吉列夫的著名编舞师,媒体广泛报道了他的回归。福金的新芭蕾舞剧于1936年5月15日在伦敦上演,伦敦的观众们翘首以盼,其中包括劳伦斯夫妇和他们的客人蒋彝。

---

40 Chiang Yee, 'What Can I Say About Ballet?', in *The Ballet Annual*, no.2, ed. Arnold Haskell (London: A and C Black, 1948), 113.

41 Chiang, *The Silent Traveller in London*, 169.

42 该剧连续演出了两个月。

《爱的考验》的剧本大致根据朝鲜传统故事的法语译本改编。[43]一位专横的官吏［扬·亚兹温斯基（Jan Yazvinsky）饰］希望他的女儿春香［薇拉·涅姆奇诺娃（Vera Nemtchinova）饰］嫁给一位富有的使官［阿纳托尔·奥布霍夫（Anatole Oboukhov）饰］。春香有一位英俊但贫穷的情人［安德烈·埃格莱夫斯基（André Eglevsky）饰］，他伪装成一条龙，把使官吓跑了。于是这对年轻恋人的朋友伪装成强盗前去袭击并抢劫了这位使官。由于使官现在已经身无分文，这位官吏便同意春香与她的情人结婚，随后朋友们把钱财又还给了使官。这位官吏试图重新张罗这门婚事，但这一次被使官拒绝了。使官更希望是凭自己这个人而不是财富得到这份爱，因此这场剧目得名《爱的考验》。合唱团里顽皮的猴子、腼腆的少女和一个独舞的蝴蝶角色［海伦·基尔索娃（Helene Kirsova）饰］展现了传统中国风格，而德朗的现代主义舞台布局令人震撼，又为该剧增加了当代的魅力。《伦敦新闻画报》（*The Illustrated London News*）用整版的篇幅刊登了舞台表演的场景。[44]德朗用高挑的宝塔屋檐营造欢快愉悦的氛围，使官营地采用骑士长枪决斗式的条纹帐篷，活泼明快，春香情人伪装时，又受到中国风格的启发，专门采用了有喜庆气氛的"舞狮"服装，他的舞台布局风格鲜明，人们一致认为这是"他的舞台杰作"。[45]蒋彝将这场芭蕾舞表演描述为"现代的东西"，其中不乏讽刺意味。从他的角度来看，这场表演令人困惑：

43　剧本最初名为《爱的考验：春香，一位忠诚的舞者》。大致改编自小说《春香》（*Printemps Parfumé*）（1892），该小说是朝鲜著名民间故事《春香传》（춘향전）的法语译本，又名《春香的故事》。故事讲述了李梦龙与贫穷、美丽、善良的成春香之间的爱情故事，一个是富有官吏的儿子，一个是妓女的女儿，所以他们的爱情注定是不可能的。这本书的翻译是多人合作的结果，包括 J. H. 罗斯尼，即约瑟夫·亨利·奥诺雷·博克斯（Joseph Henri Honoré Boex）和塞拉芬·贾斯汀·弗朗索瓦·博克斯（Séraphin Justin François Boex）兄弟的笔名；以及朝鲜学生活动家洪钟宇（Hong Jong-u），当时他在巴黎吉美国立亚洲艺术博物馆（Guimet Museum）工作（1890—1893），翻译韩文、中文、日文材料。1894年，洪钟宇前往日本，去刺杀具有改革意识的朝鲜人金玉均（Kim Okgyun），最终洪钟宇枪杀了金玉均。有人认为此举引发了甲午战争，但此说有争议。

44　'The World of the Theatre', *The Illustrated London News*, 23 May 1936, 912.

45　Dawn Lille Horvitz, *Michel Fokine* (Boston, MA: Twayne, 1985), 118.

一名男舞者在嘴的两边和下巴中间黏着长长的胡须，他穿着带有中国风格的服装，手里拿着一把小小的彩绘太阳伞，我想日本女士可能会带着这样的东西。他跳舞时身体怪异地扭曲，那把小太阳伞随之颤动，三串长长的胡须向相反的方向抖动，令我大笑不止。约翰突然对我说，这就是大多数欧洲人想象的中国人。我心里感谢他没有使用"中国佬"这个词！我点了点头，说道："很有趣，我以前从未见过这种场景。如果我们的穿衣打扮和行为举止都像舞台上那般，也许就不会如此好笑了。"中场休息时，许多好奇的目光都转向我，还好我没有脸红。[46]

蒋彝观看《爱的考验》时的尴尬反应，后来他的同胞罗孝建也有同感。罗在战时出版了《中国而非华夏》（*China but Not Cathay*，1942）一书，书中描述了他观看《阿拉丁》（*Aladdin*）的经历：

　　小时候，我总是喜欢站在游乐宫里那些神奇的镜子前，看着镜子里的自己扭曲变形……长大后，我很久都没有这种不为人知的快乐，直到我去伯明翰看了一场哑剧《阿拉丁》，我的国家被描绘成一个土耳其浴场，我国同胞都穿着花哨的夹克……唯一糟糕的事情是，身边一位美丽女士突然发现我，尖叫道："看，这里有一个中国人！"[47]

　　关于福金编舞的相关记录表明，他从"东方"传统哑剧的恶棍形象中汲取了灵感，而那已经成为早期电影情节剧中俗套的"黄祸"特征。朱迪斯·查津-本纳哈姆（Judith Chazin-Bennahum）写道，福金"夸大了那位官吏的傲慢"，"他女儿的动作也让人想起反复无常的电影女主角：摆着空洞的'东方'姿势，温和顺从、讨好别人"。[48]她引用了对薇

46　Chiang, *The Silent Traveller in London*, 169–170.

47　Hsiao Ch'ien, *China but Not Cathay* (London: Pilot Press, 1942), 1.

48　Judith Chazin-Bennahum, *Rene Blum and the Ballets Russes: In Search of a Lost Life* (Oxford: Oxford University Press, 2011), 158.

拉·涅姆奇诺娃（Vera Nemtchinova）的一次采访，薇拉记得"福金坚持要她假笑"来赋予这个女性角色"更滑稽的风格"。[49]道恩·里尔·霍维茨（Dawn Lille Horwitz）这样描述官吏滑稽的走路方式："脚是扁平足，走路时脚后跟先着地，后腰……向前佝偻着，因而屁股就凸出来了。"[50]从现存的一部无声排练录像上看，在福金为《爱的考验》所编排的舞蹈动作中，另有其他一些表达"种族特征"（本质上是对"扮黄脸"人物形象的夸张表达）的芭蕾舞动作。[51]霍维茨（Horvitz）详细描述了"舞步以第二（脚位）膝盖外展屈膝动作结束，还厚着脸皮以为这代表'中国'元素"，另外还有"踮着脚尖快速并排跑动"和"小幅度鼓掌"的侍女们，"为使官的精湛技艺喝彩"。[52]

　　伦敦的评论家们普遍认为这部芭蕾舞剧是中国风情的迷人幻想。例如，赫拉斯·霍斯内尔（Horace Horsnell）在《观察家》（the Observer）上说，"强盗们"和"一小群女仆"的动作"夸张可笑"。[53]但是，也有一些人表达了和蒋彝一样的不快。欧内斯特·纽曼（Ernest Newman）在《星期日泰晤士报》（the Sunday Times）上总结道："这部作品整体上相当幼稚。"[54]霍维茨引用了一篇评论，证实了蒋彝所指出的全面东方主义（blanket Orientalism），他说芭蕾舞团"在发型上展现出来的不是中国风格，更多是日本风格"，目前这两个国家战争冲突在不断升级，这必定特别不和谐。[55]事实上，福金的芭蕾舞剧上演之时，英国对中国特性的文化表现正在转变之中，正如本书各章节所示，蒋彝本人的努力在这一转变中也起了很大作用。

49　Chazin-Bennahum, *Rene Blum and the Ballets Russes*, 158.

50 · Horvitz, *Michel Fokine*, 118.

51　1938年，蒙特卡洛俄罗斯芭蕾舞团在纽约演出时，德纳姆公司录制了《爱的考验》的无声排练影片。参见 Horvitz, *Michel Fokine*, 117。

52　Horvitz, *Michel Fokine*, 117–118.

53　Horace Horsnell, *The Observer*, 17 May 1926, 19.

54　Ernest Newman, 'The Week's Music', *The Sunday Times*, 17 May 1936, 7.

55　霍维茨引用了《新英语评论》（*New English Review*），但我没能在该刊中找到这篇评论。

康斯坦特·兰伯特的"中国阶段"

兰伯特找到蒋彝时，蒋彝已经非常适合弥合戏剧中的东方主义和中国艺术之间的脱节。不过，这对兰伯特来说却是创新之举，蒋彝对此颇为欣赏：

> 康斯坦特·兰伯特先生建议我为罗伯特·赫尔普曼先生的芭蕾舞剧《鸟》做舞台设计，这对我来说是个不同寻常的要求，因为我没有多少关于这方面的经验。即使那些戏剧或芭蕾以中国为背景，在西方舞台上也找不到一个中国艺术家的作品。兰伯特先生预见到，具有中国风格的绘画背景布可能适合这一特殊的芭蕾舞剧。他不是在猎奇，也不是随意玩弄一下这种带有"中国风"的东西。[56]

蒋彝欣赏兰伯特创造性的好奇心中体现出来的真诚的文化包容。[57]兰伯特高瞻远瞩，独具判断力，他早期欣赏爵士、拉格泰姆钢琴爵士乐和布鲁斯音乐，这一点却通常受到"严肃"评论家们的嘲笑。有一次，他观看了非裔美国蓝调歌手弗洛伦斯·米尔斯（Florence Mills）表演的时事讽刺歌舞剧《丹佛街到迪克西》（*Dover Street to Dixie*, 1923）和《黑鸟》（*The Blackbirds*, 1926），这次经历对他的创作产生了深刻影响。米尔斯在伦敦巡演之际，兰伯特曾多次观看这两场表演，其中还有艾灵顿公爵（Duke Ellington）的音乐。兰伯特与艾灵顿公爵结为好友，还在充满争议的评论文章《音乐啊！：衰落中的音乐研究》中捍卫艾灵顿公爵的音乐天赋。[58]虽然评论家们通常把兰伯特的"中国阶段"归因于他年轻时曾迷恋华裔美国电影女演员黄柳霜，但这可能低估了他的真诚态度，也

---

56 Chiang, 'What Can I Say About Ballet?', 113.

57 有关兰伯特对艺术中异域风情的讨论，参见 *Music Ho!: A Study of Music in Decline* (London: Faber and Faber, 1934), 186–188。

58 1926年至1927年，米尔斯在伦敦演出了300多场《黑鸟》，疲惫不堪，患上了肺结核，1927年11月在纽约市因手术感染去世，年仅31岁。兰伯特为纪念她而创作了《挽歌蓝调》（*Elegiac Blues*），其中包括《黑鸟》中的开场小号。

就是传记作家安德鲁·莫申（Andrew Motion）描述的"充满活力，包容一切"。[59] 不过，大约他第一次在《月宫宝盒》(*The Thief of Baghdad*)（1924）中看到黄柳霜的时候，兰伯特就开始对中国的东西着迷，他的朋友们也证实了这一点：

在康斯坦特的房间里，有一排中国酒和陶器瓶，上面缀有标中国字的大纸签，我很快发现，这些中国葡萄酒对他来说有着特殊的意义……我想那时他没有见过黄小姐，但她是他心目中的远方公主，为了向她表示敬意，他常常喝中国酒。[60]

安东尼·鲍威尔（Anthony Powell）在小说《卡萨诺瓦的中餐馆》(*Casanova's Chinese Restaurant*) 中，首次用带有宫廷浪漫色彩的语言解释了兰伯特的热情：将其比作一位对贵妇爱而不得的骑士。休·莫兰德（Huge Moreland）（以兰伯特为原型）被描述为"一位绝望而具有'远方公主情结'的瘾君子"。[61] 然而，如果说兰伯特的热情没有得到回应，那并不是因为他没有尝试。作曲家菲利普·赫塞尔廷［Philip Heseltine，又名彼得·沃洛克（Peter Warlock）］想帮他，于是写信给他的朋友诗人罗伯特·尼可斯（Robert Nichols），尼克斯先前在东京大学担任英国文学教授，1927年刚从好莱坞当了两年的编剧回来。在好莱坞期间，尼可斯曾与格拉斯·范朋克（Douglas Fairbanks）共事，而范朋克曾与黄小姐联袂主演：

你知道和范朋克合作过的华裔女演员黄柳霜的住址吗？有位年轻的作曲家，现在和我住在一起——他是我所知道的唯一一位不到30岁就

59 Andrew Motion, *The Lamberts: George, Constant and Kit* (New York: Farrar, Strauss, Giroux, 1986), 157.
60 Peter Quennell in *Constant Lambert Remembered*, BBC Third Network, 25 June 1966; 引自 Lloyd, *Constant Lambert*, 80-81。
61 Powell, *Casanova's Chinese Restaurant*, 14.

具有创作才能的英国人。他十分迷恋黄小姐，写信问我是否可以把两本歌曲集献给她。有位名叫小畑薰良的日本人翻译了李白的诗歌，译本优良，这两本歌曲集正是基于该译本创作的。这些歌曲真的很吸引人。[62]

　　大约在19、20世纪之交，西方很多作曲家以中国诗歌的译本作为音乐的来源。[63]8世纪唐代诗人李白简约的文体风格，吸引了维多利亚时代晚期的翻译家，在其作品被收录到埃兹拉·庞德（Ezra Pound）的诗集《华夏集》（Cathay，1917）后，李白对早期现代主义诗人，特别是以庞德为代表的意象派诗人，产生了重大影响。[64]小畑薰良（Shigeyoshi Obata）于1922年出版的《李白诗集》（The Works of Li Po: The Chinese Poet Done Into English Verse）中所采用的简洁翻译风格，与英美诗歌的发展相一致，这一点在兰伯特的处理方式中也有所体现，而兰伯特这一做法在评论界一直受到尊敬。音乐学家德里克·库克（Deryck Cooke）评论说，"（李白）简短的诗歌中蕴含着微妙简洁和精致脆弱……在兰伯特的冷静、芳香、富含寓意的舞台背景之中得到了完美体现"。作曲家兼评论家贾尔斯·伊斯特布鲁克（Giles Easterbrook）也赞同这一评价，他称赞兰伯特的处理"姿势简洁，诗意和音乐意象相互交织……根据直觉做出精准选择，情感与舞台布置材料和持续时间平衡"。[65]兰伯特刻意

62　该信于1927年2月6日由菲利普·赫塞尔廷（位于肯特郡恩斯福德）写给罗伯特·尼可斯，参见 The Collected Letters of Peter Warlock (Woodbridge: Boydell Press, 2005), 4: 169。赫塞尔廷曾为尼可斯做过类似的事情，他曾写信给尼可斯爱而不得的对象，为尼可斯说情。

63　与兰伯特同时代的英国人中，最有名的是格兰维尔·班托克（Granville Bantock）、菲利普·赫塞尔廷和阿瑟·布利斯（Arthur Bliss）。

64　参见 Zhaoming Qian, Orientalism and Modernism: The Legacy of China in Pound and Williams (Durham, NC: Duke University Press, 1995)。

65　德里克·库克对于兰伯特创作的《钢琴独奏协奏曲与九位演奏者，李白八首》（Concerto For Solo Pianoforte and Nine Players, Eight Poems By Li Po）（Argo Records，1955）唱片套撰写的文字说明，参见 https://www.discogs.com/Constant-LambertArgo-Chamber-Ensemble-Gordon-Watson-2-Alexander-Young-Concerto-For-Solo Pianoforte-N/release/12413336；贾尔斯·伊斯特布鲁克对于兰伯特创作的《李白八首》（Hyperion Records，1994）唱片套撰写的文字说明，参见 https://www.hyperion-records.co.uk/dw.asp?dc=W7963_66754。

避免斯特拉文斯基的《夜莺》那种"过度矫揉造作的中式风格"。他在《音乐啊！——衰落中的音乐研究》一文中，将其与一种迟来的音乐表达——比亚兹莱的世纪末美学——联系在一起。[66]

1926年至1928年，兰伯特创作了七首艺术歌曲，后来他用长笛、双簧管、单簧管、弦乐四重奏和低音提琴伴奏，大受赞扬。伊斯特布鲁克这样评论兰伯特对黄柳霜带有浪漫色彩的迷恋："了解主人公的个人背景并没有淡化辛酸感，反而增强了套曲的冷漠超然感。"[67]兰伯特在无声电影中追寻缪斯女神——先是在作品《歌》（Song）（1928年）中寻找，然后是《皮卡迪利》（Piccadilly）（1929年）——最终在黄小姐身上见到了缪斯真身。当时黄小姐在詹姆斯·拉韦尔（James Laver）改编的中国戏剧《灰阑记》（The Circle of Chalk）（1929年）中表演，这是她首次在英国舞台亮相。[68]该剧的开幕之夜（1929年3月14日），兰伯特在圣马丁巷的新剧院（New Theatre, St Martin's Lane）后台见到了黄小姐，经由他人介绍与她相识。[69]一些刻薄的言论称，黄小姐"很快就发现他是个穷光蛋，于是让他滚蛋"。[70]多年后，鲍威尔回忆，兰伯特"实际上已经在萨沃伊酒店（Savoy）请她吃饭，可见两人的关系"。[71]黄小姐坦言，这一时期，"英国男人狂热追求她，自己好几个月都没有付晚餐费用"。[72]

---

66 Lambert, *Music Ho!*, 36. 兰伯特认为斯特拉文斯基乐谱中的异国情调有不妥之处，而克洛德·德彪西（Claude Debussy）改编的管弦乐却更有效地融入了中国音乐。兰伯特将二者进行比较，称德彪西的"亚洲情结"是"通过柔美的节奏、丰富细腻的色彩，以及灵活的主旋律表现出来的"。

67 伊斯特布鲁克，为《李白八首》（*Eight Poems of Li-Po*）的唱片套撰写的文字说明。

68 *Song* (1928, dir. Richard Eichberg) (aka *Schmutziges Geld, Dirty Money*); *Piccadilly* (1929, dir. E. A. Dupont). 这一时期黄柳霜的演艺生涯参见 Graham Russell Gao Hodges, *Anna May Wong: From Laundryman's Daughter to Hollywood Legend* (New York: Palgrave Macmillan, 2005), 96–99。

69 Richard Shead, *Constant Lambert* (London: Simon Publications, 1973), 70.

70 John A. Gould, 'Best Friends: Constant Lambert and Anthony Powell', *Southwest Review* 91, no.1 (2006), 99.

71 安东尼·鲍威尔对莫申的评论，参见 *The Lamberts*: 'Self-Destruction the Lambert Way', *The Daily Telegraph*, 25 April 1986, 14. 也可参见 Lloyd, *Constant Lambert*, 89。

72 Hodges, *Anna May Wong*, 91.

尽管如此，兰伯特仍然对与中国有关的一切感兴趣，他继续定期与鲍威尔和其他朋友在莱姆豪斯和苏荷区的中餐馆用餐。1929年9月，他在沙夫茨伯里大道上有"艺术范儿"的大道亭（Avenue Pavilion）观看了《西厢记》（*The Rose of Pu-Chui*）。[73] "*The Rose of Pu-Chui*"是《西厢记》（1927）的海外译名，翻译自法语片名"*La rose de Pushui*"。该电影是第一部在英国上映的全部由中国人参演和中国人导演的电影，在欧洲广泛流传，由上海民新电影公司制作。[74] 次月，兰伯特为电影增加了最后一首歌，即挽歌《离别已久的情人》（*The Long-Departed Lover*），现名为《李白八首》（*Eight Poems of Li Po*）的套曲就此完成。[75] 那时，他与14岁的弗洛伦斯·丘特［Florence Chuter，又名弗洛伦斯·凯（Florence Kaye）］相识，这在某种程度上结束了对黄柳霜的迷恋，使他的内心变得平静。弗洛伦斯背景神秘，相貌出众。可兰伯特母亲因为她年龄太小，同时还谈到"弗洛伦斯身上的种族问题"[76]，故而反对两人交往，但两年后兰伯特还是娶了这个女孩。在社会八卦专栏和朋友的回忆中，大家称她为"来自爪哇的模特""兰伯特出尘脱俗的中国妻子——一颗罕见的宝石""最有魅力的东方妻子"，等等。据兰伯特的朋友歌手多拉·福斯（Dora Foss）说，她是一个"在东区孤儿院长大的半中国籍半爱尔兰籍的女孩"。兰伯特遇到她时，她在汉普斯特德为钢琴家

73　Lloyd, *Constant Lambert*, 89.

74　由五四知识分子侯曜和他的妻子濮舜卿（中国第一个涉足电影的女剧作家）执导，他们的使命是制作时髦的本土影片，与好莱坞的产品竞争。这部电影有剑术和超现实的梦境场景，大部分都在苏州和杭州拍摄，而大量华丽的内景当时让人们对中国风非常狂热，这一点吸引了很多外国观众。《旁观者》的评论家称赞说，《西厢记》全部由中国演员出演，很有特色，是一部迷人而精致的作品"；不过，也许是因为当时英国电影业尚未发展起来，该作者似乎无法理解中国可能有自己的电影产业，又称："值得注意的是，这部电影完全是西方的执导风格，尽管其布景和表演都具有东方特色。" *The Spectator*, 5 October 1929, 438. 参见 Kristine Harris, '"The Romance of the Western Chamber" and the Classical Subject Film in 1920s Shanghai', in *Cinema and Urban Culture in Shanghai, 1922–1943*, ed. Yingjin Zhang (Stanford, CA: Stanford University Press, 1999), 51–73。

75　Motion, *The Lamberts*, 161.

76　"你的种族，"艾米·兰伯特（Amy Lambert）对她未来的儿媳妇说，"是我对你在情感上一个不可逾越的障碍。"参见 Motion, *The Lamberts*, 188。

艾尔莎·卡伦（Elsa Karen）做女仆，艾尔莎正好也是他的朋友。[77] 诗人爱德华·托马斯（Edward Thomas）的女儿米芬维·托马斯（Myfanwy Thomas）是兰伯特的另一个朋友。她意识到，弗洛伦斯和她在图腾汉厅路（Tottenham Court Road）的芭蕾舞学校学习时遇到的女孩是同一个人，那时弗洛伦斯精彩的旋转动作让其他孩子目瞪口呆，米芬维也深受其吸引。她在回忆录中写道："我经常想到那个美人儿小塔玛拉，她是个具有八分之一黑人血统的混血儿，本名是弗洛伦斯。长大后，她嫁给了作曲家康斯坦丁·兰伯特。兰伯特青睐电影女演员黄柳霜，这个优雅的电影演员和他妻子非常像。"[78] 两人结婚前几周，即1931年7月，他们挽臂站在兰伯特最喜欢的约会场所——苏荷区希腊街8号的上海餐厅（Shanghai Restaurant）外拍了一张合影。[79] 著名的花花公子贾科莫·卡萨诺瓦（Giacomo Casanova）1764年曾住在希腊街（47号），因此上海餐厅在文学上被称为"卡萨诺瓦的中餐厅"，这是鲍威尔对其朋友的深情赞美。大约十年后，罗伯特·赫尔普曼（Robert Helpmann）受命从曼彻斯特连夜赶到上海餐厅，经人介绍与蒋彝相识，打乱了他繁忙的巡回演出计划。[80] 吃中餐时，他们交流了对"芭蕾舞《鸟》"的想法，兴致勃勃的赫尔普曼编排了一段生动的舞蹈，逗乐了附近的食客。[81]《牛津画记》中有一幅描绘赫尔普曼的素描，旁边是查理·卓别林（Charlie Chaplin）在《淘金记》（*The Goldrush*）中的一个画面——小流浪汉用叉子叉着两个面包卷，让它们表演"舞蹈"，而赫尔普曼用手指在桌子上演示舞者的舞步，展示了这段滑稽的场景，蒋彝写作时回忆起了这一幕。[82]

---

77 Lloyd, *Constant Lambert*, 144. 另见Gould, 'Best Friends: Constant Lambert and Anthony Powell', 99.

78 Myfanwy Thomas, *One of These Fine Days* (Manchester: Carcanet New Press, 1982), 112-115.

79 他们于1931年8月5日在肯辛顿户籍登记处（Kensington Registry Office）结婚。

80 巡演地包括纽卡斯尔、利物浦、曼彻斯特、利兹和剑桥。参见Grey, *For the Love of Dance*, 29。

81 Chiang, *The Silent Traveller in Oxford*, 172.

82 Chiang, *The Silent Traveller in Oxford*, 173.

《鸟》

　　贝丽尔·格雷在芭蕾舞生涯中很早就意识到："合适的布景和服装对演出成功至关重要。"[83] 赫尔普曼选择她出演夜莺时，她只有15岁，这是她"第一次在舞团中扮演角色"。[84]1942年的整个初秋，兰伯特和赫尔普曼一直在带领演员排练舞蹈，直到"激动人心的时刻"到来，舞团终于看到了蒋彝的"精致布景"和"无与伦比的群鸟服装和头饰"。[85]格雷还记得，他们"迫不及待地想看到这一切在表演中实现"，演出结束"我们谢幕了15次""每个人都对此感到惊讶"。[86]整个演出季中，《鸟》的演出场场爆满。格雷回忆说，"在战争期间，《鸟》是最受欢迎和演出最为频繁的芭蕾舞剧之一"，她很高兴，"为我创造的第一个角色竟然（如此）受到欢迎"。[87]詹姆斯·雷德芬（James Redfern）在《旁观者》中指出，新剧院（萨德勒斯威尔斯的战时所在地，兰伯特曾在这里看到黄柳霜的舞台首秀）"每晚都座无虚席"。詹姆斯·雷德芬是沃尔特·詹姆斯·雷德芬·特纳（Walter James Redfern Turner）的笔名，他是诗人、杰出的音乐评论家、佳吉列夫时代的资深芭蕾舞者。他激动地说，"这也难怪"，因为"目前世界上任何地方，包括俄罗斯，都没有这种视听觉盛宴"。[88]他称赞赫尔普曼的芭蕾舞"在音乐、编舞和舞美方面的风格完全统一"[89]。兰伯特的编曲"复杂而精致"，雷德芬对此印象深刻。他的音乐"曲风欢快"，"这种愉悦感在英国林间和鸟鸣间微妙而有趣的中国特色中得到了呼应和重复"。[90]他特别指出母鸡的服装是"一个出色的讽刺式杰作，而鸽子和夜莺的服装相当可爱"。[91]这是来自知名评论家

83　Grey, *For the Love of Dance*, 28.

84　Grey, *For the Love of Dance*, 30.

85　Grey, *For the Love of Dance*, 30.

86　Grey, *For the Love of Dance*, 30.

87　Grey, *For the Love of Dance*, 30.

88　James Redfern, 'The Theatre', *The Spectator*, 27 November 1942, 11.

89　Redfern, *The Spectator*, 1942.

90　Redfern, *The Spectator*, 1942.

91　Redfern, *The Spectator*, 1942.

的高度评价。《泰晤士报》评论员说，莫伊拉·弗雷泽肯定是"仔细研究了家禽在院子里的动作……她独特的服装及其表演贡献了该舞剧绝大部分的有趣内容"。[92]其他报刊评论也称，舞台设计是该芭蕾舞剧的亮点，"花园环境和服装尤其引人入胜"。[93]埃尔斯佩思·格兰特（Elspeth Grant）在《每日见闻报》（Daily Sketch）上说，该设计"轻盈、甜美、愉悦"[94]。霍斯内尔（Horsnell）在《观察家》中写道，这个设计"在新（剧院）的萨德勒斯威尔斯剧目中加入快乐随性的东西"，展现了"美妙而充满生机的中国风艺术。'争论'部分的鸟儿组合奇特，都被蒋彝打扮得非常漂亮，让大家感觉它们不是栖息在蒋彝装饰的墙纸树上，而是珍藏在放置稀有瓷器的柜子里"。[95]

兰伯特委托的任务并不容易，但蒋彝出色地完成了，其初始背景设计和服装草图（保存在皇家歌剧院档案馆中）与舞台效果高度重合便是最有力的证明。如今，我们不仅可以看到这次演出的黑白舞台照片，而且还可以看到详尽的书信记录，其中详细描述了成品服装的面料和色彩方案，这是因为芭蕾舞迷莱昂内尔·布拉德利（Lionel Bradley）在整个演出季多次观看了《鸟》，并记录下了这些资料。[96]皇家歌剧院档案馆保存的草图中只缺布谷鸟的草图，但蒋彝在《牛津画记》中关于戈登·汉密尔顿服饰的叙述，不仅与布谷鸟的照片相吻合，而且面对设计服装时的突发情况，蒋彝也能随机应变：

接下来介绍戈登·汉密尔顿试穿的布谷鸟服装，他与亚历克西斯·拉辛形成鲜明对比，戈登身材矮小，有张机智的笑脸，非常适合这套衣服。这套鸟类服装原本较为笨重，后来我们对服装进行了修改，以

92　'Sadler's Wells Ballet', *The Times*, 25 November 1942.

93　Walker, 'Robert Helpmann, 66.

94　Elspeth Grant, *Daily Sketch*, 25 November 1942.

95　'The Birds', Horace Horsnell, *The Observer*, 29 November 1942, 2.

96　Lionel Bradley, 'Bradley's Ballet Bulletin, 1941–1947', unpublished notebooks, Victoria and Albert Museum, Department of Theatre and Performance. 笔记未编号，未标页码。参见 1942 年 11 月 24 日至 12 月 16 日的演出公报。

图4.1 《鸟》（1942）的布景，由蒋彝设计（皇家芭蕾舞团慈善基金会供图，经蒋心怡许可使用）

图4.2 《鸟》（1942），布谷鸟（戈登·汉密尔顿饰）和两只厚脸皮的麻雀（玛格丽特·戴尔和琼·谢尔登饰）。（伦敦维多利亚和阿尔伯特博物馆供图）

便让它能够完美地适应他的身形。服装不同的颜色与他完美契合，白色的羽毛状衣领似乎增加了他脖子的长度，而衣服上长长的尾巴，让他身材显得更高。[97]

布拉德利详细介绍了蒋彝为每名舞者设计的各种颜色组合，这也解释了为什么霍斯内尔将这些穿着戏服的"鸟"与瓷器柜中的装饰品相比较："布谷鸟（戈登·汉密尔顿饰）头戴一顶亮蓝色的帽子，帽子上有黄色的喙，他的脸颊是红色的，身着橙黄色和淡蓝色的衣服，上面有颜色相同但色调不同的各种图案，而下半身的淡蓝色延伸到膝盖，膝盖以下是黄色的长袜，他背后穿的是一对棕色翅膀，像燕尾服一样。"[98] 布拉德利认为，"这些魅力四射的服装融合了自然主义、想象力和典型的芭蕾舞服饰，尽管有时遮盖了舞者的体形和轮廓。大多数舞者都戴着贴身的'赛马骑师'帽，帽顶呈尖喙状，而妆容凸显了椭圆形的眼睛，这样就赋予了舞者面部某种鸟类的特征"。[99] 母鸡这一角色的喜剧效果，很大程度上是通过其"蓬松的白色羽毛裤"呈现的。在布拉德利看来，这"会让人联想到维多利亚时代的女子浴衣"。[100] 对于蒋彝为《鸟》设计的舞台背景，布拉德利注意到，"树木的颜色主要是特别鲜翠的绿色，花朵大而红。这些不同的植物形态略微俗套，但蒋彝在细节的处理上接近拉斐尔前派的做法"。[101]

对蒋彝来说，最大的挑战是设计夜莺的服装。他解释说："虽然夜莺在夜晚歌声动听，但这种鸟的羽毛毫无光泽，颜色上也并没有什么特别之处……我很担心这一点，因为夜莺是这部芭蕾舞剧的重要角色之一……不过我的心情很快变好了，经过多次讨论，集思广益，最终呈现的夜莺服装非常漂亮。"[102] 虽然蒋彝担心夜莺的服装设计"不够尽善尽

97　Chiang, *The Silent Traveller in Oxford*, 173.

98　Bradley, *Bradley's*, bulletin of 24 November-16 December 1942.

99　Bradley, *Bradley's*, bulletin of 24 November-16 December 1942.

100　Bradley, *Bradley's*, bulletin of 24 November-16 December 1942.

101　Bradley, *Bradley's*, bulletin of 24 November-16 December 1942.

102　Chiang, *The Silent Traveller in Oxford*, 174.

美", 但从布拉德利的描述和贝里尔·格雷在舞台上的照片可知, 她穿的是"粉红色紧身衣", 而不是设计中带有鳞片图案的黄色长裤, 这是蒋彝做出的极小让步。因此, 一如布拉德利所述, 她的服装"更像传统的芭蕾舞演员, 而不像一只鸟"。[103] 与蒋彝最初的设计草图一样, 她有"一顶棕色的帽子, 上面有一个粉红色的喙, 身着一件淡玫瑰色的上衣, 没有装饰, 下身是一件灰白色的芭蕾舞短裙……她的脸颊两侧有几缕细金线, 还佩戴绣有同样金线的肩章……只有从腰侧后方的棕色小翅膀,

图4.3 《鸟》(1942), 母鸡和麻雀 (莫伊拉·弗雷泽、玛格丽特·戴尔和琼·谢尔登饰)。(皇家芭蕾舞团慈善基金会供图)

103　Bradley, *Bradley's*, bulletin of 24 November-16 December 1942.

以及棕色短尾巴，才能看出她是一只鸟"。[104]

布拉德利对剧中芭蕾舞的每一步动作都进行了细致的评论，并在后面写了一句"以上内容是在我看了五遍芭蕾舞之后写的"，并加了括号和下划线。12月初，他回顾了"第一夜的歇斯底里"，当时观众"为赫尔普曼欢呼，就好像他创作了一部杰作"，而布拉德利认为，《鸟》在演出的几周内有了很大的改进，因为它"变得更加流畅和精确，其幽默感也更加突出"。然而，他最后对服装设计却持保留意见："这些服饰仅仅

图4.4 《鸟》（1942），夜莺（贝丽尔·格雷饰）。（伦敦维多利亚和阿尔伯特博物馆供图）

104　Bradley, *Bradley's*, bulletin of 24 November-16 December 1942.

图4.5 《鸟》(1942)，夜莺服装由蒋彝设计（皇家芭蕾舞团慈善基金会供图，经蒋心怡许可使用）

是美观而已，出自蒋彝这样的大家之手难免让人失望。"[105]也许我们可以让蒋彝自己回应这句话。他曾指出，设计芭蕾舞剧时，艺术家"不应过分凸显自己的特点，而是必须指出他认为契合舞蹈和音乐之处"。[106]蒋彝显然仔细思考过伯努瓦（Benois）和巴克斯（Bakst）提出的"整体艺术"的要求："仅凭直觉，我很容易联想到宋代大师的花鸟画或风景画，起初我认为《鸟》非常适合与之搭配。实际上，我想用一幅宋代的杰作——夏圭的《鹤溪图》——作为创作来源。然而，考虑到舞蹈，我觉得这一背景太简单了，所以我画了一片树林取而代之，也对其中的细节精心勾勒。"[107]［有一件伤心事：1955年，罗伯特·赫尔普曼在伦敦旧维

105　Bradley, *Bradley's*, bulletin of 24 November-16 December 1942.
106　Chiang, 'What Can I Say About Ballet?', 114.
107　Chiang, 'What Can I Say About Ballet?', 113.

克剧场（London's Old Vic）执导《皆大欢喜》(*As You Like It*)，先前他曾委托蒋彝对舞台进行设计，蒋彝兴趣浓厚，然而赫尔普曼中途却取消了委托，两人因此闹翻了。][108]

1943年，阿诺德·哈斯凯尔举办了大规模的芭蕾舞设计展。蒋彝为《鸟》绘制的草图与他同时代的英国人，以及巴克斯、伯努瓦、冈察洛娃、德朗和毕加索等国际知名人士的设计作品一起展出。哈斯凯尔介绍，虽然英国芭蕾舞团"太年轻了，没有出现伯努瓦、巴克斯或拉里奥诺夫的创新布景"，但"一些最重要的高水平作品是在战争年代产生的"。[109]在音乐和艺术促进委员会的资助下，该展览在莱斯特（Leicester）开幕，在不列颠群岛巡演，于1944年在布莱顿宫（Brighton Pavilion）圆满结束。

战争结束后，萨德勒斯威尔斯舞团"升级"并入皇家歌剧院，随后被纳入皇家芭蕾舞团。1981年，皇家芭蕾舞团出版了《皇家芭蕾舞团50年》(*Fifty Years of the Royal Ballet*)，以此纪念其50周年，其中有一张蒋彝为《鸟》设计的布景彩色插图，以及布谷鸟这一角色的服装（后者显然没有送回档案馆！）。[110]1997年，吉尔·安妮·鲍登（Jill Anne Bowden）在《舞蹈时报》(*The Dancing Times*)上发表了《表演设计：从佳吉列夫到宠物店男孩》(*Design for Performance: From Diaghilev to the Pet Shop Boys*)，这是1993年伦敦莱瑟比（Lethaby）画廊举行的同名展览的出版物。鲍登写道，"蒋彝为赫尔普曼的《鸟》所做的迷人设计在莱瑟比画廊展出"，她很惊讶地看到编辑为其所写的说明文字："除了他的出生和死亡日期……事实证明，不可能获取这位设计者的生平信息。"[111]鲍登承认，也许"舞台设计方面的研究没有什么结果，是很自然的事情，因为蒋彝很可能后来没做过任何舞台工作……我想到了他的插图，那是我童年的一大乐趣。我想，现在还有人记得'哑行者'系列

108　关于该事件的讨论，参见Zheng, *Chiang Yee*, 162–163。

109　*Exhibition of Ballet Design* (London: CEMA, 1943–1944).

110　Bland, *The Royal Ballet*, 71.

111　Jill Anne Bowden, *The Dancing Times*, January 1997, 337–338. Peter Docherty and Tim White, eds., *Design for Performance: From Diaghilev to the Pet Shop Boys* (London: Lund Humphries, 1996), 193.

吗？看来答案是肯定的：我打电话给伦敦图书馆，得知其中几本已被借出，这让我感到高兴"。[112]

蒋彝涉猎芭蕾舞界的经历值得记住，不仅是因为这体现了他在艺术上多才多艺、善于变通。《鸟》是英国舞台设计史上的一个里程碑，因为蒋彝的参与，改变了早期芭蕾舞中过时的设计和具有冒犯性的刻板风格。如我们所见，这种情况曾困扰着他，而且直到最近才受到人们的严肃关注，主要是由于近期亚裔美国舞蹈家陈肇中（Phil Chan）的积极行动，他的《黄色脸孔的最终谢幕》（*Final Bow for Yellowface*）一书，极大地推动了人们去重新思考芭蕾舞中的种族表现与种族包容问题。[113]

（邓思南　译）

112　Bowden, *The Dancing Times*, 338.

113　Phil Chan, *Final Bow for Yellowface: Dancing Between Intention and Impact* (Brooklyn, NY: Yellow Peril Press, 2020).

哑行者在故乡

郑　达

1940年5月，蒋彝的回忆录《儿时琐忆》由伦敦的麦勋书局出版，大获好评。许多评论指出，关于中国的图书大都是由西方作家撰写的，不同的是，这部作品是由在英国的中国作家完成的，全书读来新颖真实。[1]《泰晤士报文学副刊》（Times Literary Supplement）的一篇书评强调了这本书的真实性，表示作者展示了九江的华人形象和文化生活，这是"中国人眼中的自己，与旁人看待中国人的眼光不同"。[2]一位评论家说道，"很少有书能像这样带我们远离当今社会的动荡混乱"，而另一位评论家认为"焦虑之际，阅读此书，犹如一剂镇静药，可给人片刻宁静"。[3]有人写道，"中国人的智慧——喜爱小巧精致的事物，向往平和自在的生活，对园艺的追求，相比于熙熙攘攘、追名逐利，他们更追求沉思默想、体悟人生"——足以慰藉每一个"寻求短暂逃离战时悲观思想的人"。[4]《儿时琐忆》在英国多次重印，随后在美国、印度和中国发行。蒋彝从此成为麦勋书局最受欢迎的作家之一。

1　Maurice Collis, 'Dreaming in Armageddon', *Time and Tide*, 25 May 1940. 当时只有少数中国作家出版了关于中国的英文作品，而《儿时琐忆》尤为特别，因为这是一本由旅居英国的中国作家写作的回忆录。

2　'Chinese Family: Intimate Picture of a Lost Home', *Times Literary Supplement*, 11 May 1940.

3　G. A. G., 'A Chinese Looks Back', *Hong Kong Radio Review* 11, no.14 (8 February 1941); Wilfrid Rooke Ley, 'The Man Introduces the World to You', *Catholic Herald*, 7 June 1940.

4　E. H. J., 'A Bit of Old China', *Christian World*, 30 May 1940.

1959年，约翰·戴伊公司（John Day）发行了美国版的《儿时琐忆》，随后《纽约时报》刊登了一篇书评，题为"哑行者在故乡"，该短语在我看来颇值得玩味。约翰·埃斯佩（John Espey）在该文中强调，与蒋彝其他畅销的"哑行者"画记相比，《儿时琐忆》有所不同。"哑行者"画记系列作品，如《牛津画记》《爱丁堡画记》《纽约画记》，体现了"一种意外之喜"，因为西方读者透过中国目光可以观察到熟悉的西方景色。埃斯佩称，《儿时琐忆》记录了作者在中国的生活，并没有作者笔下常见的"对比和惊喜"。[5]

对我来说，将这本回忆录视作对中国生活的如实记录和阐释，认为作者"在故乡"，有些欠妥。埃斯佩暗示，将地理位置作为《哑行者》的标题是蒋彝的常规做法，如《伦敦画记》《牛津画记》和《纽约画记》。按理说，这本书讲述的是他在中国九江的童年经历，应该取名为《中国画记》或《九江画记》，而不是《哑行者在故乡》，因为蒋彝当时是不可能在故乡的。正如书中所提到的，他在英国"流亡"了六年。[6]实际上，在该书作者自存本的扉页题词上，蒋彝的确用了"流亡"一词："重哑流英第八年初。"[7]换句话说，他意识到自己与世界另一端的祖国之间相隔甚远，但仍有着情感联系。另外，由于1919年的社会文化革命和随之而来的现代主义运动，书中描述的文化环境和许多传统习俗已经永远泯灭了，只留存在记忆中。抛开这些，短语"在故乡"在这里可能蕴含另一个意思：在一个地方或环境下感到舒适自如。是不是蒋彝事实上在英国，却有"在故乡"的快乐感觉，虽然看起来可能性并不大？

本章将通过对《儿时琐忆》的研究来考察蒋彝对家的看法和他的家园书写。本文首先强调回忆录中的怀旧之情，然后探讨作者在英国作为

5　John Espey, 'Silent Traveller at Home', *New York Times Book Review*, 16 November 1952.

6　Chiang Yee, *A Chinese Childhood* (London: Methuen, 1940), 303.

7　蒋彝的题词如下："此书原定去年十一月中出版，因第二次欧战爆发，延至去年五月二日问世。亚伦于四月十五日交来第一册，其意可感，志此不忘。重哑流英第八年初。"蒋彝，亲笔，《儿时琐忆》的作者自存本。

哑行者的流亡经历，最后提出写作是作者在异乡构建家园的有效方式。

《儿时琐忆》中的怀旧之情

在《儿时琐忆》的封面装帧上，有一幅引人注目的彩色自画像，附有一行说明文字："我头发的三个阶段。"一个人的发型标志着年龄、社会地位及审美品位，这幅自画像中的三个数字代表了这位艺术家兼作家的三个不同阶段：6岁、15岁和30岁，每个阶段都标志着他人生的一个重要转折点。5岁时，曾给予他温柔母爱及童年身份的母亲去世；15岁时，以关心和慈爱培育他艺术和文学身份的父亲去世；30岁时，他离开了赋予他文化身份的祖国，成了海外流亡者。

图5.1 《儿时琐忆》（1940）封面（经蒋心怡许可使用）

这本回忆录记述了蒋彝家族的变迁、他早期的成长经历，以及20世纪前20年的文化习俗。蒋彝以一种平和愉悦的口吻，深入探讨了他的童年经历，以舒缓的笔触展现了九江这座中国南方长江沿岸港口城市的生活，对其进行了百科全书式的全景描绘。

蒋家的历史可以追溯到公元前1世纪，汉哀帝（前26—前1）曾任命蒋诩（前69—公元17）为兖州刺史。[8]蒋诩"为人正直诚实"，王莽（前45—公元23）篡权后，他拒绝继续为朝廷效命。于是他辞官归乡，回长安隐居避世。他平日闭门谢客，只有两个著名诗人朋友

---

8 汉朝兖州，大致包括今山东西南及河南东北。

前来拜访时才会接见。为方便友人出入，他在舍前修了三条小径。"三径"一词因此成为中国文学史上著名的典故。[9]18世纪初，一位蒋家后人迁到位于长江南岸的九江，在那里安家落户。20世纪初，这座房屋历经十代，已扩展为两进大宅院。主宅有42间房，蒋彝和大多数家人都住在那里。四世同堂，共有50多口人，住在宽敞的大院里，由蒋彝的曾祖父母掌管家中大权。主宅的右侧是一座较小的宅院，那是他三叔祖父的住处，另有两间大房作为私塾，还有一个大花园。

在这个洋溢着和平与幸福的世界，家人以礼相待，敬奉祖先，孝敬长辈，敬佩文人墨客，乐享佳节。这个家族恪守儒家传统，尊老爱幼，和谐相处。彼此之间鲜有争吵；如确有分歧，他们也会在长辈的建议下解决。一年过去，蒋家人不辞辛苦，在新春之际，他们也会抽闲享乐。与所有其他家庭一样，蒋家会忙上几周，准备食物，清扫房子，用新画作装饰房间和厅堂，并在正门入口贴上春联招财纳福。除夕夜，一家人则团聚一堂，享用美食盛宴，庆祝一年一度的团圆佳节。随后，长辈会从内厅正中祖宗神龛里取出家谱，向晚辈讲述蒋家的历史。[10]

蒋家属书香门第。蒋彝父亲是一名画家，以花鸟画闻名。他的画室墙上挂着古代名家的画，偶尔也会挂几幅他自己的作品。书架上堆满了大量的素描、画册和花鸟画。对蒋彝来说，那些画册和画作"如同自然的一部分"。他喜欢在画室流连，想象鸟儿在歌唱，"花儿在微笑"。[11]有时他会站在父亲桌旁，看着他准备作画。12岁时，蒋彝开始跟随父亲学习绘画，他经常悉心研究古代大师的作品来提升自己的画技。此外，《儿时琐忆》还通过生动形象的画作展示了该地区的风俗、节日和文化习俗，如婚礼、葬礼、庆生、分娩、元宵节、清明节和端午节。

这本书含有八幅彩色插图和一百幅线描图，是其一大特征。这些插图反映了20世纪初当地的社会经济生活：新娘衣装、花轿、发型、彩灯和儿童游戏，令人印象深刻。耶稣会士和传教士们曾有不少著述，

9　Chiang, *A Chinese Childhood*, 11.

10　Chiang, *A Chinese Childhood*, 75.

11　Chiang, *A Chinese Childhood*, 56.

记录他们在华的所见所闻，如威廉·亚历山大（William Alexander）的《中国服饰》（*The Constume of China*, 1805）、罗伯特·亨利·哥伯播义（Robert Henry Cobbold）的《市井图景里的中国人》（*Pictures of the Chinese*, 1860）、卢公明的《中国人的社会生活》（*Social Life of the Chinese*, 1867）、戴德生（J. Hudson Taylor）的《亿万华人》（*China's Millions*, 1867）、朱利安·拉尔夫（Julian Ralph）的《独自在中国及其他故事》（*Alone in China and Other Stories*, 1897）。蒋彝在撰写回忆录时，可能参考了这些作品中的一些画作，但其绘画风格迥然相异，总体上显得明亮欢快。另一方面，蒋彝笔下的人物尊贵体面，没有赌棍、卖淫、酷刑、暴力的描绘，也没有缠足或抽鸦片等具体描述。最有趣的是，这些线描中半数以上是小商贩，出售鲜花、水果、蔬菜、金鱼、丝织品、香烛、扫帚、团扇。九江属于长江流域商业中心之一，商业是当地社会生活的重要组成部分。这些商贩所代表的旧中国的社会经济体系，后来在20世纪二三十年代让位于现代工业社会。

这本书表面上是一曲赞歌，其实是变相的哀歌。它讲述的是永远消逝的美好"往昔"。"三径堂"一词长久以来被用来指代蒋家，他们重视家谱的保存，不断续写，供奉于祠堂，以此来维护家族传统荣誉。[12]哪怕是在他们的地契上，所有权也以"三径堂"的名义归属于这个大家族，而非家族中的个人。1938年，蒋彝在汉普斯特德的两室小公寓里写这本书时，正值抗日战争。他的哥哥写信劝他留在英国，积累更多的经验，可一个月后他的哥哥却死于心脏病发作。两个月后，7月25日这天，九江沦陷，日军占领了这座城市，屠杀当地数百名村民，烧毁民房，村镇沦为废墟颓垣。蒋家大院被"完全摧毁"。蒋彝与妻子育有四个孩子，蒋彝的嫂子提出她要带两个小孩去重庆；他纤弱的妻子曾芸则带着另外两个孩子，还有她的母亲、姐姐和舅舅，到城外十多公里的乡下避难。他们六个人在庐山脚下的野林子里住了下来，山林间不时传来刺耳的枪弹声，打破了乡野的宁静。他们无家可归，没有经济来源，生

12　Chiang, *A Chinese Childhood*, 14.

活艰难，吃的和穿的都成问题。在避难期间，曾芸的姐姐和舅舅先后去世。最终，她在南京落脚，生活了很多年。在那段短暂的时期，有些亲人在战乱中离世，有些惨遭杀害，幸存的家人散落各地，彼此相隔甚远。蒋彝将这本回忆录献给"三径堂的全体成员"，其中蕴含的悲剧基调一目了然。

这本书充斥着灾难、死亡、战争和流离失所。在蒋彝的笔下，乡愁和苦痛的基调贯穿全文。习俗、挚友、亲人都已不在，更不要说自己最爱的饭菜和爱好。尽管如此，童年的经历和往日的"幸福"是永远无法替代的，"有时回味起来也充满甘甜"。[13] 蒋彝回忆新年习俗时写道：

> 我感到遗憾的是，这种拜年的风俗已经逐渐消失了。这实在是一件值得惋惜的事。讲求实际，当然要比追求形式要好；但我们一生中，真正欢乐的时刻实在不多。回顾童年的过年日子，我觉得弥足珍贵。虽然忙得不亦乐乎，但过得非常愉快，过得很有感情。[14]

失去父母最为悲痛。蒋彝5岁时母亲离世，之后他成了"一个非常敏感的孩子"，痛苦地意识到自己和表兄妹的差别，因为他们"享受着母亲长久的关怀和喜爱"。[15] 父亲的去世是又一次令人心碎的打击。蒋彝并没有直接交代这一事实，而是记录了他和父亲第一次去庐山，这次探索自然奇观的经历相当难忘。为了到山顶去看日出，父子俩凌晨4点就从山上的一家小旅馆出发了。当时的天漆黑一片。

> 我无法辨别哪里是天空的尽头，水又从哪里开始。一切都被包裹在白色的罩子里，被初升的太阳的光芒染成了红色。后来整个场景变得鲜红而闪耀。巨大的火球从水中缓缓升起，随着它在地平线上的攀升而逐

13　Chiang, *A Chinese Childhood*, 2.

14　Chiang, *A Chinese Childhood*, 78.

15　Chiang, *A Chinese Childhood*, 36.

渐缩小。父亲没有说话，我也无法表达我的惊讶和兴奋。[16]

这一刻壮丽而神圣！他多希望这一刻能永远持续下去。虽然得以保留，却永远封存在他的记忆中了，因为父亲不久后就去世了。蒋彝沉痛地向读者诉说道，他此后多次登临庐山，"可惜，和父亲共赏的幸福，已经一去不复返了"。[17]

流亡英国的中国人

这部回忆录诞生于蒋彝的流亡途中。当时他无家可归，与战乱之中的祖国相隔几千公里，从前的家园已被日本人夷为平地。正如他多年后所说，"只有经验丰富的政治流亡者才能理解我所经历的一切"。[18]他的流亡身份，就像他的笔名"哑行者"，足以说明他回忆录和其他艺术文化作品里的伤痛和哀悼。

1932年，蒋彝准备去英国时，为自己起了一个笔名：重哑。与他同期的大多数人一样，他在童年时也有一个学名，即仲雅，意思是"第二"（按出生顺序）和"优雅"。虽与"仲雅"谐音，"重哑"却富有多重新义。"哑"字表示"哑巴"或"沉默"，而"重"字表示"沉重""数量或价值相当大的""严谨的、慎重的"。这两个字组合在一起产生了丰富的内涵，"哑行者"可能也由此产生，后来成为他在海外标志性的笔名。[19]需要指出的是，虽然"行者"表示行路人、朝圣者或旅行者，但它有另一种含义，即和尚或佛教修行者。

新名字"重哑"和"哑行者"都着重强调"哑"。在中国和儒家传统中，"哑"被誉为一种高雅、优雅、谦虚和稳重的美德。在蒋彝身上，

---

16 Chiang, *A Chinese Childhood*, 275-276.

17 Chiang, *A Chinese Childhood*, 276.

18 Chiang Yee, *China Revisited, after Forty-Two Years* (New York: W. W. Norton, 1977), 34.

19 关于"哑行者"的详细讨论，参见郑达：'The Traveling of Art and the Art of Traveling: Chiang Yee's Painting and Chinese Cultural Tradition', *Studies in Literary Imagination* 37, no.1 (2004): 176。

关于"哑"的讨论要更为复杂。"哑"强调了他对当时腐败的政府和政治制度的幻灭。他在国内大学主修化学，希望科学能有效帮助中国成为世界上繁荣强盛的国家。但毕业后他发现，"用科学知识为中国带来繁荣"的崇高理想在现实面前不堪一击，因为他承担不起继续在国内或国外深造的费用。[20]随后，他参加了国民革命军，以铲除军阀、统一中国。但1927年4月，蒋介石开始驱逐、清洗以前并肩作战的共产党，这直接粉碎了蒋彝的爱国主义梦想。离开军队后不久，蒋彝接连在三地担任县长，包括家乡九江。身为一个踌躇满志、受过教育的年轻人，他决心抓住机会，实现社会变革，改善当地人民的生活。他支持改革，惩罚权贵贪污逃税，遏制裙带关系，严惩贿赂行为，但他遇到了诸多阻碍，遭到了强烈抵抗。为维护国家利益，他抵制美国标准石油公司在九江非法建造炼油厂的项目，但他不仅没有受到当地政府褒奖，反而受到时任外交部部长和江西省政府主席的训斥。气愤之余，他"深感挫败"[21]，于是决定辞职。从官僚和政治纠葛中解脱后，他再也不用成天到晚与别人争论、下达指令或是说服他们了，总算可以享受一番清静了。不久之后，他决定出国研究英国的政治制度，观察西方政府的做法，希望将来能在中国实现变革和改革。

但在蒋彝的视角中，"哑"绝不仅仅是安静或默不作声这么简单，它成为异乡人背井离乡、流离失所和新文化身份的标志。1933年6月，蒋彝抵达伦敦，在这个完全陌生的环境中，他面临着重重困难。首先，他几乎不懂英语，只知道少数几个单词。政治和官僚交易的讨论永无止境，如果说他刚刚庆祝自己从中获得自由，那么现在他意识到，由于身处异国，无法与讲英语的人沟通，自己已经变成了一个彻底的哑巴。语言不通加剧了这种异乡感，何况有一段时间西方主流文化普遍认为中国人低人一等、难以捉摸。他以前在九江的同学罗长海，是他在伦敦唯一的熟人，但一个月后罗长海就回了中国。此外，他也没有什么经济支

20　Da Zheng, *Chiang Yee: The Silent Traveller from the East — a Cultural Biography* (New Brunswick, NJ: Rutgers University Press, 2010), 23.

21　Zheng, *Chiang Yee*, 45.

持。在中国担任县长时，他有侍卫和仆人，但他现在的日常起居只能靠自己。中国有句话叫"哑巴吃黄连，有苦说不出"，正是指蒋彝现在的窘境。在他的沉默之下，是背井离乡、语言不通和文化隔阂的巨大悲痛。"哑"字表示沉默，同时也表示失声和缄默，他内心有莫大的苦楚悲痛，却只能默默承受。

尽管困难来势汹汹，蒋彝还是大步向前迎接挑战。他努力学习英语，提高英语写作能力，[22]还结识了新朋友，中英友人都有，并且开始了他的绘画和写作生涯。1939年，在东方学院古代汉语班学生英妮丝·杰克逊（后来以英妮丝·赫尔登为人熟知）的帮助下，他的作品《中国之眼》《湖区画记》《中国书法》《伦敦画记》及一些儿童读物在伦敦出版。许多作品赢得了评论家和学者的高度赞扬。他也逐渐喜欢上了伦敦。

虽然伦敦为他的创作提供了一个相对和平的环境，但他一直为国内战争局势担忧不止，尤其担心九江家人的安全。1937年7月7日卢沟桥事变，日本发动全面侵华战争。1937年7月，九江遭到轰炸。1938年7月25日，九江沦陷。

国内局势动荡，敬爱的兄长离世，家乡先遭日本人轰炸，又于一年后沦陷，妻儿生死未卜，这些内心思绪他只能私下对朋友英妮丝哀叹："近来我遇上那么多伤心的事儿，可我没人能倾吐。"[23]一连数月，他都没有收到家人的来信。他忧心忡忡，"哭了整整一天"，正如他告诉英妮丝的那样："我都不知道自己的感觉了。真的，我无法活下去了，连一分钟都不行。"[24]哥哥死讯传来，蒋彝极为震惊，因为哥哥一直作为他的导师，坚定地支持着他："内心的悲痛就像一把刀一样剜着我的心，简直无法形容，很长一段时间，我感到无法活下去了。"[25]英国曾是他的庇护所，让他专注于文学和艺术追求，但事实证明这里也不是永久的避风港。1939年9月，英国向德国宣战。1940年，德国对伦敦实施战略轰炸，炸毁了

22　详情参考郑达《蒋彝传》，*Chiang Yee*, 53, 65。

23　引自蒋彝1937年7月26日致英妮丝·杰克逊的书信，参见 Zheng, *Chiang Yee*, 77。

24　蒋彝1937年8月23日致英妮丝·杰克逊的书信，转引自 Zheng, *Chiang Yee*, 77。

25　Zheng, *Chiang Yee*, 86.

蒋彝在汉普斯特德的住所，所有财产毁于一旦。

值得一提的是，蒋彝的画作和诗歌都与佛教有关，尤其是他画的布袋和尚。他一生都对佛教抱有浓厚的兴趣。受祖母影响，蒋彝儿时便常去佛寺。父亲去世后，他跟随当地有名的佛画大家孙墨千学习绘画，一生创作了大量的佛画作品。[26]

《蒋彝书法绘画集》（*Calligraphy and Paintings by Chiang Yee*）收集了他在1970年前后创作的艺术作品，其中佛画数量多达六幅。[27]

蒋彝在海外的40年间一直致力于刻画"布袋和尚"这个主题，这里需要重点强调一下。[28]

事实上，《布袋和尚》于1934年秋完成，这是他在海外创作的第一幅佛教主题画作。画中，布袋和尚站在斜坡上，右手提布袋；可能是旅途劳累，所以他停下休息，观

图5.2　布袋和尚图，完成于1934年（经蒋心怡许可使用）

26　最出名的一幅，当为蒋彝在安徽省芜湖出任县长时所作。一天夜里，在一营兵士的带领下，有人试图袭击县政府大楼，抢劫存放在蒋彝办公室中的税款。蒋彝向省政府请求支援后来到上房，开始伏案创作《达摩面壁》。菩提达摩是禅宗第一代祖师，面壁冥想在禅宗中不可或缺，是通向开悟的关键一步。详见Zheng, *Chiang Yee*, 33-34。

27　Chiang Yee, *Calligraphy and Paintings by Chiang Yee* (n.p., ca. 1972).

28　蒋彝还作了一首诗，诗中提到世上有3位行者：《西游记》中的"孙行者"孙悟空，《水浒传》中的"武行者"武松，他本人"哑行者"。此处他更像是在自嘲，因为他自认既不能像武松那样"打虎"，也不能像孙悟空那样"展神通"。参见Zheng, 'The Travelling of Art and the Art of Travelling'。另参见罗忼烈《杂谈哑行者其人其画》，载《明报月刊》，第77期，1972年，第64页。

察周围的环境，将目光定格在前方。他的脸上挂着满足的笑容，看起来若有所思。"布袋和尚"可以追溯到10世纪，他是中国通俗文化中的传奇人物。据说他身材矮小、衣衫不整，腆着大肚子，肩上背着布袋，手里拿着碗。他四处游历，乞求布施。直到他圆寂后，人们才知道他是弥勒佛的化身。在亚洲许多国家，弥勒佛很受信众敬仰。由于弥勒佛是未来佛，在中国佛教中象征开悟和极乐救赎，布袋和尚已成为中国绘画中经久不衰的主题。他总是背着一个布袋，脸上挂着灿烂的笑容，似乎总是在路上。[29] 由于没有任何物质上的牵挂，他过得心满意足、自在逍遥。他是智慧、吉祥和力量的化身。他从天宫降至凡间，四处游历、普度众生。显然，画中的布袋和尚指代的是蒋彝哑行者这个新身份：他既是一位旅行者，也是一位僧侣。从这层含义上看，这是哑行者的一幅自画像。

这里需要强调佛教中"忍"的原则，布袋和尚以宽容大度著称，正是"忍"的化身。福建省的一座寺庙里挂着一副押韵对联："笑口相逢，到此都忘恩怨；肚皮偌大，个中收尽乾坤。"[30] 同样，台湾的对联写道："大肚能容，了却人间多少事；满腔欢喜，笑开天下古今愁。"[31] 蒋彝《布袋和尚》（1934）有一题跋，结尾处写道"吁嗟乎何如此秃，布袋随身常自足"[32]，谴责了伪善，并呼吁精神自由。布袋和尚是蒋彝在海外常画的主题，这也反映出他为了应对挑战长期所忍受的压力。蒋彝想念妻子和四个孩子，但除了两个儿子之外，其他人要等到42年后，他第一次回国时才能见到。尽管他的资质毋庸置疑，但由于一口江西口音，东方学院取消了他的汉语教学课程；作为一位作家，他内心极度敏感不安，因为英语水平欠佳，他需要寻求英妮丝的帮助。虽然他在大众面前赢得了认可和赞誉，但这些荣誉暗中却伴随着孤独、压力、不安、焦虑和乡愁，只有忍耐才能暂时缓解部分愁思。因此蒋彝在《布袋和尚》（1972）

29　参见 Da Zheng, 'The Travelling of Art and the Art of Travelling', 170–178。

30　参见罗伟国，《话说弥勒》，北京：中国文联出版社，1994年，第123页。

31　罗伟国，《话说弥勒》，第124页。

32　蒋彝，《布袋和尚》（1934）。该画由本文作者收藏，日期不详，本书中刊印的图片即该画之影像版。

上题写了以下诗句："布袋布袋，无挂无碍。逍遥人世，得大自在。"[33]题跋最后是他的署名："九江哑行者蒋彝。"[34]他养成了一个新习惯：每当生活中遇到不愉快的事情，他就会在纸上写下"忍"字，然后贴在墙上提醒自己控制愤怒、失望、绝望和苦恼的情绪。蒋彝在这方面早已久病成医，虽然他总是带着无忧无虑的笑容以开朗的形象出现在公众面前，但公寓里却贴有大量写有"忍"字的纸片，这也侧面印证了他的自律和坚韧，同时也说明他忍受着难熬的苦痛。

蒋彝在回忆录的结尾引用了南唐后主李煜（937—978）的一首经典诗词，这是有意为之。宋军攻破南唐后，李煜成为俘虏，原本在华丽宫殿中过着养尊处优的生活的他，如今成了阶下囚，最终被宋朝皇帝毒死。词中，作为一名流亡者，李煜写出了自己身处异地、远离家国的锥心怆痛，突出了他的沉默和忍耐：

无言独上西楼，月如钩。寂寞梧桐深院锁清秋。

剪不断，理还乱，是离愁，别是一般滋味在心头。[35]

以写作构建家园

写作和绘画是蒋彝转移注意力、缓解心中苦痛和建造庇护所的重要手段。他把自己沉浸在繁重的工作中。他说："工作可以让我远离大部分烦恼。也许工作是我拥有幸福的唯一形式。"[36]

他的第一本"哑行者"系列书籍《湖区画记》，以及《儿时琐忆》和其他作品就这样诞生了。1936年夏天，蒋彝为身处国内的家人焦虑担忧，内心饱受煎熬，于是他听从朋友的建议，去湖区旅行。两周内，他

---

33 蒋彝，《布袋和尚》（1972）。该画的照片现由蒋健飞个人收藏。

34 Chiang, *The Budai Monk* (1972).

35 Chiang, *A Chinese Childhood*, 304.

36 Zheng, *Chiang Yee*, 86.

游历了德文沃尔特湖、巴特米尔湖、克拉姆克沃尔特湖、温德米尔湖和格拉斯米尔湖，追寻了浪漫主义诗人的足迹。湖区有水、有树、有山、有鸟、有云，那里的平和宁静治愈着他，激发了他无穷的灵感。用他自己的话来说，"这是我的英格兰时光中最欢怡的片刻"。[37]

蒋彝每天记日记，并在7英寸×9英寸（1英寸=2.54厘米）的宣纸上画了一些当地的风景素描。回到伦敦后，他将这些作品交给伦敦乡村生活书局经理，希望得以出版。书局考虑了这一提议，但很快就拒绝了，原因是日记内容太过简略，不足以付梓成书，而且对于中国水墨素描，西方读者可能欣赏不来。六个月后，乡村生活书局的经理重新考量了手稿，同意以《哑行者：中国画家在湖区》为题出版。出乎大家意料，这本薄薄的只有67页的书，在一月内销售一空。书局经理决定再次重印。自此之后，已有九个版本问世。这本书是蒋彝《哑行者画记》系列丛书的第一本，该系列共有13本。亨利·沃勒姆·莫顿（H. V. Morton）是当时一位游记作家，朋友熊式一称赞蒋彝是"中国的莫顿"。[38]

虽然这本书受到了很多关注，但鲜有人注意到它结尾的一段："翌日，我于下午五时返回伦敦，离开湖区前后的心情自是难以言喻。过去的日子恍如一场梦，却又不是梦，而我，只希望永远留在梦中！"（着重号为本文作者所加）[39] 蒋彝称他在湖区逗留的两周"恍如一场梦，却又不是梦"，强调了他在华兹华斯的故乡看到的田园牧歌般浪漫的景色。但紧接着他又称"只希望永远留在梦中"，作者的意思是要再回到这个仙境去游玩吗？或者他只是想把做梦作为未来一种新的旅行方式，就像他

37　Zheng, *Chiang Yee*, 71.

38　Shih-I Hsiung, "Foreword", in Lisa Lu, *The Romance of the Jade Bracelet, and Other Chinese Operas* (San Francisco, CA: Chinese Materials Center, 1980), 5–8. 据熊式一说，蒋彝的第二本书是关于伦敦的"插图、素描和轶事的杂文集"，蒋彝打算把它命名为《伦敦杂俎》。根据熊式一的建议，蒋彝将书名改为《伦敦画记》，随后其他"哑行者"丛书出版，涵盖了他在欧洲、美洲、亚洲和澳大利亚的旅行经历。

39　Chiang Yee, *The Silent Traveller: A Chinese Artist in Lakeland* (London: Country Life, 1937), 63.

自己在引言中所说的"想象中的重访"那样？[40]如果是后者，这种新的旅行方式和他最近的湖区之行之间又是怎样的关系呢？

蒋彝随后于冬季重游湖区，写下《英伦湖区之梦》，这篇短文于1938年发表在《攀岩爬山俱乐部杂志》（*Journal of the Fell and Rock Climbing Club*）。他似乎为了故意迷惑读者，便说在寒冷的一天，自己走在沃斯谷山岬（Wasdale Head）通往瓦斯特湖（Wastwater）的旧路上，转瞬间又从斯蒂头山口（Sty Head Pass）抵达斯科费尔峰（Scafell Pike）。他喜欢欣赏雪中令人惊叹的"大自然"，不禁吟诗一首，然后回忆起他家乡的庐山。突然间，他被"飞机与爆炸声惊住"，回过神来，发现这些恐怖的景象和湖区的田园风光都只是一场梦。[41]醒来时，他发现这只是一场梦，顿时如释重负；然而，噩梦却始终萦绕在他的心头，现实中也没有平静的避风港。他只得克制自己，不去想念远在中国的家人。最好的疗愈方法似乎就是重访湖区，但蒋彝告诉读者，他甚至不敢尝试，因为英国湖区如此平静，祖国山川却饱受战乱，这样的"对比"会令他难以忍受。即使是在英国这个应该算作最为和平的环境中，他也无法安享和平。沉默成了唯一办法。蒋彝用自问自答为文章收尾："此时还需多言吗？不如保持沉默吧！"[42]

中国在蒋彝的心中非常神圣。写作和绘画成为他表达对远方祖国的情感思念和构建新家园的独特方式。[43]他在对英国流亡经历的讲述中，二元对立的元素和观点尤为突出，这表明他一边渴望归乡，一边又抑制和化解着无法归乡的悲伤。[44]"沉默和表述""梦境和现实"，诸如此类的

40　Chiang, *Silent Traveller: A Chinese Artist in Lakeland*, 6.

41　Chiang Yee, 'A Dream of the English Lakeland', *Journal of the Fell and Rock Climbing Club* 12, no.32 (1938), 20–23.

42　Chiang, 'A Dream of the English Lakeland', 24.

43　一些评论家曾指出这一点。如西奥多·阿多诺认为："对于一个无家可归的人来说，写作给予他安身之地。"罗斯玛丽·乔治认为，寻找自己的安身之地"是20世纪英国小说的首要任务之一"，因此她"都从思乡的角度来解读小说"。见Theodor Adorno, *Minima Moralia*, trans. E. F. N. Jephcott (London: NLB, 1974), 87; Rosemary George, *The Politics of Home* (Berkeley: University of California Press, 1999), 3。

44　Da Zheng, 'Double Perspective: The Silent Traveller in the Lake District', *Mosaic* 16, no.1 (2013): 147–178.

二元对立，凸显了他在这个新文化环境中寻求安稳所做的努力，以及他面对的困境。例如，他常在诗歌和著作中提及庐山：

> 别后匡庐梦里探，往事雅集在城南。
> 年来一事堪夸慰，国外看山不讳贪。[45]

对蒋彝来说，海外的山替代了家乡的庐山。"海外赏山"让他梦回故乡，缓解了他对九江的艺术活动和朋友的强烈思念，然而这却不能使

图5.3 "登庐山"，《儿时琐忆》（1940）。（经蒋心怡许可使用）

---

45 蒋彝，《蒋仲雅诗》，无页码，约1935年，第21页。

身处海外的他真正体会到归乡的感觉。[46]正如蒋彝写道："无论他乡怎样好，思来想去，总不如九江，因为九江是我出生的家乡！"[47]他于1934年写了一首诗，对诗中"春来无梦不江南"一句尤为满意[48]，反复吟诵，甚至把它刻成印章，常用于自己的书法和画作上。

同样值得注意的是，蒋彝《湖区画记》的结语诗《别湖区》，展现了他的悲伤酸楚。该诗为一首五言三韵体古诗，文中附了英文翻译，似乎为旅程画上了一个圆满的句号。

我乡有庐山，亦傍鄱湖侧。
我家湖之滨，日夕看山色。
归去订重游，悠然生远忆。[49]（着重号为作者所加）

诗中三组对句标志着蒋彝心境逐步变化的三个阶段。第一组对句强调了中国的家乡之美也毫不逊色。"亦"字将庐山、鄱阳湖与英国的湖区联结起来。在第二组对句中，蒋彝穿越时空，回忆了他在家乡曾经感受到的快乐。在最后一组对句中，他希望未来能再度造访湖区，以慰乡愁。

这首诗蕴含蒋彝在湖区一行结束后"最主要的感受"[50]。他提到，在湖区之行中，他无法随意在大自然中找到惊喜。不论在中国或英伦，这些自然元素如坚石、林木、溪流和山壑，即便表面形貌或有不同，但在他看来都是类似的。事实上，旅途中有许多时刻，他以为自己回到了故乡。游访英国湖区只是"勾起"了他渴望归乡的感情。

将这首诗与中国晋代大诗人陶渊明（365—427）的诗相比，可解释蒋彝如何在全然不同的文化和历史中，引用古代诗人的诗句以安抚返乡

---

46 Zheng, 'The Traveling of Art and the Art of Traveling', 169–190.
47 郑达，《西行画记：蒋彝传》，北京：商务印书馆，2012年，第237页。
48 Chiang, *China Revisited*, 105.
49 Chiang, *Silent Traveller: A Chinese Artist in Lakeland*, 64, 67.
50 Chiang, *Silent Traveller: A Chinese Artist in Lakeland*, 64.

的渴望。

> 结庐在人境，而无车马喧。
> 问君何能尔？心远地自偏。
> 采菊东篱下，悠然见南山。
> 山气日夕佳，飞鸟相与还。
> 此中有真意，欲辨已忘言。[51]（着重号为作者所加）

　　蒋彝仰慕陶渊明，并且多次强调他与这位中国古代诗人在生活经历和性格上相似。[52]陶渊明出生在庐山西南麓附近，离蒋彝出生地约15公里。陶渊明也曾担任江西地方官。他生性自由高洁，宁愿辞官归隐，不愿忍受官场生活，更不愿放弃自己的原则。他将小茅屋建在偏远之处，享受安宁，远离世间喧嚣。正如诗中所示，像"采菊东篱下"和"悠然见南山"是他在日常生活与周遭自然中寻找"真意"的方式。大家称他为"隐逸诗人之宗"。[53]

　　陶渊明和蒋彝在他们的诗中都写到了观山。有趣的是，两人都使用了相同的短语"悠然"。然而，他们与山的关系和各自观山的意义却截然不同。在上述陶诗的翻译中，"悠然见南山"一句被译为"I catch sight of the distant southern hills"，"悠然"一词被完全省略，词意"悠闲而愉快"隐含在该联的上下文中。[54]诗人能够"悠然见南山"，欣赏愉悦之景使他超然物外，成为一名隐士，坚守自己的道德操守不被俗世沾染。在蒋彝的诗中，"悠然生远忆"这句话被译为"With some sadness

---

51　James R. Hightower, 'T'ao Ch'ien's "Drinking Wine" Poems', in *Wen-lin: Studies in the Chinese Humanities*, ed. Tse-tsung Chou (Madison: University of Wisconsin Press, 1968), 12.

52　可参见 Chiang, *A Chinese Childhood*, 3–4。

53　Yu-kung Kao, 'The Aesthetics of Regulated Verse', in *The Vitality of the Lyric Voice*, ed. Shuen-fu Lin and Stephen Owen (Princeton, NJ: Princeton University Press, 1986), 348–349, 369–371.

54　与周策纵的翻译不同，许渊冲将该短语译为"carefree" and "idly"。参见http://abbaenglish.blog.sohu.com/281388524.html。

thoughts are born of my distant home"。该英译本遗漏了"悠然"的其他含义，即休闲、快乐、赏味或遥远。对蒋彝来说，旅程的终点并不重要，返乡之旅本身更具意义。他无法回到庐山；即便可行，他也只会看到被日本侵略者摧毁的家乡。作为一个在西方流亡的中国人，他只能在想象中踏上回到庐山的旅程，因为梦回故乡是唯一可行的办法。媒介——无论是语言还是诗歌——成为他重生、重述与重建他所认同的过往的工具。"悠然"这个短语有多重含义——"几许哀愁""悠闲地"和"遥远地"——均符合蒋彝这首诗，乡愁绵绵成韵，谱成梦幻般的曲调，萦绕在读者心头。

最后，我想提一下《中国儿童游戏》，这是年轻艺术家肖淑芳的一本图画书，出版于1939年，就在《儿时琐忆》出版前不久。这本书包含16幅由肖淑芳绘制的活泼生动的彩图，饶有趣味，展示了中国儿童不同季节玩的流行游戏。应肖淑芳的要求，蒋彝为该书作序，以书信的形式，直接与西方"亲爱的年轻朋友"对话。蒋彝评价道，《中国儿童游戏》中的彩图将他带回了童年，让他想起了在中国玩这些游戏的时光。[55] 他深情地回忆起孩童时的美好时光，那时姐姐和奶妈教育他孝顺长辈，给他剪头发。蒋彝称，中国人爱好和平，文明历史悠久，他希望西方的年轻读者会喜欢翻阅这本书，甚至亲自尝试一些中国游戏。他似乎很喜欢重新想象过去的快乐时光，因此当他的语气在结尾突然发生戏剧性转变时，简直就像从童年记忆的"梦幻"中遽然惊醒，被推到了残酷的现实面前。

你们都知道，中国受外国侵略，正在打仗，因此，我们的孩子无法继续享受这些游戏的和平乐趣。我们好多人在最近的三年内流离失所，离开了家园。我非常感谢你们给予的同情。但我想在此建议，将来我们一旦重新获得了和平，我和你们一起去东方，在元宵彩灯节时参观美丽

55　Chiang Yee, 'A Letter to Readers', in Yui Shufang, *Chinese Children at Play* (London: Methuen, 1939), n.p.

的中国城市。你们如果愿意，可以尽情地挥舞鸽子、青蛙和猴子形状的彩灯。[56]

世界公民

知名文学评论家和颇有成就的音乐家爱德华·萨义德（Edward Said），借用音乐术语"对位法"来体现他在《文化与帝国主义》中提倡的阅读分析方式。他强调需要"超越狭隘性和排他性，把几种文化和文学放在一起，以对位的方式来看待"。[57]在萨义德看来，音乐中的对位法是一种新式批判性阅读方法的典范，"对位法分析"的精髓在于其比较性。它使我们在解释和欣赏文学文本时获得广泛的视角和更深刻的洞察力。[58]

按照同样的思路，我想提醒大家注意蒋彝的旅行写作方法中的对比性特征。在他努力比较和寻找各国人民的共同点的过程中，或者在他努力应对海外时期的思乡情绪和难以抑制的痛苦的过程中，对比元素成为他写作中的一个突出特点：快乐与悲伤，中国与西方，过去与现在，基督教与佛教，现实与梦境。这些元素使蒋彝的创作想象力复杂化、丰富化、深入化，同时也挑战了读者的反应；蒋彝设法把它们编织在一起，形成他文学创作的完整构造、一种和谐而多彩的叙述风格。他带着读者一起旅行，超越了空间、时间、文化和语言的界限。因此，埃斯佩声称《儿时琐忆》中缺少蒋彝标志性的"对比和惊喜"，我是不同意这种看法的。对我来说，"对比和惊喜"就在那里，是这本书的关键特征和主题。同时，我也觉得"梦回故乡"实际上可以完美描述那本书。蒋彝的九江老家无处可寻，他的童年生活只存在于他的记忆中，他不可能再重回家乡了；然而他却能通过写作把一切带回来。他处于流

56 Chiang, 'A Letter to Readers', n.p.

57 Edward Said, *Culture and Imperialism* (New York: Vintage, 1993), 43.

58 Said, *Culture and Imperialism*, 43.

亡状态，但无论在哪里，他都能有家的感觉，用他的文字启迪我们，用他振奋人心的精神鼓舞我们。正如他在《儿时琐忆》的结尾写道："无论我们经历了多少苦难，终将找回幸福的路。"[59]哑行者确实是一位世界公民。

（查全雨　译）

59　Chiang, *A Chinese Childhood*, 304.

战争年代的蒋彝

保罗·法兰奇

冬来苦长夜，

今冬夜更长。

偏偏多短梦，

梦不到家乡。

——蒋彝，1939年9月[1]

第二次世界大战全面爆发期间（1939—1945），蒋彝出版了大量书籍，事业与名声随之水涨船高，也收到越来越多的演说邀请，频繁在《乡村生活》和《听众》（*The Listener*）等杂志露面，接到新的商业合作和翻译项目，其作品也接连在画廊展出。[2]但是，蒋彝的战时经历远不止这些。伦敦大轰炸第一天，他亲眼看着自己在汉普斯特德的家遭到袭击，屋子里的所有物件，包括他的大部分作品、收藏的中国绘画和书籍全都毁于一旦。有一次，炸弹从汉普斯特德空中落下，将他震晕。随后，他赶紧另找住处，不久搬到了牛津，战争期间便一直住在那里。

战火蔓延之际，蒋彝与中英战时宣传处及各援华组织合作，也同自己的出版商和设计公司交涉。蒋彝大多数的工作其实从1937年夏天就

1　Chiang Yee, *The Silent Traveller in War Time* (London: Country Life, 1939), 33.

2　蒋彝的几个战时展览，下文另有叙述。其捐助另见 'Changing China', *The Listener*, 16 April 1942, 491–492。

已经开始，他竭力向英国民众宣传中国的抗日战争。1939年初秋，中国读者已经意识到欧洲正在开战，他也与多个宣传战时中英联盟的组织合作。蒋彝在战时为中英两国读者写作，多次将对英国战况的观察翻译成中文，作为英国在中国的战时宣传材料进行散发。

本章讨论蒋彝在第二次世界大战期间（1939年9月—1945年8月）开展的工作，包括他的商业绘画和写作，以及专门的战时委托项目。此外，考虑到本书的重点，本章还谈到了蒋彝如何通过参与各种组织和活动，维系、拓宽、改变了他在英国的社交圈。值得一提的是，蒋彝与战争关系最为密切的著作——《战时小记》（1939）可能是"战争士气文学"这一体裁的早期作品：这一体裁的文字和电影（以及其他艺术形式）展示了英国战时的特点，不约而同地强调了英国人的坚韧刚毅。

在我看来，蒋彝能够创作出《战时小记》这样的作品，是因为自1937年夏天日本发动全面侵华战争开始，他就意识到国民党领导下的局势日益恶化，哥哥蒋笈（蒋大川）的死让他彻底明白了这一点。"战争士气文学"、战时民众的坚韧和民族团结，成了蒋彝的重要思想，尤其是1938年7月他的家乡被日本占领后。蒋彝在《伦敦画记》的献辞中提及了这一点。该书于同年出版，在日本侵华后，但早于欧洲开战前。回顾1939年9月后英国"战争士气文学"的兴起，我们需要注意，《战时小记》是这种新文学体裁的先例之一，也是最受欢迎的作品，战争打响后没几周该书就出版了。

一般来说，蒋彝的战时经历可以分为两个阶段。第一阶段是1939年9月到1940年9月，以英德战争爆发、伦敦遭到空袭（即伦敦大轰炸）开始，蒋彝在贝尔塞斯公园与汉普斯特德交界处的家被炸毁，无法居住。[3]第二阶段是1940年12月到1945年战争结束，这期间蒋彝常居牛津，不在伦敦。尽管战时交通不便，但他仍与许多伦敦的重要组织保持联系——英国新闻部、战争艺术家顾问委员会（WAAC）和中华民国新闻部伦敦办事处。除了维系伦敦的社交圈，蒋彝还在不断拓宽牛津的社交圈。

3　当时，汉普斯特德和贝尔塞斯公园都属于汉普斯特德区。

《战时小记》

　　1939年8月底,蒋彝刚刚完成他的第一本儿童读物《金宝与花熊》。[4] 尽管意识到英德战争很快就要爆发,但他觉得自己需要休息一阵,于是决定前往日内瓦,去参观普拉多美术馆(Prado Museum)的主要藏品展,因为该展即将结束。普拉多美术馆的许多藏品在西班牙内战期间被送往瑞士保全。[5] 蒋彝先乘船去巴黎,接着搭乘法国火车去参加展览,又见了一位老朋友,一起在中国餐馆吃晚餐。就在晚餐时,他从服务员那里得知德国入侵波兰的消息,英国人被要求立即从欧洲大陆回国。第二天,蒋彝急忙重返展览,戈雅的作品让他感到失望,但埃尔·格列柯(El Grecos)的作品却吸引了他的注意。[6] 离开展览后的第四天,蒋彝回到了西北三区公园山路的家中,准备去尤斯顿(Euston)路上的惠康历史医学博物馆(Wellcome Historical Medicine Museum)上班。他的好友剧作家熊式一,住在附近的上公园路,问蒋彝能否去牛津街为自己的三个孩子买几双运动鞋。[7] 蒋彝去了之后发现,商店里都是母亲带着学龄前儿童在疯狂购物。他买完鞋子,回到贝尔塞斯公园的家,将鞋子放下。第二天早上,即9月2日,他在报纸上看到战争迫在眉睫。第三天,蒋彝与熊式一一同听到了广播中宣战的消息。

　　蒋彝立即与乡村生活书局联系,提出了出版新书《战时小记》的想法。乡村生活书局很感兴趣,但认为该书应该尽快出版。蒋彝便立即开始了绘画和写作。这本书沿用了既定的"哑行者"格式,记录了他在伦敦的活动,以及战争期间作为一名中国人在伦敦流亡的情感,偶尔也提及他圈内好友当时的所作所为。作为一部宣传作品,这本书的视角是非常独特的,它用中国眼光来看待战争前几个月的伦敦。在战争前夕,蒋彝开始接

4　Chiang Yee, *Chin-Pao and the Giant Pandas* (London: Country Life, 1939).

5　该展览通常被称为"普拉多借品展"。1939年夏天,西班牙内战期间,马德里普拉多的一大批画作被送往瑞士保全,并在日内瓦展出。

6　Chiang, *Silent Traveller in War Time*, 11.

7　Chiang, *Silent Traveller in War Time*, 13.

手一些由新改革的英国新闻部发布的临时翻译任务，因而新闻部鼓励他尽快翻译出此书的中文版本[8]，重新命名为《伦敦战时小记》。[9]此书由英国新闻部远东局出版发行，主要在香港和上海国际公共租界分发。[10]

《战时小记》是"哑行者"系列中篇幅最短的一本，叙述文字却是其中最多的，虽沿用了以前哑行者系列的设计模板，但字体大小却比同系列中的大多数书籍大一两号。显然，蒋彝赶在截止日期之前完成了这本书。假设他在1939年9月3日前后开始动笔（并考虑到编辑、校对、版面设计、排版、印刷和装订所需的时间），蒋彝最多只用了六到八周的时间就完成了这部作品。[11]与他之前的作品《伦敦画记》相比，这本书彩图略少，线描更多，也许这样能加快他的写作速度。不过，这仍是一本精装书，纸质封面和彩色图版制作精良。最重要的是，在1939年年底出版时，蒋彝和出版商恰好避开了1940年2月开始实行的纸张配给制度，后来的版本和战时重印的蒋彝的先前作品，都盖有"战时图书生产节约标准"的印章，表明纸张的尺寸和质量均受到限制。[12]

对战时伦敦的描写

《战时小记》是蒋彝献给哥哥大川的。这本书是作者对战争初期伦敦印象的宝贵记录，旨在为他的哥哥展现英国战前早些时期的风光。读者得知

8　新闻部最初成立于1918年，是由第一次世界大战结束时不同的英国组织合在一起组成的。1939年9月4日新闻部改革，起初由麦克米伦勋爵（他曾在最初的新闻部中担任助理主任）领导，总部设在伦敦大学的参议院大楼。

9　Chiang Yee, *Sketches about London in wartime*, (Hong Kong: Far Eastern Bureau, British Ministry of Information, 1940).

10　至少霍尔德（Horace Holder）是这么说的，参见 'Did You Hear That?', *The Listener*, 16 April 1942, 491。霍尔德称，1941年新闻部（当时由布伦丹·布雷肯负责）翻译了一个版本。他是一名英国贵格会教徒，住在四川遂宁，隶属于英国教友会（Friends Service Council）。他常给《听众》写一些文章，记录中国生活与文化。我未能找到《伦敦战时小记》的中文版。

11　蒋彝在书中提到的最迟的日期是1939年9月30日（第63页），他说当天收到了中国亲戚们的三封信。

12　尽管当时没有任何限制，但印数似乎只有800册，印数减少的原因尚不完全清楚。

其兄长于前一年在九江去世，再读到他的献辞和简介，会更觉悲痛。自从蒋彝搬到伦敦后，兄弟俩多年来一直通过信件交流。他们经常讨论时事：意大利人侵阿比西尼亚，西班牙内战，当然也提到了1937年夏天日军全面侵华，以及1938年日军占领九江。[13]事实上，到1939年年底，尽管哥哥已经离世，蒋彝也一直通过记录他在伦敦的经历来继续他们之间的对话。

战争初期，蒋彝在惠康历史医学博物馆（现属惠康信托）兼职工作。1938年5月，东方学院削减了他的课时，于是他开始在博物馆的中国部和日本部工作。起初，他只在周五上班，课时减少后，蒋彝开始每周上三天班。与此同时，他还在写另一本"哑行者"书籍（关于约克郡谷地）和一本关于他童年的回忆录，同时在构思关于熊猫的儿童系列读物，因为熊猫在当时的英国是最有力的中国象征。[14]

显然，蒋彝全心投入了创作。《战时小记》经久不衰，一个原因是，这是最早通过图画介绍英国战时经历的作品，其中的图画很有震撼力，常被后来者效仿。疏散、停电、防毒面具、温斯顿·丘吉尔和他标志性的雪茄的象征意义、格蕾西·菲尔兹（Gracie Fields）的爱国歌曲、空袭警报、成堆丢弃的防毒面具盒，上面除了"妈妈"或"爸爸"之外，没有更多有用的标识；汉普斯特德和贝尔塞斯公园各酒吧中蔑视敌人的笑话和友好气氛；各种动物，包括大熊猫"明"和"唐"（"宋"死于1939年），从伦敦动物园搬迁到惠普斯奈德动物园（Whipsnade）；空袭阻塞气球；以及英国人民应对危机的决心——后来被称为"闪电战精神"。[15]这本书还包含一些蒋彝特有的图片。宣战后的第二天，蒋彝发现

---

13 Chiang, *Silent Traveller in War Time*, 1.

14 《儿时琐忆》最终由麦勋书局于1940年出版。1938年圣诞节前夕，美国人弗洛伊德·丹吉尔－史密斯（Floyd Tangier-Smith）带着五只熊猫抵达英国，其中包括一只被丹吉尔－史密斯命名为"奶奶"的年长熊猫，另外三只成年熊猫被他称为"乐乐""大迷糊"和"毛毛"（这是为了向1937年的电影《白雪公主和七个小矮人》致敬），还有一只幼崽。几周后，"奶奶"死于肺炎。"乐乐"被卖给了一个德国动物贩子。"毛毛"和"大迷糊"被卖给了伦敦动物园，重新命名为"唐"和"宋"，而幼崽"乐乐"也在伦敦动物园，被命名为"明"。显然，"明"作为幼崽，必定吸引了公众和蒋彝的注意。

15 当然，蒋彝虽然提到空袭警报、停电规定和阻塞气球，但并没有直接提到轰炸，因为闪电战直到1940年秋天才开始。

自己成了公寓楼里唯一的住客，于是立即开始作画，将战争中英国早期
政治领袖与各种中国神仙进行比较。

蒋彝用画家的眼光来写作，极具美感，正如他在"哑行者"丛书中
所画的那样。书中作品表现了停电期间汉普斯特德及附近荒野的景色、
海德公园里像鱼一样的银色阻塞气球、公众在圣詹姆斯公园欣赏天鹅的
情景。一张画上有个人戴着防毒面具在树下睡觉，显示了英国人的古
怪，被英国报纸大量转载。悲伤的时刻同样记录其中，尤其是伦敦孩童
疏散到乡村的场景。他对此是有个人情感的，因为在撤离到赫特福德郡
（Hertfordshire）的圣奥尔本斯（St. Albans）时，蒋彝亲自陪同熊式一和
蔡岱梅的三个孩子前往集合点。后来他去过帕丁顿车站，去看其他儿童
撤离。

该书还刻画了蒋彝在战争初期最亲密的朋友们。其中有熊式一和他
的妻子蔡岱梅；格雷厄姆·谢泼德（Graham Shepherd）是《伦敦新闻
画报》的插图画家和漫画家，蒋彝曾与他一起讨论防毒面具的设计和四
处搬运防毒面具的问题；J. W. 米切利（J. W. Michieli）是就职于惠康历
史医学博物馆的摄影师和水彩画家，蒋彝与他私交甚好，曾与他一起在
伦敦动物园为动物写生；英妮丝·赫尔登（婚前姓杰克逊）和她的捷
克丈夫古斯塔夫（Gustav），英妮丝既是他的朋友，有时也是合作伙伴；
出版商诺埃尔·卡灵顿（Noel Carrington，1895—1989）在战争期间出
版了蒋彝的儿童书籍，在战前几个月，蒋彝曾和他一起在汉普斯特德荒
野月下散步。[16]

---

16 格雷厄姆·谢泼德（1907—1943）是厄内斯特·谢泼德（Ernest Shepherd）的儿子，
厄内斯特·谢泼德是《小熊维尼》和《柳林风声》的插图画家（蒋彝非常欣赏后者）。格
雷厄姆与约翰·贝杰曼（John Betjeman）、安东尼·布朗特（Anthony Blunt）和奥斯伯
特·兰开斯特（Osbert Lancaster）是好友。他曾在皇家海军服役，1943年9月在大西洋
中部的一次行动中牺牲。他的女儿玛丽是帕梅拉·林登·特拉弗斯（P. L. Travers）《玛
丽阿姨》系列图书的插画作者，蒋彝对她略知一二。诺埃尔·卡灵顿是海雀图书和矮脚
鸡（Bantam）图画书的编辑、出版商和创始人，后者是一种小型的平版印刷系列童书。
20世纪20年代，他建立了牛津大学出版社的印度办事处。诺埃尔是艺术家多拉·卡灵顿
（Dora Carrington）的兄弟，他和妻子及三个孩子住在汉普斯特德。在战争期间，卡灵顿以
海雀的名义出版了几本蒋彝的儿童书籍，包括《罗成》（1942）和《明的故事》（转下页）

图 6.1 "戴着防毒面具睡觉",《战时小记》(1939)。(经蒋心怡许可使用)

蒋彝在《战时小记》中描述战争时，以一种更加柔和、略带幽默和深情的眼光来看待1939年年底的英国。这场战争与其说是一场国家悲剧，更像是一个麻烦、一件恼人的烦心事。当然，在战争的前两个月，即"假战"（Phoney War，1939年9月至1940年5月期间）开始时，蒋彝还在写作。然而，随着阻塞气球的膨胀、沙袋的装填、防毒面具的发放，以及伦敦儿童的疏散，人们隐约觉得马上会迎来一场更加激烈的战争。通过回顾中国的事件和家人在九江的遭遇，蒋彝清楚地意识到事态只会愈发糟糕，这种平安无事的氛围（"假战"显然是事后回顾时才使用的术语）只是一个过渡期。过渡期结束，战争将给蒋彝带来最为直接的影响。

伦敦大轰炸和迁居

1940年9月7日，德国发动了"黑色星期六"轰炸，这是德国空军第一次对伦敦发动猛烈的闪电战攻击，结束了之前的所谓"假战"。蒋彝可能将其与1937年8月14日发生在上海的"血色周六"轰炸相提并论，后者致使许多民众伤亡，破坏了租界。这场空袭也让人联想到日本轰炸机对重庆的空袭，蒋彝看到过相关报道。他在公园山街的住所于9月9日遭到袭击，就是闪电战攻击汉普斯特德的首日，这次轰炸摧毁了大楼的屋顶和上面的楼层，也破坏了底层和二楼。[17]

蒋彝住在二楼。消防队、空袭管理员和邻居以为他不幸罹难，在废墟残砾中搜寻他的尸首。幸运的是，当晚他在牛津为华人会做关于中国

（接上页）（1944）。就蒋彝的艺术过程而言，这两本书都很有趣，为了减少开销、摆脱对复制相机的依赖，蒋彝（就像海雀所有战时插画师一样）被要求直接在画板上作画，这会形成丰富的纹理，常被认为是对相机正稿的改进。

17 查阅伦敦市政厅所藏轰炸损失地图可知，闪电战开始时，公园山街和上公园路都受到严重破坏，蒋彝的住所被列为"完全破坏"，其他地址被列为"损坏无法修复""严重损坏—不确定是否可以修复"及"严重损坏—可修复"。与伦敦其他地区相比，汉普斯特德和贝尔塞斯公园受到的轰炸相对较轻，蒋彝的住所遭到直接袭击，显得尤为不幸。Laurence Ward, *The London County Council Bomb Damage Maps, 1939–1945* (London: Thames and Hudson, 2015), 63.

艺术的演讲。直到次日清晨回到伦敦，他才发现轰炸造成的损失，自己的住处和大部分家当都已荡然无存。大楼随时可能倒塌。书籍、绘画、线描本和信件也毁于一旦。平日替他收拾房间的老妇人就住在附近，让他在地下室借宿一晚。于是他找了一家餐馆吃晚饭。在回家路上，又一场空袭开始了，他被震飞了，一度昏迷不醒。最后他醒了过来，昏昏沉沉地躺在路面上，回到家后，老妇人给他倒了一杯热茶。随后他到朋友——中国驻外记者萧乾的汉普斯特德地下室公寓住了几天，那里还住着其他一些在伦敦暂时无家可归的中国人。[18]后来蒋彝决定离开伦敦，去牛津找新住处，一切重新开始。1940年12月，蒋彝和吉恩一家（Keene）定居在南穆尔路28号一楼的几个房间里。

尽管身处牛津，蒋彝仍与在伦敦的好友保持联络。战时干扰使得牛津和伦敦之间的火车不稳定，经常长时间延误，但他仍定期访问首都，与许多战争之前和战后初期的朋友保持联系。在伦敦，蒋彝定期与海雀图书（Puffin Books）的诺埃尔·卡灵顿在其汉普斯特德的家中会面。同样，蒋彝还与麦勋书局的经理艾伦·怀特会面，他在战前出版了蒋彝常被重印的中国画研究作品，并在1942年晚些时候出版了他的小说《滇缅公路上的人们》，自此成为好友。[19]蒋彝在牛津结识了一些新朋友，熊式一一家1943年搬来牛津，也有利于他扩展社会交往圈子。[20]萧乾和文学翻译家叶君健都定期来访，还有大英博物馆东方部的副馆长巴兹尔·格雷（Basil Gray，他是由蒋彝的另一位好友劳伦斯·比尼恩雇用到大英博物馆的）、蒋彝的编辑和麦勋书局的业务经理贾尔斯·塞巴斯蒂安（Giles Sebastian）及颇为古怪的蒋彝拥趸威廉·米尔纳（William

---

18　确切地址不详，不过就在附近。萧乾有一间地下室，似乎没有其他人住在那里。萧乾被告知，整栋楼的其他房间都被一群尚未抵达的苏联人租下了。1941年6月纳粹进攻苏联后，代表团（似乎是军工厂的专家）到达并占领了房间。Hsiao Ch'ien, *Traveller Without a Map* (London: Hutchinson, 1990), 82-83.

19　Chiang Yee, *The Chinese Eye: An Interpretation of Chinese Painting* (London: Methuen, 1935).

20　熊式一一家在牛津租了艾弗里路的房子。1948年10月，这幢房子卖给了格雷厄姆·格林，格林把它送给了分居的妻子薇薇安（薇薇安后来把它改名为格鲁夫屋）。

Milner）爵士（1893—1960）。[21]蒋彝在牛津结识了一些新的好友，其中值得一提的是崔骥，他在大学教中国历史和文学，1937年来到英国，在搬到牛津之前，也曾在汉普斯特德住过一段时间。[22]

蒋彝的抗战活动

蒋彝捐赠了自己的作品，于1939年12月至1940年1月在戈登广场的中华协会（China Institute）举行红十字会义卖。[23]这次中国当代艺术展览包括刘海粟、徐悲鸿和齐白石的作品，他们也许是当时欧洲最知名的中国当代艺术家。[24]蒋彝不仅在英国联合援华基金会（United Aid to China Fund）[25]于伦敦及伯恩茅斯市政学院的展览会上捐赠了作品，还发表演讲，伯恩茅斯的展览由劳伦斯·比尼恩宣布正式开幕（当时英妮丝·杰克逊也居住在伯恩茅斯）。1941年举办了两场"同盟国艺术家作品展"，一场在英国皇家艺术家协会（当时位于伦敦萨福克街，紧邻蓓

---

21 米尔纳是约克附近的南阿普尔顿（Nun Appleton）第八任准男爵，他是蒋彝的粉丝，便邀请蒋彝到自家豪华古宅帕斯维尔府（Parcevall Hall）做客，他已将房屋和花园修葺一新。他鼓励蒋彝创作《北英画记》。根据郑达的说法，蒋彝给了米尔纳一册《金宝与花熊》，作为伊丽莎白公主和玛格丽特公主的礼物，送给玛丽女王（米尔纳的教母），显然这本书被"欣然接受"了。See Da Zheng, *Chiang Yee: The Silent Traveller from the East — a Cultural Biography* (New Brunswick, NJ: Rutgers University Press, 2010), 113.

22 和蒋彝一样，崔骥也认识维克多·戈兰茨，后者出版了《中华文明史纲》（*A Short History of Chinese Civilization*, London: Gollancz, 1942），劳伦斯·比尼恩为其作序。海雀出版了一个由崔骥改写的儿童版《中国故事》（1950）。

23 位于戈登广场的中华协会是由英国政府建立的，经费来自庚子赔款。它是伦敦华人学生的聚集地，举办了许多面向所有人开放的活动。在蒋彝传中，郑达认为展览中包含刘海粟、徐悲鸿、齐白石等人的一些作品，其他作品可能来自蒋彝的个人收藏。

24 这三位画家中，蒋彝似乎并不认识齐白石。然而，蒋彝曾见过徐悲鸿两次，一次是1925年他在九江参加徐悲鸿关于中国画的讲座，另一次是1927年在上海艺术家和艺术史学家黄宾虹的家中。蒋彝与刘海粟相识，刘海粟是前上海美术学院的创始人之一，战前访问英国时，他在汉普斯特德与熊式一及蒋彝同住。

25 英国联合援华基金会由伊泽贝尔·克里普丝夫人（Lady Isobel Cripps）和伊丽莎白·弗兰克博士（Dr Elizabeth Frank）联合成立，旨在为饱受战争蹂躏的中国筹集资金。资金由1942年至1946年英国驻华大使薛穆爵士领导的一个委员会分配。1947年，基金会更名为中英奖学金信托基金。

尔美尔东街）；另一场在爱丁堡的苏格兰国家美术馆，蒋彝的作品是唯一在两次展览上亮相的中国展品。这些展览覆盖的艺术范围较广，大部分来自纳粹占领的欧洲国家。英国联合援华基金会还组织了一次"以中国为背景"的儿童故事写作比赛，由蒋彝、萧乾和熊式一担任评委。

蒋彝也举办了自己的作品展（所得款项用于支持中国），分别在伊顿公学的绘画学校，以及英格兰北部谢菲尔德市中央图书馆楼上的格雷夫斯画廊（the Graves Gallery）和韦克菲尔德市的城市艺术画廊。来自谢菲尔德的英国风景画家乔治·汉密尔顿·康斯坦丁（George Hamilton Constantine），于1938年成为格雷夫斯画廊的馆长，而蒋彝似乎是他邀请的第一位来参展的画家。在整个战争期间，蒋彝继续把自己在战争期间的作品和各种收藏品借出展览。1943年3月，英国联合援华基金会在伦敦赫特福德府（Hertford House）举办展览会，蒋彝参与其中，并发表演讲。[26]除了绘画和素描，展品还包括玉器、青铜器、漆器、刺绣和木刻，这些都是社会名流从其个人收藏中捐赠的，其中包括玛丽王后和路易丝·蒙巴顿伯爵夫人（Lady Louise Mountbatten）。[27]蒋彝还在英国广播公司一档新闻谈话节目中向埃尔斯佩思·赫胥黎（Elspeth Huxley）描述了这些收藏。[28]

蒋彝还为李梦冰（M. P. Lee）的《华食谱》创作了一些插图，《华食谱》是一份"限量版"中国菜指南。[29]李梦冰是一位颇有志向的中国大使馆秘书[30]，他希望英国厨师在物资严重短缺的情况下仍能获得少量的肉。由于配给制的需要，他们被迫将肉切成薄片，这样每人都能分得一

---

26 即曼彻斯特广场上的赫特福德府。展品包括七百件艺术作品、工艺品、雕塑和绘画，包括几幅蒋彝的水彩画。

27 前者初称"特克的玛丽"，其丈夫登基为乔治五世后，她成为玛丽王后；后者初称埃德温娜·蒙巴顿（Edwina Mountbatten），后成为蒙巴顿伯爵夫人。

28 'Chinese Art in London', *The Listener*, 8 April 1943, 414. (1907–1997). 埃尔斯佩思·赫胥黎是大名鼎鼎的奥尔德斯·赫胥黎（Aldous Huxley）的堂姐。她在东非长大，写了几本关于该地区的书。战争期间她曾在英国广播公司工作。

29 M. P. Lee, *Chinese Cookery: A Hundred Practical Recipes* (London: Faber and Faber, 1943).

30 感谢吴芳思为我查明李梦冰的身份。

份，他表示这种情况下，中式食谱对于他们来说非常适用。李在序言中写道："中式烹饪特别适合战时需要；它的营养价值很高，几乎不用肉，而且用有限的材料就可以做出种类繁多的菜品。"这本书颇受欢迎，丰富了战时厨师的食谱，因为战时供给短缺，很难烧出不同的菜品，不过该书的迅速风行多少也归功于蒋彝的插图。

1939年年底到1940年，蒋彝经常在英国各地的慈善筹款午宴上发言，包括在"海外联盟"（Over-Seas League）[31]举办的宴会，中国大使[32]也出席了此活动。1942年，他在伦敦举办的中国书展上发言，旨在提高民众对中国持续抗日斗争的认识。蒋彝也竭力向中国人民说明英国的困境。他不定期在英国广播公司的国内频道和远东频道上发声。蒋彝本

图6.2　蒋彝为李梦冰的《华食谱》（1943）所作的插图

31　成立于1910年，现为皇家海外联盟。
32　即郭泰祺（1888—1952），他自1932年起担任驻伦敦大使，不久后由顾维钧接任。顾维钧在离开纳粹占领的巴黎后担任这一职务。郭泰祺回到中国，抵达战时的首都重庆，担任民国政府外交部部长一职。

人约受邀参加了五次节目，并向公司推荐了萧乾、熊式一和叶君健。蒋彝现身主要是为了谈论诗歌，也（用中文）朗读了唐代诗人李白的几首诗，[33]意在体现中国和西方在诗歌和艺术方面的共同点，无论是谈论美学，还是谈论正在进行的战争，都强调所谓的共同价值观。

诺曼底登陆之后，欧洲的胜利似乎已成定局，但蒋彝仍然继续向民众宣传中国当时的困境。蒋彝为在格拉斯哥的凯尔温格罗夫画廊（Kelvingrove Galleries）举办的中国艺术展提供了作品（与徐悲鸿并列），该展览由中国驻英国大使顾维钧宣布开幕。[34]蒋彝在罗瑟勒姆（Rotherham）也举办过一些展览，后又在威克菲尔德（Wakefield）举办。

还有一点应该关注，蒋彝仍能在创作之余挤出时间接受商业委托，毕竟他要谋生。除了在战争时期出版的书籍，他还接受了一些绘制书套插图的委托，如为谢福芸（Lady Hosie's）所著的《潜龙潭：北平新事》（据说写的是北平的日常生活）创作卷首插画；受邀为乌尔斯特诗人约翰·欧文（John Irvine，1903—1964）的中国灵感诗集《柳叶》作序；还为芭蕾演出设计舞台布景（见第四章）。[35]随着一连串新书的出版和再版，以及其他收入方式的出现，蒋彝得以继续留住读者、保住声誉，同时也保住了银行账户上的钱。《牛津画记》的出版在牛津市的评价褒贬不一，却是蒋彝的第一本英国畅销书，于1944年11月连续一周荣登销售排行榜榜首，其护封（一幅用水彩画的牛津大街雪景）在梅菲尔区阿尔伯马尔街（Albemarle Street）国家图书联盟（National Book League）

33　在他的蒋彝传中，郑达引用了英国广播公司北部地区主任唐纳德·博伊德的信，信中说他曾让蒋彝试播，但觉得蒋彝的英语"不够好，读不了其诗的翻译"，但他可以读中文，这在一个"高雅的诗歌空间"里，是行得通的；Zheng, *Chiang Yee*, 78–79.

34　顾维钧（1888—1985），中国政治家、驻外大使，因反对日本继续占领山东而拒绝在1919年巴黎和会上签署《凡尔赛条约》而闻名。顾维钧曾任中国驻法国大使，法国沦陷后，他从郭泰祺手中接任驻伦敦大使，郭泰祺则回到中国重庆担任外交部部长。

35　Lady Hosie, *The Pool of Ch'ien Lung: A Tale of Modern Peking* (London: Hodder and Stoughton, 1944). 谢福芸即多萝西娅·霍西（婚前姓苏西尔），她嫁给了亚历山大·霍西爵士，一位曾驻中国的英国退休外交官。约翰·欧文1941年在贝尔法斯特的塔尔博特（Talbot）出版社出版了他的作品集，副标题是"仿中国早期诗人的抒情诗"。

办公室举办的年度最佳图书封面艺术展上着重展出。[36]

战争艺术

1940年7月，受麦勋书局编辑艾伦·怀特邀请，蒋彝参加了特拉法加广场国家美术馆举办的第一届战争艺术家展览。1939年战后不久，英国战争艺术家顾问委员会成立，由当时的国家美术馆馆长肯尼斯·克拉克爵士担任主席。严格意义上讲，英国战争艺术家顾问委员会属于参议院英国新闻部的职权范围。这次展览及其对战时士气和文化的维护产生了积极影响，给蒋彝留下了深刻印象。中国没有正式的战争艺术家机构，因此蒋彝在多次参观展览后，用中文写了一本小册子《参观英国战争画家作品展览会记》（1940），尽可能在华人社区分发。[37]

这本小册子包括威廉·罗森斯坦（William Rothenstein，1872—1945）、保罗·纳什（Paul Nash，1889—1946）和伊夫林·邓巴（Evelyn Dunbar，1906—1960）等人的作品。蒋彝讨论了他们的笔触、形式风格和各自的传统，也评价了艺术在理解战争中的作用。他鼓励中国政府支持本国的正式战争艺术家运动。[38]蒋彝还用中文写了另一本小册子《战时不列颠》（1941），其中包括他为温斯顿·丘吉尔画的肖像（在英国皇家艺术家协会的午宴上画的），该肖像曾刊印在许多英国报纸上。[39]

本廷克街

《参观英国战争画家作品展览会记》和《战时不列颠》都是在参

36　Chiang Yee, *The Silent Traveller in Oxford* (London: Methuen, 1944).
37　这并不是说中国没有评论战争的艺术家。丰子恺（1898—1975）的漫画描绘了战争的恐怖，更明显的左翼木刻艺术家李华（1907—1994）也是如此。但在中国，并没有类似于战争艺术家顾问委员会的正式艺术运动或组织。这些小册子主要是为英国的海外殖民统治和拥有大量华人的地区设计的。
38　据我所知，民国政府并未支持。
39　蒋彝，《战时不列颠》，1941年。

图 6.3 "他是温斯顿·丘吉尔先生吗?",《战时小记》(1939)。(经蒋心怡许可使用)

议院英国新闻部和中华民国新闻部伦敦办事处的共同支持下才得以出版的。该办事处位于马里波恩(Marylebone)的本廷克街(Bentinck Street)9号,离位于波特兰广场(Portland Place)的中国大使馆不远,是战争期间中华民国在英国的宣传部门,由叶公超(George Kung-chao, 'K. C.' Yeh)负责。1938年以来,蒋彝与他的朋友、战地记者和汉普斯特德的旅居者萧乾,以及翻译家叶君健都是这里的常客。叶君健的办事处与新闻部有关联,他与蒋彝合作编写了这两本小册子,还鼓励蒋彝和萧乾合作编写一本更为详尽的宣传缅甸公路的书,这是中国战时海外宣传工作的一项重要内容。

叶公超是蒋彝在战争期间与中华民国合作并保持关系的主要渠道。

叶公超出生于广州的一个书香之家，1919年赴美留学，就读于爱默思特学院（Amherst College），1924年毕业后赴英国留学，1926年取得剑桥大学印欧语系语言学硕士学位。叶公超回到中国后，在北京和上海两地的大学担任英文教授。1937年日本发动全面侵华战争后，他进入国民党政府，先任中国驻新加坡新闻部代表，后调往伦敦，成了伦敦各个支持中华民国的组织和慈善机构的核心。他与左翼出版商维克多·格兰茨（Victor Gollancz）是好友，格兰茨是全英援华总会的组织者，出版过许多由叶的办事处、中华民国外交部重庆总部和纽约中国新闻服务处（类似于叶在伦敦的办事处）特别策划的书籍。[40]

1939年，萧乾被任命为东方学院的讲师。在汉普斯特德时，蒋彝就认识了萧乾，他也是蒋彝和熊式一社交圈中的一员。萧乾1939年搬来伦敦之前，作为记者穿越了滇缅公路。叶公超似乎有意将这两位年轻人安排在一起，让蒋彝根据萧乾的描述创作出一个引人入胜的半虚构故事。蒋彝在当时已经有了一部分英国读者，而萧乾又是战时在欧洲唯一的中国战地记者。除此之外，缅甸当时在英国管制下，滇缅公路是运送战时物资、石油和药物到中国的主要道路，是当时的一段战时传奇。

《滇缅公路上的人们》是叶公超、蒋彝和萧乾构想的一个宣传计划，用中国反抗日本侵略的故事来鼓励英国读者。1942年，蒋彝的参与保证了这本书的销量，吸引了读者的阅读兴趣，因此他是优先考虑的人选。这本书的封面与"哑行者"系列相似，都是一幅水彩画，蒋彝手写的英文书名居上，中文书名在右下方。书中的插图由艾伦·怀特和蒋彝提供，但文字部分更像是由蒋彝和萧乾共同创作的，小说讲述了当地中国居民辛苦修筑公路的故事。不过，1942年夏天，麦勋书局出版该书后，在报纸上进行大规模的广告宣传时，仍称该书是"一个有关中国英雄主义和自我牺牲的、令人振奋的故事，并由作者提供独一无二的插图"。

尽管这个故事不够恢宏，人物特征也有些简单，但书里的插图却十分有趣，标志着蒋彝有意进行风格的转变。与观众期盼的"哑行者"系

40　例如，*China After Five Years of War* (London: Gollancz, 1943).

列书籍相比，除去几张水彩画，这本书中大部分的图画和线描都更具现实主义风格。线描简单几笔就展现了当地中国妇女承担着繁重的体力劳动，她们的丈夫同时也在辛苦地建造滇缅公路；因为妇女、儿童和老人的共同支持，这项战时传奇才得以持续。蒋彝在这本对外宣传的书中，似乎有意改变以往风格，不再用中国传统风格解读英国、吸引英国读者，而是通过更加现实的图画来强化宣传的信息。

战时工作

　　战争期间，蒋彝被迫从伦敦搬到牛津，哥哥在中国不幸去世，与在九江的家人难以联系。但是，对蒋彝而言，这似乎仍是一段尤为多产的时期。在战争期间，他出版了三本"哑行者"画记、插图小说《滇缅公路上的人们》、一部回忆录和五本儿童书，并且参与了其他书籍、文章、演说、翻译、展览等工作。在那段时期里，蒋彝也曾在东方学院、惠康历史医学博物馆和中英两国新闻部门的办事处任职。[41]

　　1939年到1945年期间，无论是在写作、诗歌、艺术，还是在演讲和广播中，蒋彝经常将中英两国经受的战争经历进行对比，比如中华民国国民政府对抗日本和英国对抗德国采用的政策，日军轰炸重庆和德国空军"闪电战"袭击英国主要城市和工业中心所造成的恐慌。不论是1937年中华民国失守上海，还是1940年英国敦刻尔克大撤退，这两场考验国家士气的战争都遭到了重大失败，两国民众伤亡惨重、触目惊心。通过这种方式，蒋彝似乎特意将两国和两国人民的战时经历进行比较。战争期间，蒋彝在"哑行者"系列书籍中沿用其传统的中国画风格来展现英国的景色，同时以现实的口吻写其他作品，特别是《滇缅公路

41　战争期间，蒋彝出版了《战时小记》、《北英画记》（London: Methuen, 1941）和《牛津画记》（London: Methuen, 1944）。他也出版了儿童文学作品《金宝和花熊》（London: Country Life, 1939）、《金宝游万牲园记》（London: Methuen, 1941）、《大鼻子》（London: Transatlantic Arts, 1944），《明的故事》（London: Puffin Books, 1944）和《罗成》（London: Puffin Books, 1942）。

上的人们》这一插图小说，从全体中国人为抗日战争付出的牺牲中提炼出家国的理念。

纵观蒋彝的战时作品，尽管个人的悲剧不断上演，但他仍然保持着积极向上和乐观的心态。就算欧洲和亚洲的战争令他沮丧消沉，这种情绪也没有体现在作品中。蒋彝向来热爱生活，积极乐观，仅有一次例外。他在《战时小记》的中译本上附了序，供中国香港和中国内地的读者阅读。写序的时间是1940年5月4日，当时他仍在贝尔塞斯公园居住，且已经得知哥哥在中国去世的消息：

> 我个人所受战争的惨痛，已是太深。自从祖国被敌人入侵后，家乡陷落，家垣焚毁，家人四散，迢迢数万里，有许多欲归不得的苦处。何来闲情逸致，作此无关大体的小小文章。今竟作之矣，是又别有难言之隐耳。[42]

战争巩固了蒋彝在英国的地位。从日本侵华战争开始，他便积极奔走呼号，提高人们对中国抗日战争的认识。欧洲战争爆发后几周，蒋彝就把自己的目光转向时事宣传，以鼓舞士气。尽管他的事迹如今很少被人提到，但在第二次世界大战中，英国民众一直是蒋彝忠实的读者、倾听者和见证者。从战争初期开始，他就一直在积极努力，为英国抗击法西斯及战时中英联合抗击日本侵略者作出了贡献。

（徐心怡　译）

42　蒋彝，《伦敦战时小记》。

第二部分

蒋彝的朋友圈

探索英国出版、寻找英语读者
——五位中国作家

特莎·索恩尼利

第二次世界大战期间及之后的一段时间，英国华人作家的作品大行其道，一些对中国发生兴趣、抱有同情的出版商和编辑帮助他们寻找新的读者，获得了很高的文学声誉。本章追踪蒋彝、萧乾（1910—1999）、叶君健（1914—1999）、罗孝建（1913—1995）、崔骥（1909—1950）等人的成功之路，探讨他们与有影响力、常持左派立场的文学杂志编辑和图书出版商们的关系。[1]这种关系常为评论界所忽略，因为文学史往往更看重作家或作家群体之间的友谊。然而，本章讨论的出版商、编辑、翻译和评论家，对这五位作家在英国、英语世界乃至全球的事业发展有重要影响。

本章分为三个部分。第一部分简要介绍英国现代华人文学的起步和发展。第二部分描述这五位作家在20世纪40年代探索英国出版界的情况，具体包括蒋彝和乡村生活与海雀图书的出版商诺埃尔·卡灵顿之间的私人关系和业务交往；萧乾、叶君健、罗孝建初入文坛，以及战时最好的文学编辑之一约翰·莱曼（John Lehmann，1977—1987）对他们的支持；崔骥与海雀图书的关系，以及他广泛的人脉。同时，这部分还会讨论这五位作家发表的长篇小说、短篇小说和童书，萧、叶、罗三人通

1　相比之下，罗孝建的"成功"有限。本章只讨论他的一部短篇小说。

过翻译为现代中国文学在西方的传播和接受所做的贡献，以及萧乾的文学评论。本章第三部分，也是结论部分，追踪了整个40年代出版商对中国作家作品态度的变化：一开始是试探性地出版了一些作品，到1944年年末，中国故事已经"蔚然成风"了。[2]

郑达在蒋彝的传记中提到，从30年代末期开始，除了蒋彝之外，其他一些曾在英国短暂或长期居留的中国作家，尤其是林语堂和熊式一，已经开始获得认可："虽人数不多，却代表了西方的新声音，标志着重要的视角转换——中国不会只由西方作者来阐释。"[3]另有几位中国作家，为英语读者带来了中国近期社会、经济、军事、文化等方面的思想，也作出了重要贡献，只是今人知之较少。本章讨论的五位作家都受过良好教育，博览群书，熟悉英国文学以及西方关于中国的文学作品。[4]他们以写作来反击之前所遇到的关于中国和中国人的普遍偏见、种族主义观念和刻板形象。正如下文我们将看到，这种"视角转换"在第二次世界大战期间，受到某些英国出版商和编辑的热烈追捧。

这些作家中，有几位尤其不同，特别是萧和叶，因为他们能深入英国文学和知识网络，而他们的前人和同辈很少能做到这一点，或者不愿意这么做。本章着重讨论这些作家得以流通之网络，并且借用帕斯卡尔·卡萨诺瓦（Pacale Casanova）的话说——对40年代在英国所累积的中国当代文学的"文学性"进行评述。在卡萨诺瓦所构想的"世界文学体系"中，要衡量一门语言的"文学性"（她将其定义为语言的权力、威信以及累积的语言学和文学资本），"不是根据它拥有的作者和读者的数量来衡量，而是根据它拥有的出版商、编辑、批评家，尤其是翻译人

---

2 多罗茜·伍德曼（Dorothy Woodman）用打字机打出的致莱曼信函，1944年9月20日。参见 John Lehmann Collection, MS–02436, 'CCC/Dorothy Woodman', Harry Ransom Center, The University of Texas at Austin.

3 Da Zheng, *Chiang Yee: The Silent Traveller from the East — a Cultural Biography* (New Brunswick, NJ: Rutgers University Press, 2010), 104.

4 萧、叶、罗三人的一个共同点是都在剑桥大学学习英国文学。

员来衡量的，他们能保证文本在语言中的传播。"[5]正是由编辑、出版商和翻译组成的这个网络，共同完成了现代中国文学在英国及全球的流通、推广、批评和赏析，极大地提高了中国文学在英国的地位。为了本章讨论之便利，现代中国文学此处指的是20世纪前40年里，由中国作者创作的作品，包括中文作品、翻译作品和最初以英文撰写的作品。

一

现代中国文学的发展："活的姐妹"，
而不是"死的祖先"

萧乾于1939年来到战争阴云笼罩下的英国，到伦敦大学东方学院教汉语。当时他在中国已出版作品，还是一位文艺评论家。之前，一些中国作家已经作出了可贵的努力，进入了英国文化生活。[6]萧在他编辑的一本中国作品集中，提到了现代主义诗人徐志摩（1897—1931）留下的"痕迹"。徐20年代住在英国，与布鲁姆斯伯里小组的作家和艺术家有来往。[7]萧在文中写道，从"埃塞克斯到德文"，他见过"有他（徐）书法的卷轴"，"有他题词的书"，甚至还有"他成捆的信件"。[8]1934年11月至1936年间，中国剧作家熊式一的《王宝川》连演了近900场，取得了非凡的成功。另外，埃德加·斯诺（Edgar Snow）编译的现代中国短篇小说集《活的中国》（*Living China*）于1936年出版，也表明现代中国文学在西方开始有了市场。斯诺遭到了多家英国出版商的拒绝，但最终还

5　Pascale Casanova, *The World Republic of Letters* (Cambridge, MA: Harvard University Press, 2004), 20, 21. 卡萨诺瓦认可，该研究中的部分观点受到了一些社会学家的启发，尤其是艾布拉姆·德·斯瓦恩（Abram de Swaan）和皮埃尔·布迪厄（Pierre Bourdieu）。

6　本节的标题来自 Emily Hahn, 'The China Boom', *China Heritage Quarterly* 22 (June 2010), www.chinaheritagequarterly.org/tien-hsia.php?searchterm=022_boom.inc&issue=022. Accessed 16 March 2019. 最初发表于《天下月刊》（约1937年）。

7　Hsiao Ch'ien, 'Notes by the Compiler', in *A Harp with a Thousand Strings: A Chinese Anthology in Six Parts* (London: Pilot Press, 1944), xxi.

8　Hsiao Ch'ien, *A Harp with a Thousand Strings*, xxi.

是出版了该书,首次让几位中国作家进入了英语读者的视野。[9]萧乾在北京读书时曾与斯诺合作翻译,文集中还收录了一篇他自己的小说《皈依》。收入该文集的其他作家有萧军(1907—1988)、张天翼(1906—1985)和郭沫若(1892—1978),在后来的战争岁月里,他们在文坛或声名日显,或确立地位。1942年,萧乾在英国广播公司海外频道的一次演讲中提到,他认为大多数听众应该"已经听说过"鲁迅之名。[10]

1937年7月,日本发动全面侵华战争。随后,英国一些文学和新闻刊物,尤其是持"左"倾立场的刊物,认为日本的行为是法西斯主义的侵略,并开始搜寻和出版当代中国作家的短篇小说。其中包括《新作》,以及由其衍生而来且极为成功的《企鹅新作》(Penguin New Writing)、《左派评论》、《新政治家和国家》(The New Statesman and Nation)、《泰晤士报文学副刊》、《听众》、《今日生活与文学》(Life and Letters Today)及《时与潮》(Time and Tide)。卢沟桥事变后不久,蒋彝受邀加入了维克多·格兰茨的左派读书俱乐部,并发表了演讲(他很少介入政治)。当时格兰茨在英国已颇有影响力,崔骥的《中华文明史纲》后来便是由他出版的。[11]

20世纪30年代末期,向英国读者介绍现代中国文学的工作开展得如火如荼。这个时期的文集、短篇小说选集、长篇小说的译本、文学杂志都有短文介绍清朝结束后中国文学发展的情况。萧乾、崔骥、妮姆·威尔士(Nym Wales)[作家海伦·福斯特(Helen Forster)的笔名,当时她已嫁给埃德加·斯诺]、叶君健、汉学家哈罗德·阿克顿、罗伯特·佩恩(Robert Payne,即白英)、袁家骅等都为中国现代诗歌和小说贡献了难得的介绍文章。[12]战争初期,随着日本人陆续侵入沿海各城市、控制主要铁路线,其暴行也开始见诸西方媒体,同情中国抗日事业的编

9　Edgar Snow, ed., *Living China: Modern Chinese Short Stories* (London: George G. Harrap, 1936).

10　Hsáio Ch'ien, 'China's Literary Revolution', *The Listener*, 11 June 1942, 757.

11　Tsui Chi, *A Short History of Chinese Civilization* (London: Gollancz, 1942). 由劳伦斯·比尼恩作序。

12　John Lehmann 没有发表叶君健的介绍。后来该文由美国的《新群众》(*New Masses*)杂志发表,署名"西西奥·马尔"(Cicio Mar),即叶君健的世界语名字。

辑和出版商认为，文学在中国的抗日救亡中能扮演重要角色。英国的其他力量也开始关注中国，有些组织奔走呼吁，影响很大，比如全英援华总会，很早就已经开始向英国政府施压，要求其为中国提供援助。

20世纪20年代及30年代初，布鲁姆斯伯里小组与中国的新月社之间有密切的文学交流。到30年代末，第二代布鲁姆斯伯里的资深成员又与中国文人建立了跨文化的友谊。朱利安·贝尔（Julian Bell）与萧乾、叶君健是朋友；莱曼与萧、叶等一些旅居英国的中国作家和中国文学"专家"既有私交，也有业务上的合作；诺埃尔·卡灵顿与蒋彝、崔骥（后不幸过早离世）等人保持着长期的友好关系和业务联系。[13]通过这些关系，我们可以追踪整个30年代乃至40年代中英之间跨文化文学流通的轨迹。

从1937年起，如何在西方表现中国（在同情中国苦难的人的眼里）变得越来越迫切。在1937年写的一篇文章中，美国作家、记者项美丽（Emily Hahn）为读者描述了上一个十年的"中国图书热"，认为曾影响她对中国看法的那些图书（多出自西方作者之手）很多是有重大瑕疵的。[14]在文章结尾，她饱含深情地向未来的作家和读者发出呼吁：

中国不仅是一幅古老的丝绸画，褪色的墨迹呈现在易碎的纸上。她什么时候能找到一个声音在海上咆哮，响彻的不只是痛苦的呼号？西方的兄弟们什么时候才能把她当作活的姐妹，而不是死的祖先呢？[15]

萧乾在1941年与莱曼的通信中也表达了这种情感，说他憎恶汉学

13　卡灵顿是布鲁姆斯伯里的资深成员，他的姐姐、画家多拉·卡灵顿曾在奥米伽工作室（Omega Workshops）短暂工作，为霍加斯出版社提供木刻。莱曼于1938年至1946年间担任霍加斯出版社的总经理，是里奥纳德·沃尔夫（Leonard Woolf）的合伙人，同时编辑《新作》（*New Writing*）、《新作对开本》（*Folios of New Writing*）、《日光》（*Daylight*）等文学杂志，自己也从事创作。朱利安·贝尔是克莱夫·贝尔和瓦妮萨·贝尔之子，弗吉尼亚·沃尔夫（Virginia Woolf）是他的小姨。

14　Hahn, 'The China Boom', 无页码。

15　Hahn, 'The China Boom', 无页码。

家把中国看作"一堆骨头和石头"。[16] 和项美丽一样，萧在书信中也同时提到，一方面西方对中国新精神缺乏理解，另一方面欧洲缺乏现代中国文学。战争期间，很多文人认为文学是一个最为有效的方式，能推进"国家间的了解"，增加"对（相互）苦难的同情"[17]，形成了一个全球性的网络，萧和项美丽则是其中的一部分。莱曼把这种战时的人性共通，称为"受迫害者间生成的兄弟情谊"。[18] 他在回忆录中提到，中国作家张天翼（他出版过张的短篇小说）在作品中抓住了这种精神，而这也正是莱曼积极寻求的精神。[19] 他是出版商、编辑、小说家、诗人，尤以1936年至1949年间出版的《新作》系列文学刊物而闻名，他出版的作品多致力于拆毁社会和地域的藩篱，有强烈的左派倾向。[20]《新作》有重大文学影响，《企鹅新作》与西里尔·康诺利（Cyril Connolly）的《地平线》（*Horizon*）常被认为是战时最优秀的文学期刊。莱曼培养他认为有才华的作家，尤其是工人阶级作家，以及本章所讨论的外国作家。

到达英国后不久，萧乾开始在全英援华总会做演讲，因此与其主要组织者过从甚密，包括多罗茜·伍德曼及其伴侣《新政治家和国家》的编辑金斯利·马丁（Kingsley Martin）、格兰茨、玛格丽·弗莱（Margery Fry）等人。众所周知，伍德曼和弗莱与很多中国作家都是朋友，包括本章讨论的作家在内。马丁经常在《新政治家和国家》上刊发讨论中国和中国文学的时评文章、短篇小说和文艺批评，包括萧乾、罗孝建和叶君健的稿子。从莱曼庞大的编辑档案中的信件来看，他1937年就开始留意中国的故事，不过从编辑的角度扶持中国作家，是在他遇到萧乾（后来还有叶君健）之后。他介绍他们认识文学圈里的人，出版

16　萧乾致莱曼的书信，1941年4月27日，参见John Lehmann Collection, MS-02436, 'Xiao/Hsiao Ch'ien', Harry Ransom Center, The University of Texas at Austin。

17　Hsiao Ch'ien, *Etching of a Tormented Age: A Glimpse of Contemporary Chinese Literature* (Milton Keynes: Lightning Source, ca. 1941), 48.

18　John Lehmann, *The Whispering Gallery* (London: Longmans Green, 1957), 238.

19　Lehmann, *The Whispering Gallery*, 240. 莱曼引用了《泰晤士报文学增刊》中的一篇书评。

20　"新作"系列有几家不同的出版社，包括《新作》《新作/新系列》《新作对开本》《日光》《新作与日光》及《企鹅新作》。

或评论他们的作品，代表他们商谈外国版权，甚至还为萧乾前往剑桥大学铺平道路。[21]

萧乾在回忆录中将"中国开始存在于英国人眼中"的时间定在1941年12月7日之后。[22]他说，那时立即就有出版商和制片厂来找他，做一些让读者、听众、观众更了解中国的文化项目。[23]突然之间，他发现自己不再被人当作"敌国人"，而是"大同盟中的一员"。[24]正如本章所示，伦敦大轰炸期间，华人作家创作最多。中国成了世界上新的同盟国，这对人们的阅读习惯有重要影响，他们寻找"外国土地上的伟大作家，学习、了解那些地方"。[25]由于这个原因，外国作家撰写的关于中国的书籍也更受欢迎，比如"企鹅特别系列"（Penguin Specials）中的时论小书，以及格兰茨"左派读书俱乐部"的很多作品。第二次世界大战期间，旅居英国的华人作家在编辑和出版商的支持下，努力通过文学，让世界更深刻地了解他们的国家和人民。在此之前，很少有中国作家能得到宣传、推介和评论，很少有人将他们与西方文学传统中的伟大作家相提并论。毕竟，1941年当代中国文学的译本在英国不易获得，中国文学的"潮流"尚未到来。[26]

应当简略提及一下，旅英华人作家出版文学作品、表现中国，在战争期间比较紧迫。这个阶段发表的很多短篇小说、长篇小说、儿童文学

21 萧乾致莱曼的手写书信，1942年6月9日，参见John Lehmann Collection, MS-02436, 'Xiao/Hsiao Ch'ien', Harry Ransom Center, The University of Texas at Austin。萧请莱曼替他给戴迪·瑞兰兹"草拟数行"。

22 Hsiao Ch'ien, *Traveller Without a Map*, trans. Jeffrey C. Kinkley (London: Hutchinson, 1990), 76.

23 Hsiao, *Traveller Without a Map*, 76.

24 Hsiao, *Traveller Without a Map*, 74-75.

25 Zheng, *Chiang Yee*, 127.

26 李欧梵认为，萧军的《八月的乡村》是用英文出版的第一部当代中国小说，参见Leo Ou-fan Lee, 'Literary Trends: The Road to Revolution, 1927 -1949', in *The Cambridge History of China*, vol. 13, Republican China, 1912-1949, Part 2, ed. John K. Fairbank and Albert Feuerwerker (London: Cambridge University Press, 1986), 455。该书出版于1942年，伦敦的出版社是科林斯（Collins），纽约的出版社是史密斯与杜瑞尔（Smith and Durrell）。中文版最初出版于1935年。崔骥于1942年翻译了谢冰莹的《一个女兵的自传》，本章稍后会讨论。

中，有重复出现的共同主题，包括中国大步向现代化迈进，群众在自卫的名义下逐渐意识到一种新的中国民族主义，战后建设一个更人道、更公平的社会（普及教育、男女平等），一个努力摆脱封建传统、拥抱现代生活的社会无法避免的内在张力，等等。中国国内的很多作品都有这样的主题，但在海外出版之后，看起来就像是要有意告诉西方读者：中国是个值得为之战斗、值得并肩战斗的同盟。[27]

尽管小说中的主题有点像中国的海外宣传，英国的编辑、出版商和诸多评论家却在作品中发现了宣传之外的价值。萧乾和叶君健与文坛有影响力的人物建立了友谊，包括乔治·奥威尔（George Orwell）、E. M. 福斯特（E. M. Forster）、J. B. 普里斯特利（J. B. Priestley），他们的作品常常与很多俄国、英国以及其他欧洲国家的伟大作家的作品相提并论，证明人们认可他们写作的价值，绝不仅仅是政治或民族的宣传物。

二
战时中国作家探索英国出版

这些多才多艺的中国作家团结一心，每个人都"罕见地掌握了独特的英语文体"，在改变20世纪人们对中国的态度上扮演了各自的角色。[28]记录他们生活的回忆录、传记和通信表明，他们不仅共享住所、家庭生活、友谊，也分享事业中的人际关系。一名作家成功之后，另一名就努力追随他的步伐。30年代中期，熊式一把蒋彝介绍给了他的出版商麦勋书店，十年后蒋彝又写了"一封热情洋溢的推荐信"，向同一家出版

27　这并不奇怪，1938年起，中华全国文艺界抗敌协会就在动员作家和艺术家抵抗日本侵略者。关于该协会的分析，参见 Charles A. Laughlin, 'The All-China Resistance Association of Writers and Artists', in *Literary Societies of Republican China*, ed. Kirk A. Denton and Michel Hockx (Lanham, MD: Lexington Books, 2008), 379–411. 文中列举了该协会成员中的一些著名作家，包括老舍、吴组缃、徐懋庸、田汉、苏雪林、茅盾、凌叔华、陈源、胡风。参见 See Laughlin, 'All-China Resistance Association of Writers and Artists', 379–380.

28　Barbara Whittingham-Jones, *China Fights in Britain: A Factual Survey of a Fascinating Colony in Our Midst* (London: W. H. Allen, 1944).

商介绍叶君健。[29] 麦勋书店没有出版叶的短篇小说集，说他的作品虽然"写得好"，却不是"他们的风格"。[30] 麦勋建议他找一家"综合性的出版社"，事实证明这是中肯的建议。[31] 战争期间，蒋推荐了萧、熊后来还有叶给英国广播公司，在他不能去的时候替代他。[32] 几乎可以肯定，是萧乾向莱曼推荐了有志于文学的罗孝建，正是莱曼让罗在这个时期首次（也是唯一一次）尝到了文学成功的味道。[33] 蒋彝曾与卡灵顿讨论在海雀图书（隶属企鹅）和向导出版社（Pilot Press）出版关于中国历史的儿童书籍（与向导出版社的出版计划后来放弃了），并推荐了崔骥。[34]

第二次世界大战期间对中国故事的需求增加，旅居英国的一些中国作家能够满足部分需求，但这不是说本章讨论的这些作家就能在出版市场中一帆风顺。郑达注意到，蒋彝虽然是麦勋书店的畅销作家，却仍然觉得"他在其中冒险、竞争并最终存活下来的文学市场……陌生、难以预测、充满怀疑，偶尔还有敌意"。[35] 同样，叶君健认为麦勋的拒稿信表明他的作品不够主流，他在回忆录中承认了当时的担忧，觉得自己的作品对主流英国出版商来说，"在主题或风格上"都不够现代主义。[36] 莱曼发表了叶的翻译作品和几个短篇故事，但并不同意——或者没有受邀——将这些作品结集出版。叶后来通过威尔士短篇小说家和编辑丹尼斯·瓦尔·贝克（Denys Val Baker），才最终联系上了西尔文出版社（Sylvan Press），出版了他所有小说。

有些编辑认同中国作家，致力于发表他们的作品，但连他们也会拒

29　叶君健：《叶君健全集》，清华大学出版社，2010年，第17卷第476页。英文引文由金慧颖根据此版本译出。

30　《叶君健全集》，第17卷第476页。

31　《叶君健全集》，第17卷第476页。

32　Zheng, *Chiang Yee*, 78.

33　Hsiao, *Traveller Without a Map*, 80. 萧在回忆录中说，在剑桥时，他曾短暂地与罗共住一套公寓（罗当时想当作家）。

34　蒋彝致卡林顿的书信，1944年2月9日，参见 Penguin Books Archive, University of Bristol Archive，与海雀图书相关的档案为 DM1107/PP15 及 PP36.

35　Zheng, *Chiang Yee*, xvii.

36　《叶君健全集》，第17卷第476页。

绝数量可观的稿件（例如，莱曼的书信档案表明，他拒绝过叶、罗及其他几位中国作者的诗歌、散文、报道和评论）。[37]正如本章所示，企鹅图书档案中有相关文件，表明整个40年代及以后，中国作家（蒋、崔及后来的韩素音）与出版社之间存在无数争执、失望和文化误解。同样，罗孝建也在市场上艰难求生。第一个故事的成功让他大受鼓励，但随后他多次遭遇退稿，最后只能在英国自费出版关于中国海员的人物小传、诗歌和短篇故事：《中国海员大西洋漂流记》（*The Forgotten Wave*）。[38]除了编辑这一关之外，战时所有作家或多或少都面临纸张配给、物资匮乏、印刷质量低劣、人手不足等问题。由于这些原因，中国作家和英国出版商、编辑之间的私人友谊和业务联系就特别重要，尤其是在事业的起步阶段，他们还在寻求文学上的认可和建议，在寻找新的读者群。萧乾在一部关于中国文学的文集（在中国和英国出版）里说："我有个想法，就文化而言，一两个人之间的关系，要好过一大堆会议或机构。"[39]本章将从这个角度出发，逐一讨论这五位中国作家，尤其是他们的个人交往和关系网络，这对英国乃至全世界的中国文学非常重要，但却常常被人忽略。

诺埃尔·卡灵顿、蒋彝和崔骥

诺埃尔·卡灵顿最早接触蒋彝是在他30年代担任乡村生活编辑的时候。经过最初的拒稿，以及随后在蒋彝眼中"令人感到羞辱的合同条款"[40]，乡村生活出版社于1937年出版了第一部"哑行者"作品。该书立即获得成功，一个月内便销售一空，随后几个月内又多次加印。[41]卡灵

37　这些拒稿信现存得克萨斯大学奥斯汀分校哈利·兰色姆中心（Harry Ransom Center）约翰·莱曼档案（MS-02436），信函档案文件名分别为"叶君健""萧乾""罗孝建"。

38　Kenneth Lo, *The Feast of My Life* (London: Transworld Publishers, 1993), 150.

39　Hsiao, *A Harp with a Thousand Strings*, xxi.

40　Da Zheng, 'Double Perspective: The Silent Traveller in the Lake District', *Mosaic: An Interdisciplinary Critical Journal* 36, no.1 (2003): 164.

41　Chiang Yee, *China Revisited, after Forty-Two Years* (New York: W. W. Norton, 1977), 39-40.

顿和蒋成了朋友，两人交流想法、互赠照片，蒋还喜欢上了卡灵顿家的三个孩子。卡灵顿是设计和工业协会（Design and Industries Association）的主席，对"应用设计"和字体艺术别具慧眼，对蒋彝的中国眼光及其在英国的解读显然很感兴趣。[42]蒋彝的书中既有文字，又有插图，因此吸引了这位以图书的设计和样式而闻名的出版人。蒋彝找到的这位出版商在20世纪的英国独树一帜，不会拿中国题材的书籍来挣快钱。[43]

卡灵顿家有三个孩子要抚养，其中一个患小儿麻痹症，只能在家里接受教育，因此他开始"思考信息型的儿童图书"。[44]他计划出版一系列价格便宜、插图精美的儿童图书，但乡村生活出版社拒绝了。后来，他遇到了企鹅图书的艾伦·莱恩（Allen Lane），莱恩支持他的想法，认为战争期间孩子们尤其需要有信息、有趣味的读物。成为海雀图书的编辑之后，卡灵顿便邀请蒋彝创作两本书，包括文字和插图，并使用直接平版印刷技术提高插图的质量和精准度。1942年，《罗成：不肯安静坐着的男孩》出版，该书讲述的是一个顽皮的孩子离开老师，到中国各地冒险的故事。1944年，《明的故事》出版，该书根据一只大熊猫被抓住并送往英国动物园的真实故事改编。这是企鹅出版社第一次出版当代中国作家的图书。《罗成》最初的销售因为一个仓储错误而受到了影响，错误纠正之后，该书的平装本大获成功，从1943年1月起，三个月内卖出了2万多册。[45]卡灵顿在给蒋的信中解释了开始起步缓慢的原因，并说他认为以后会维持这个畅销势头，还说这本书是"该（海雀）系列中销

42　例如，卡灵顿于1937年12月4日给《乡村生活》写信，以"中国风格"为题发表，他在信中指出，蒋彝湖区画作中凸显了英国水彩画家们忽略了的乡村元素。

43　叶树芳评论说，"作者们迎合（对中国的）不健康的好奇心，发行的出版社也知道那样的作品好卖"，但蒋的写作与他们不同。'Contested Belongings: The Politics and Poetics of Making a Home in Britain', in *China Fictions/English Language: Literary Essays in Diaspora, Memory and Story*, ed. A. Robert Lee (Amsterdam: Rodopi, 2008), 308.

44　Jeremy Lewis, *Penguin Special: The Life and Times of Allen Lane* (London: Penguin Books, 2006), 184.

45　诺埃尔·卡灵顿致蒋彝的书信，1943年4月5日，Penguin Books Archive, University of Bristol Archive, DM1107/PP15.

量最好的之一"。[46]《明的故事》是圣诞节前发行的，当时英国的"熊猫热"达到了高潮，该书"卖了将近25万册"。[47]

让蒋彝对出版社感到失望的除了销售方面的错误外，还有其他一些事情。有一场援助中国的展览，展出了多幅蒋彝作品，但企鹅却没能提供蒋彝的图书。[48]另一件事情是，双方就一幅丝绸卷轴的款项产生了误解，蒋彝将卷轴寄给艾伦·莱恩，可莱恩却误以为那是送给他的礼物。[49]1944年，卡灵顿写信给蒋彝解释说，因为"英美两地"的纸张配给制度，他难以在美国销售《大鼻子》(Dabbitse)和《明的故事》。《大鼻子》于1944年由跨大西洋艺术(Transatlantic Arts)出版社出版，讲述的是一个名叫何林(Ho Lin)的农村男孩和他心爱的水牛"大鼻子"之间的故事。但是，卡灵顿又说："我相信这两本书战后在美国一定会大有前途。"[50]这是个比较早的信号，说明卡灵顿在为蒋彝寻找大西洋两岸的出版机会。

在为海雀创作的过程中，蒋彝让崔骥参与进来，为图画书《中国的故事》(1945)撰写文本。该书旨在向年纪较小的读者传达关于中国的概念。这本书的想法，最初是伍德曼提出来的，另外还有中央宣传部国际宣传处驻伦敦办事处处长叶公超，不过正如前文所述，卡灵顿和蒋彝1942年已讨论过类似想法。关于这本书由谁提供插图，以及卡灵顿在这个问题上与崔骥的沟通，引发了卡灵顿和蒋彝的激烈争执。蒋认为自己已不再参与该项目，而崔对插画师的第二选择是熊德兰(熊式一与蔡岱梅之女)，结果熊德兰又无法完成这项工作。[51]在争执过程中，蒋彝提到

46 诺埃尔·卡灵顿致蒋彝的书信，1943年4月7日，Penguin Books Archive, University of Bristol Archive, DM1107/PP15.

47 Zheng, *Chiang Yee*, 180.

48 蒋彝致诺埃尔·卡灵顿的书信，1943年4月5日，Penguin Books Archive, University of Bristol Archive, DM1107/PP15.

49 蒋彝致卡灵顿的书信，1943年4月5日。蒋彝在信中提到，他给艾伦·莱恩写过几封信，解释他为什么不高兴。

50 诺埃尔·卡灵顿致蒋彝的书信，1944年8月31日，Penguin Books Archive, University of Bristol Archive, DM1107/PP36.

51 崔骥致叶公超的书信，通过诺埃尔·卡灵顿转交，1943年5月13日。Penguin（转下页）

卡灵顿"羞于"与崔沟通,因为之前他没能够帮忙出版崔的《中华文明史纲》。[52]这话表明,除了因为与蒋彝的朋友关系而为他寻找机会之外,卡灵顿在出版中国作家的作品方面还有更深的介入。

中国的宣传部门介入了这个项目,说明海雀出版社及其作者们非常清晰地认识到,表现中国在战时是个敏感话题,文字和绘画内容都受到密切监控。卡灵顿和叶公超的往来信函表明,表现中国的作品是受到官方许可的。卡灵顿写道:"我们都同意,将中国表现为静态的、装饰性的东西已经太多了。"[53]他在信中表示同意,认为有必要在该书中包括"构成中华民国的各种民族类型"。[54]在该信的末尾,卡灵顿说,书中呈现的艺术品,"比如一尊花瓶或一幅丝绸卷轴",应该纳入中国家居的画面之中,展现这些装饰品或家具的功用。[55]中国应该是动态的而不是静态的,古老的物件如果出现在插图中,应当展现其在当代生活中的实际功用——这样的理念同样也出现在中国作家(为成年人)创作的小说中,以强调中国是一个一直在前进的国家,现代文化的重要性在传统之上(甚至与传统相左)。以这样的方式呈现中国,显然与战时中国的海外宣传是一致的。

在担任海雀编辑的同时,卡灵顿也与跨大西洋艺术公司合作,这是一家战前成立的伦敦公司,"有出口代理权,擅长出口英国出版社的图书和纸张,以满足美国的需求"。[56]战时英国纸张短缺,英国出版社无法在自己名下出版的图书,便由该公司拿到美国去出版发行,其中至少

（接上页）Books Archive, University of Bristol Archive, DM1107/PP47. 崔说熊德兰是"一位聪明的画家",可她正在准备大学考试,所以帮不上忙。Tsui Chi (and Carolin Jackson, illustrations), *The Story of China* (West Drayton, Middlesex & New York: Penguin Books, 1945).

52 蒋彝致诺埃尔·卡灵顿的书信,1944年2月9日,Penguin Books Archive, University of Bristol Archive, DM1107PP15 and DM1107/PP36.

53 诺埃尔·卡灵顿致叶公超的书信,1944年5月6日,Penguin Books Archive, University of Bristol Archive, DM1107/PP47.

54 卡灵顿致叶的书信,1944年5月6日。

55 卡灵顿致叶的书信,1944年5月6日。

56 Zheng, *Chiang Yee*, 127.

包括蒋彝的七本书。[57]跨大西洋艺术公司还在英美出版儿童书籍，包括《大鼻子》。卡灵顿参与该公司业务，表明他在（以英语创作的）中国故事的全球流通中扮演了重要角色，并不遗余力为蒋彝开拓新的市场。通过跨大西洋艺术公司，卡灵顿帮助蒋彝获得了美国读者，而蒋彝本人要到1955年才迁居美国。他和蒋彝的友谊虽有波折，却持续了多年。后来，他于1946年通过跨大西洋公司在伦敦和纽约的分社，出版了一册（翻译成为英文的）当代中国短篇小说集。毫无疑问，他之所以做出这个决定，和他与蒋彝的友谊是分不开的。正如本章结尾所论，出版现代中国小说集，对卡灵顿来说，是个非凡的成就，这在战争初期对几大英国出版社来说都曾是几乎不可能的事情。

萧乾：早期在出版界的成功

20世纪40年代初期，萧乾刚在英国安顿下来，便着手确立自己的文学声誉。他有教书的任务，后来又为《大公报》撰写关于欧洲战事的报道；但他仍在这些活动的间隙，动手准备关于中国文学的一系列翻译和文章，尤其是外国作家对中国文学的影响。1939年11月，叶公超和唐纳德·艾伦（Donald Allen）交给莱曼一部中国短篇小说集，哈罗德·阿克顿后来邀请萧乾进行润色。[58]其间，莱曼要求与萧见面，随后便邀请萧进行了第一次合作。1941年夏，莱曼的文学杂志《日光》（Daylight）第一期发表了萧的文章，这是他首次在英国发表作品。该文谈论的是易卜生在中国的情况，但并未包括萧写给《新政治家和国家》那封关于房东种族歧视的书信。文章发表后不久，萧乾成功地与乔治·艾伦和昂温（George Allen and Unwin）出版社达成协议，出版《苦难时代的蚀刻》（Etching of a Tormented Age），介绍当代中国文学（后

57　Zheng, *Chiang Yee*, 127. 郑达专门列出了《中国书法》《儿时琐忆》和《罗铁民》（*Men of the Burma Road*）。

58　唐纳德·艾伦第二次世界大战期间为美国军方担任日文翻译，后成为当代美国文学的编辑、出版人和译者。

于当年出版）。因为这本书，萧成了英国的中国文学权威。他对当代中国文学的综述，以及莱曼开始在《新作》系列刊物上发表的中国作家创作的短篇小说，使得英国广播公司的埃里克·布莱尔（Eric Blair）（其笔名乔治·奥威尔更广为人知）认为，早就该组织一系列关于现代中国文学的谈话。[59] 在写给萧的邀请信中，他承认，"我对现代中国文学真是全然无知啊"，而且据他推测，读者们比他也好不了多少。[60] 向萧乾感慨自己对中国无知的文坛领军人物，还不止奥威尔一人。1943年，E. M. 福斯特也向萧乾承认，中国是个"超出他视野范围的话题"，无法将其写入小说。[61] 萧乾与奥威尔、福斯特有书信往来，本身就说明他在英国期间活跃于有影响、有声望的文人圈子。

　　战争期间，萧乾十几年前写的一些短篇小说，陆续发表在各种报纸杂志上，包括《新政治家和国家》和《今日生活与文学》。[62] 后来，这些故事由乔治·艾伦和昂温出版社结集出版，题为《吐丝者》（The Spinners of Silk）（1944），这是他以英文出版的第一部小说集，也是唯一的一部。同年，萧的作品被收入战时短篇小说集《心的地图》（A Map of Hearts）（1944），由林赛·德拉蒙德（Lindsay Drummond）出版。该小说写于1937年初，当时中国正"被日本人扼住不能动弹"。[63] 小说集除了萧乾的作品外，还收录了穆尔克·拉吉·安南德（Mulk Raj Anand）、艾伦·罗斯（Alan Ross）、威廉·桑瑟姆（William Sansom）等人的作品，这表明战时萧乾的创作很受重视。1944年，安南德已经是颇受敬重的长篇小说家、短篇小说家和政治活动家；罗斯（其诗歌更为

59　*The Complete Works of George Orwell*, vol. 13, *All Propaganda Is Lies: 1941–1942*, ed. Peter Davison, Ian Angus, and Sheila Davison (London: Secker and Warburg, 1998), 223–235.

60　奥威尔致萧乾的书信，1942年3月13日，参见 *The Complete Works of George Orwell*, vol. 13, *All Propaganda Is Lies*, 223。

61　Patricia Laurence, *Lily Briscoe's Chinese Eyes: Bloomsbury, Modernism, and China* (Columbia: University of South Carolina Press, 2003), 176–177.

62　萧乾在《新政治家和国家》上发表了《破车上》，在《今日生活与文学》上发表了《印子车的命运》和《花子与老黄》。

63　Hsiao Ch'ien, 'The Ramshackle Car', in *The Spinners of Silk* (London: George Allen and Unwin, 1944), 72.

出名）和桑瑟姆后来会成为英国最优秀的两位战时作家。40年代萧乾在英国的最后一本书是由向导出版社出版的。[64]《千弦琴》（1946）的出版旨在让英语读者了解中国文化的方方面面——尤其是文学——且采用的是中西并用的视角。其中有个部分专门讨论中国女人和男人的演变，萧乾摘编了当代中国作家的代表性作品，包括韩素音和蒋彝的，还有一篇崔骥的译作。这本书证明萧乾致力于通过文学，包括当代写作，推动中国和英国之间的相互理解。书中有意选取了一些段落，表明西方作家对中国的"错误呈现"和理想化。1944年，萧乾离开英国，到欧洲进行战事采访，直到80年代才回到英国。

精英文人圈中的叶君健

叶君健是1944年到达英国的，很大程度上接手了萧乾留下来的事业。他受英国宣传部门的邀请来做巡回讲演，帮助军方和普通大众了解中国的抗日战争情况。[65]叶到英国后，最早对他表示欢迎的有莱曼和伍德曼。莱曼在公寓里为他举行了欢迎会，介绍他认识了很多《新作》圈子里的人，其中包括斯蒂芬·斯彭德（Stephen Spender），后来叶和斯蒂芬的友谊一直维持到了80年代。通过与金斯利·马丁的关系，叶在英期间经常在《新政治家和国家》上发表文章和评论。通过与丹尼斯·瓦尔·贝克的关系，叶在《国际故事》（*International Stories*）上发表作品，并与西尔文出版社建立联系。在《新作》圈子之外，叶还与普里斯特利成了好友。据叶的儿子叶念伦说，普里斯特利说他父亲是"中国家人"，叶在剑桥读书期间，他常常邀请叶到怀特岛上的家

64　向导出版社成立于20世纪30年代末期，其支持者是匈牙利富豪卡尔曼·兰托斯（Kalman Lantos），经理人是查尔斯·马奇（Charles Madge）。马奇是南非社会学家和诗人，创立了"大众观察"（Mass Observation）组织。向导出版社出版过李约瑟（Joseph Needham）的《中国科学》（1945）一书。1948年，兰托斯去世，该出版社不久后破产。
65　在英国宣传部门的安排下，1944年至1945年间，叶在英国各地的工厂、营房、市政厅、兵营等地做巡回演讲，共计600多场。

中共度周末。[66]从第一部小说集的作者附言中，也能看出叶的广泛人脉。他提到了阿瑟·韦利、贝丽尔·德·佐伊特（Beryl de Zoete）、克里斯托弗·依舍伍德（Christopher Isherwood）、约翰·海沃德（John Hayward）、穆尔克·拉吉·安南德、斯蒂芬·斯彭德，以及他在剑桥的导师乔治·戴迪·瑞兰兹（George Dadie Rylands），并感谢他们宝贵的批评。1946年，叶与精英文人圈里的人过从甚密，而作者附言则为我们了解他们的生活提供了宝贵资料。[67]

到达英国之前，叶早已与布鲁姆斯伯里小组中的几位成员建立了牢固的友谊。朱利安·贝尔1935年至1937年间在武汉大学任教，叶君健是他最优秀的学生。叶在30年代末致朱利安以及后来致瓦妮萨的书信中，毫不掩饰地说他迫切希望到访英国，尤其是看望贝尔夫妇，并结交英国文人。[68]1936年，叶还是中国的一名（学习英国文学的）学生，贝尔就将他介绍给了莱曼。两年后，莱曼发表了叶在英国的第一部短篇小说，刊于1938年夏的《新作》。[69]第二年，叶和唐纳德·艾伦寄给莱曼一册文稿，是中国作家创作的关于抗日战争的二十个故事。如本章结尾所示，这册文稿后来没有单独发行，但其中几个故事发表在莱曼的杂志上，还有《三个季节及其他故事》，那是叶在剑桥大学读书期间出版的。[70]

从剑桥毕业回到中国时，叶已经出版了两部英语小说：《山村》（*The Mountain Village*, 1947）和《南飞》（*They Fly South*, 1948）；另

66　中央电视台"时光之旅"系列纪录片。第二集，《将中国文学推向世界》。这部关于叶君健的纪录片共四集，2012年3月20日至23日在中央电视台播放。

67　叶的回忆录中经常提到英国文坛的朋友和同事，包括丹尼斯·瓦尔·贝克、哈罗德·阿克顿、西里尔·康诺利、伊夫林·沃（Evelyn Waugh）、西特韦尔姐弟（the Sitwells）、大卫·加内特（David Garnett）、瓦尔特·艾伦（Walter Allen）、V. S. 普里切特（V. S. Pritchett）和玛丽·哈钦森（Mary Hutchinson，短篇小说家、上层聚会组织者）。

68　这些书信写于1936年至1938年间，现存剑桥大学国王学院档案室（CHA/1/125/1－2）。

69　莱曼最初发表叶的短篇小说是1938年，参见 *New Writing*, new series, vol. 1, Autumn 1938 (London: Hogarth Press, 1938). 小说的题目是 "How Triumph Van Went Back to the Army"。

70　Chun-chan Yeh, ed. and trans., *Three Seasons and Other Stories* (London: Staples Press, 1946).

外还出版了一部译文集和一部短篇小说集。短篇小说集名为《无知的和被遗忘的》(The Ignorant and the Forgotten, 1946),是他在为英国宣传部门做巡回演讲的间隙,用英文创作的。叶的虚构作品都是由西尔文出版社出版的。他的短篇小说集和第一部长篇分别是图书协会推荐作品和图书协会精选作品,他的创作受到各大报刊书评栏目的盛赞,包括《泰晤士报文学副刊》《听众》《观察者》《新政治家和国家》《生活与文学》等。例如,小说家兼评论家瓦尔特·艾伦在《观察者》的文章中,将叶比作屠格涅夫和托尔斯泰,还说他的短篇小说集"读完有音乐一般的回响,正如 E. M. 福斯特读完《战争与和平》一样"。[71]艾伦等少数评论家发现,虽然叶的短篇小说写的是战争,他却不是简单的宣传家。"他是个诗人。"艾伦说。[72]1949年,叶离开英国,回到中国。多年后的一篇文章评论说,他"看起来似乎要成为英语作家,但他的心、他的主题,都在中国"。[73]叶留在身后的遗产表明,人们认为他不仅仅是一位中国作家,假如当年他留在英国,人们会用英国文学的标准来衡量他。

罗孝建:文学上的成功与失败

第二次世界大战期间,在英国的中国公民数量增长到了12 000人左右,包括利物浦的8 000名海员和40名外交官及其家属。罗孝建于1936年到达英国,在剑桥大学攻读英国文学。战争爆发后不久,他开始协助中国在英国的外交活动。由于罗的家庭背景,他很快被当时的中国大使顾维钧看中,担任利物浦的"学生顾问"。他的任务是协调一场日渐激烈的争端,其中涉及利物浦市的几千名中国海员,他们要求与英国及其

---

71 Walter Allen, 'Fiction', in *The Spectator*, 18 October 1946, 22. 这是他对叶短篇小说集的书评。图书协会提供会员制服务,以更低廉的价格发行图书,承诺在出版商初版问世之后批量购买。这些书由委员会进行筛选,从1929年持续到1969年。

72 Allen, 'Fiction'.

73 Michael Scammell, 'A Chinaman in Bloomsbury', *The Times Literary Supplement*, 10 July 1981, 769. 剑桥大学国王学院档案室有该文副本(LPW/8/1-8)。

他国家海员同等待遇，鉴于其工作极其危险，还要求增加战时补贴。

七八十年代，罗孝建成了英国最著名的中国美食专家，是伦敦中餐馆"忆华楼"的老板。但是，在40年代，他还是个志向远大的英语作家，希望成为"中国用英语写作的一流作家"。[74]在1944年10月的信中，他说他相信继续学习两三年，"（我的）英语会大幅度提高，到那时候，就可以比肩林语堂，或者其他用英语写作的中国作家"。[75]罗孝建最终没有实现这一梦想，但他的确有过短暂的文学荣光。在金斯利·马丁的推荐下，莱曼发表了他的短篇小说《一位中国海员》，刊于1945年《企鹅新作》第24期上。[76]1942年后，罗还给莱曼寄过几部短篇，但都被拒绝了。

《一位中国海员》以潘濂逐字逐句的叙述为基础。潘濂是一位中国海员，曾乘木筏在南大西洋海面上漂了133天，创了历史纪录，遂成为世界名人。1943年10月，罗对潘濂进行了十小时的采访，并在此基础上写下了这个故事，以第三人称叙述。潘濂对这次极端经历的描述，让故事的叙事者有机会将这位中国海员打造成正面的模范人物，他机智、聪明，有强大的精神自控力（故事中暗示，这一点与他从小接受的中国式教育有很大关系），已经为这次肉体和精神上的巨大考验做好了准备。

故事受到了《泰晤士报文学副刊》《听众》《新政治家和国家》编辑部的肯定，罗收到了几份将故事译为外文的请求。在这次成功的激励下，罗继续让莱曼发表其他关于中国海员的故事（有一卷稿子之前交给了马丁保管）。随后几年中，罗继续与莱曼保持通信，给他寄送诗歌和故事，后来还寄了一册散文，但都被拒绝了。罗并不气馁，转而寻求其他的发表渠道，不过收效甚微。最后，他只好自费出版那些故事，以200英镑的价格印刷了2 000册。[77]在对《被遗忘的波涛》（*The Forgotten Wave*）的书评中，伍德曼强调了罗"罕见的诗歌创作的才华"，还说这

74 罗孝建致"陶先生"（Mr. Dao，中国驻利物浦领事）的书信，1944年10月8日，现藏 London Metropolitan Archives /4680/C/001, Kenneth Lo Papers。这是私人藏品，档案进一步整理之后，编号可能发生改变。

75 罗致陶的书信，1944年10月8日。

76 John Lehmann, ed. *The Penguin New Writing 24* (Harmondsworth: Penguin Books, 1945).

77 Lo, *The Feast of My Life*, 150.

本书制作低劣，"要不是认识作者，我会认为这东西'像吸食鸦片一样可怖'，肯定不会看上一眼"。[78]这本书失败了，可能是因为制作低劣，或者作品质量差，也可能是因为出版商认为中国海员的故事没有市场，因为第二次世界大战结束后，大多数中国海员离开了英国。没有莱曼或者文学地位与之相当的其他人物的认可，罗发现自己在文学道路上举步维艰，于是转而去卖中国绘画册了。

崔骥

1937年到英国之前，崔骥在中国担任英语教授。他是熊式一夫妇的好友，先在伦敦的上公园路居住，离蒋彝位于公园山路的住处不远，后来他们全都搬去了牛津。格兰茨于1942年出版了崔骥的第一部学术作品《中华文明史纲》，由著名诗人劳伦斯·比尼恩作序。不过，崔骥为英国人欣赏现代中国文学作出重大贡献，要到第二年。是年，他翻译了谢冰莹的《一个女兵的自传》，通过这个动人的故事，让英国读者了解了中国的女性解放，以及一位中国年轻革命女性的生活。该书以谢的日记为基础，详细讲述了她在国民革命军中的经历（1926年至1928年北伐期间），在中国曾畅销一时，1940年在美国翻译出版后也大受欢迎。[79]到1945年，该书在英国已重印五次。崔的译本前有诗人戈登·波托姆利（Gordon Bottomley）的序言，说这本书一开始描述了一位偏远乡村的姑娘，后来成了"国家新力量、新使命的代表"。[80]作家深入群众的经历，显然会在战时的英国读者中产生共鸣。该书的出版商是乔治·艾伦和昂温，他们也出版了萧乾的第一部英语文学评论。[81]崔骥为谢冰莹的故事

---

78 Dorothy Woodman, 'Asia Bookshelf', *Asian Horizon 1*, no.3 (Autumn 1948): 73–74.

79 美国版的翻译工作是由林语堂的孩子们（林如斯和林太乙）完成的，林语堂本人编辑并作引言，约翰·戴伊出版社出版。

80 Hsieh Ping-ying, *Autobiography of a Chinese Girl*, trans. Tsui Chi, with a preface by Gordon Bottomley, 5th ed. (London: George Allen and Unwin, 1945), 6.

81 该出版社还出版了亚瑟·韦利的书，韦利作为专家和审稿人，对该出版社这个阶段中国题材的图书产生了重大影响。

写了引言，介绍了当代中国文学的发展历程，强调英国文学对中国作家产生的影响，还说这个特点"将成为我们两个国家之间的文化纽带"。[82]他还请读者们留意战争爆发以来中国作家用英语创作的作品，尤其是熊式一的两部小说和林语堂的两部小说，因为它们"阐释了现代中国的历史背景"。[83]萧乾《千弦琴》第三部分（"打倒爱情！"）是关于中国女性从3世纪到1940年间的变化，其中收录了崔骥的部分译文。[84]崔骥有肾结核，有些书信是在玛格特的皇家海浴医院（R. S. B.）里写的，包括关于海雀出版社的《中国故事》的所有通信。[85]他于1950年10月去世，年仅41岁。蒋彝和熊式一协助安排了他在牛津的葬礼。[86]崔骥致力于通过文学交流，推动中英两国相互了解，可惜天不假年，诚为憾事。

<h1 style="text-align:center">三
追踪中国故事"潮流"</h1>

20世纪40年代，英国出版社对现代中国文学的态度发生了转变，其中有几个标志。第一个标志就藏在叶君健与香港的唐纳德·艾伦和伦敦的莱曼之间的往来信函中。1939年11月，叶和艾伦寄给莱曼一部手稿，共二十个短篇小说，是中国作家"在两年（抗日）战争期间创作的"，由叶和艾伦译为英文，命名为《中国的人民》。[87]在另一封（单独寄出的）书信中，艾伦说，他认为这部文集可算作斯诺的《活的中国》

82　Hsieh, *Autobiography of a Chinese Girl*, 24.

83　Hsieh, *Autobiography of a Chinese Girl*, 24.

84　Hsiao, *A Harp with a Thousand Strings*, vi. 该书第三部分还收录了韩素音的文摘，题为《同船的伙伴》；项美丽的文章，题为《四十年代宋氏三姐妹剪影》；另外还有林语堂和亚瑟·韦利等翻译的中国古典文学作品。

85　崔骥致卡罗琳·杰克逊（Carolin Jackson，《中国故事》的插图作者）的书信，1946年4月5日，参见 Penguin Books Archive, University of Bristol Archive, DM1107/PP47。

86　Zheng, *Chiang Yee*, 120. 另参见 Da Zheng, *Shih-I Hsiung: A Glorious Showman* (Vancouver, BC: Fairleigh Dickinson University Press, 2020), 199-200.

87　唐纳德·艾伦致约翰·莱曼的书信，1939年11月10日。参见 John Lehmann Collection, MS-02436, 'Allen', Harry Ransom Center, The University of Texas at Austin。

的续篇，虽然两部文集中的共同作家只有两位。[88]叶和艾伦希望莱曼帮他们找一家英国出版社，或者由霍加斯（Hogarth）出版社出版。莱曼找了企鹅的赖恩，也找了格兰茨，但两人都拒绝了。格兰茨写道："我亲爱的莱曼，我看《中国的人民》最多就只能卖几百册。"[89]显然，在1940年，一本单独的中国作家抗战故事集很难销售，尽管出版商有强烈的左翼倾向。

萧乾于1941年4月与莱曼第一次在皇家咖啡馆（Cafe Royal）见面，随后他在给莱曼的书信中感慨说，现代中国文学在英国和欧洲的进展都"不是很好"。[90]到1942年，各种文学刊物上出现了大量中国短篇小说，蒋彝、崔骥、萧乾等人的作品相继出版，表明市场有所增长。但是，即便是这个时候，出版前景仍然难以预料、极不稳定。当年夏天，莱曼给艾伦写了一封颇为沮丧的信，他在信中说："这里的中国人急于在伦敦出版《新作》上的一些中国故事。这事有没有可能，看来还很难说，有进展我会告诉你的。"[91]不过，正如萧乾口中的"珍珠港效应"所示，对中国的文化欣赏在1941年已经发生转变，尽管没有立即渗透到出版行业的每个角落。这种"潮流"要到几年后才真正大行其道，如今回头追溯其发展轨迹，当然更加容易。

本章梳理了40年代初期旅英中国作家的文学创作，包括长篇小说、短篇小说、诗歌和童书，表明出版商对这个时期中英经验的共通之处保持着关注。例如，两个国家都遭到了敌人的野蛮侵略，平民伤亡都极为严重。同样，中国和英国的作家们都在战争中采取了行动，奔赴前线——或者大后方——与普通大众打成一片，这是战争的结果，也充分

88　艾伦致莱曼的书信，1939年11月10日。

89　维克多·格兰茨致约翰·莱曼的书信，1940年3月18日，参见John Lehmann Collection, MS-02436, 'Gollancz', Harry Ransom Center, The University of Texas at Austin。

90　萧乾致约翰·莱曼的书信，1941年4月27日，参见John Lehmann Collection, MS-02436, 'Xiao/Hsiao Ch'ien', Harry Ransom Center, The University of Texas at Austin。

91　约翰·莱曼致唐纳德·艾伦的书信，1942年6月3日，参见John Lehmann Collection, MS-02436, 'Allen', Harry Ransom Center, The University of Texas at Austin。

反映在两个国家此阶段的文学作品中。[92]

1946年，卡灵顿通过跨大西洋艺术出版社推出了《当代中国短篇小说》，由袁家骅和白英编辑、翻译。[93]文集中收录了鲁迅、老舍、沈从文、张天翼、姚雪垠等人的作品，还有一篇两位编者撰写的对20世纪中国文学的"宝贵"介绍。[94]该书在伦敦和纽约出版，还感谢了"西西奥·马尔先生"（叶君健的世界语笔名）和"乔治·叶先生"分别在翻译和搜集材料方面提供的协助。该书的出版表明，40年代初对莱曼、莱恩和格兰茨来说几乎不可能的事情，短短几年后已经实现了。该书的出版说明卡灵顿执着而热情，一心要提升现代中国文学在英国的地位，同样也说明他已经意识到，中国在大西洋两岸的盟友一定会对此作出积极回应。

这部选集的出版将卡灵顿与另一位文坛人物紧密联系起来，他就是同样参与当代中国文学全球传播的王际真（1899—2001）。王生活在美国，是一位学者，也是鲁迅作品的译者。1944年他出版了一部中国作家短篇小说集，1947年出版了第二部，收录了中国抗日战争期间的故事（其中一篇是"西西奥·马尔"和艾伦翻译的）。[95]王最初尝试向美国读者推介鲁迅的短篇小说，但并不成功。他认为赛珍珠的作品充满廉价的感伤主义，对当时美国人的想象有危险的负面作用，而鲁迅的作品体

---

92 这个阶段用英语发表的中国文学作品的引言中，几乎都提到从抗日战争一开始，中国作家就与人民群众更紧密地联系在一起。萧乾具体写道："战争让蜗居书斋的、短视的、对实际生活一无所知的作家们，走进了中国广袤的大后方。中国社会史上，文人阶层第一次和农民们过着同样的生活。"参见 'China's Literary Revolution', *The Listener*, 11 June 1942, 757。

93 *Contemporary Chinese Short Stories*, ed. and trans. Robert Payne and Yuan Chia-Hua (London: Transatlantic Arts, 1946).

94 Henry Reed, 'New Novels', *The Listener*, 16 January 1947. A review of *Contemporary Chinese Short Stories*, ed. and trans. Robert Payne and Yuan Chia-Hua.

95 Wang Chi-chen, *Stories of China at War* (New York: Columbia University Press, 1947). 他们翻译的小说是姚雪垠的《半生不熟》，或题为《差半车麦秸》。王际真之前编辑的文集参见 Wang Chi-chen, ed., *Contemporary Chinese Stories* (New York: Columbia University Press, 1944)，收录了中国作家创作于1918年至1937年间的作品。

现了对现代中国"更为复杂的视角",可作为赛珍珠作品的解毒剂。[96]值得注意的是,王认为熊式一的戏剧《王宝川》和亚瑟·韦利节译的《西游记》(出版时名为《猴子》)之所以成功,是因为西方有"将中国保存在琥珀中"的欲望。[97]这一看法与本章之前引用的萧乾的看法在精神上是相通的。萧乾认为,坚持把中国看作"一堆骨头和石头",或者用项美丽的话说,看作"死的祖先",是非常危险的,在战争期间尤其如此。相比之下,40年代的中国作家(包括本章讨论的所有作家)都知道,表现中国的活力、现代、发展和觉醒是非常重要的。王的看法也表明,此时旅居海外的中国知识分子也在选择合适的立场,并将作家们归入了正确的阵营。

在《唯美主义者回忆录》中,哈罗德·阿克顿同样认为熊式一的戏剧并没有在英国迎来一个新时代,让人们更深刻地欣赏中国小说、戏剧和诗歌。《王宝川》大获成功时,阿克顿正在中国生活和工作。听说此事之后,他评价说,对中国的文化欣赏和理解即将迎来新的黎明。值得提及的是,阿克顿于1936年出版了第一部当代中国诗歌的英语译本。[98]然而,1936年回到英国之后,他立即发现,他的希望不过是"昙花一现"。[99]重访欧洲和伦敦之后,他感到更加失望,并感慨"人人对中国不过只有肤浅的兴趣"。[100]

也许阿克顿只是超越了他的时代。本章所讨论的时间,是在阿克顿回到英国后不久。当时,在一些对中国感兴趣并持同情立场的编辑和出版人的支持、鼓励和帮助下,一些中国作家将中国的小说、戏剧和诗歌带到西方。他们出版图书、发表演讲、结交朋友,极大地提升了现代

---

96 参见 Hua Hsu, *A Floating Chinaman: Fantasy and Failure Across the Pacific* (Cambridge Mass and London: Harvard University Press, 2016) 170。该书解读了王际真对赛珍珠《大地》的看法,认为赛珍珠打开了一个新的市场,让情节感人、热爱中国的图书和文章风靡一时,尤其是美国中产读者。

97 Hua Hsu, *A Floating Chinaman*, 170.

98 Harold Acton and Ch'en Shih-Hsiang, *Modern Chinese Poetry* (London: Duckworth, 1936).

99 Harold Acton, *Memoirs of an Aesthete* (London: Methuen, 1948), 391.

100 Acton, *Memoirs of an Aesthete*, 389.

中国文学在英国的地位。而且，其中几位中国作家取得了成功，毫无疑问推动了1944年伍德曼所说的中国故事"潮流"，为英语读者提供了不同版本的中国形象，挑战了与中国和中国人相关的很多常见负面刻板印象，也质疑了欧洲高级知识分子"把中国理想化"的倾向。[101]

中国文学的"文学性"——尤其是赋予现代中国文学的价值——在此期间持续增长，这一点是毫无疑问的，虽然不是每部作品都能享有伟大文学的殊荣。本章追踪了几位中国作家的社会交往和个人关系，尤其是萧乾和叶君健，分析他们如何渗入英国文学，使得自己的作品与以英语为母语的伟大作家的作品等量齐观，使中国作家与其他非英语母语作家并驾齐驱。最后，叶君健在离开英国时，几乎已经成了"英语作家"。[102]所有这些作家——那些能够生存下来的——无时无刻不想通过文学增进东西方的理解，这是他们的本能。萧乾和叶君健从事翻译工作，80年代又访问了英国；蒋彝先在英国、后在美国持续不断出版作品；罗孝建后来一直留在英国，向英国的厨师和顾客们介绍、阐释中国地方特色美食。萧乾和叶君健于80年代重访英国时受到热烈欢迎，表明30多年后他们仍然受到文学圈的敬重。叶君健1982年重访英国之前，《泰晤士报文学副刊》的一篇文章甚至说："我认为，叶先生如果能回来，对英语文学和汉语文学都是有益之事。"[103]那个时期的人们对中国和中国人兴趣浓厚、态度开放，蒋彝、萧乾、叶君健、罗孝建、崔骥等人居功至伟，他们的故事应该写入英国文化史。

（周小进　译）

101　Hsiao, *A Harp with a Thousand Strings*, xiv.

102　Michael Scammell, 'A Chinaman in Bloomsbury', *The Times Literary Supplement*, 10 July 1981, 769.

103　Scammell, 'A Chinaman in Bloomsbury'.

蒋彝与熊式一夫妇
——团结、乡情及种族表现的生产机制

叶树芳

本章探讨蒋彝与熊式一夫妇的关系。20世纪30年代生活在英国的中国人中，熊式一与蔡岱梅可能是最著名的文坛伉俪。作为旅居英国的中国作家，他们的关系显然是团结友好的，但其中也有当时种族表现的生产机制。蒋彝的"哑行者"系列流传甚广，但他并没有熊式夫妇那么高的知名度。熊氏夫妇于30年代从中国来到英国，之后造化弄人，因为熊式一的戏剧《王宝川》而意外享誉全球。熊式一是第一个在西区和好莱坞担任舞台导演的华人。蔡岱梅则因《海外花实》（*Flowering Exile*）一书，成为用英语出版小说或自传的第一位华人女性。三四十年代，熊氏夫妇名动一时，几乎家喻户晓，这是蒋彝所不及的。然而，换一个角度看，蒋彝留下的文学遗产传之久远，却非熊氏夫妇所能及。今天的一般读者仍然知道蒋彝的名字，英国各地二手书店里也还能看到他的很多作品，而令人意外的是，熊氏夫妇的故事几乎完全被人遗忘，从历史中抹去了，这种情况直到最近才有所改变。[1]

蒋彝离开祖国，成了离散海外的华人，本章将讨论在此期间，熊式一夫妇在蒋彝个人生活和事业中扮演的角色。在此过程中，我将采用跨

1　Diana Yeh, *The Happy Hsiungs: Performing China and the Struggle for Modernity* (Hong Kong: Hong Kong University Press, 2014).

学科的路径，从跨国移民的角度，探讨移民及种族化的少数群体在文化研究、艺术史和文学研究等领域内的文化生产。我将考察蒋彝如何在离散状态下建立种族纽带，也探讨作为艺术家和移民的蒋彝，和熊式一等其他离散华人作家一样，如何被强行纳入英国文化的生产机制之中，从而损害了其种族纽带。种族纽带对移民的重要性，已在社会科学中得到认可，甚至在某些领域，比如在文化决定论相关叙述中，已经在假定社群预先存在的基础上将此当作了理所当然的模式。本章对这种叙述模式持批判态度，我要揭示在离散人群中建立社群所必然付出的巨大努力，并讨论一个较少获得关注的问题，种族表现的生产机制如何损害了种族纽带。

保罗·吉尔罗伊（Paul Gilroy）与科贝纳·默瑟（Kobena Mercer）在讨论当代黑人文化生产时指出，将英国黑人艺术家边缘化的种族主义结构，让他们有表现的负担，以至于他们都成了"代表"，必须为他们的社群代言，因此也必须向他们的社群负责。[2]默瑟认为：

> 在此类种族表现的政治经济关系中，部分代表整体，进入视野的几个象征性的黑人公众人物，使得整个群体的遮蔽以及他们在公共话语中的沉默，得到合法化，并持续下去。[3]

蒋彝与熊氏夫妇的关系是团结、友好而愉快的，他们甚至还有共同的使命——挑战欧美对中国人的主流看法。然而，由于种族表现的经济因素，只能有少数中国艺术家或作家进入公众视野，而那些人必然会有为其"文化"或民族代言的负担，因此他们的关系中也有张力，几乎从一开始就是如此。

我会先讨论熊式一如何帮助蒋彝开启了艺术家和作家生涯，熊不

2　Paul Gilroy, 'Cruciality and the Frog's Perspective', *Third Text* 2, no.5 (1988), 33–44; Kobena Mercer, *Welcome to the Jungle: New Positions in Black Cultural Studies* (London: Routledge, 1994), 240.

3　Mercer, *Welcome to the Jungle*, 240.

仅聘用蒋彝为他自己的作品绘制插图，还介绍、推荐他结识中国和英国的文化界要人。接着，我会讨论熊氏夫妇如何在伦敦和牛津的住所，为蒋彝及其他中国学生、艺术家和知识分子举行宴乐聚会，从而为他们提供了一个寄托情感的圣地。随后，我将探讨熊式一和蒋彝的共同政治使命：两人都致力于挑战欧美对华人的歧视性表现。在本章最后部分，我要强调两位作家如何陷入种族表现的政治经济网络中，最终破坏了他们之间的团结。在此过程中，我不仅要揭示蒋彝生活中人们知之甚少的一面，还要表明种族表现的生产机制，如何影响了移民艺术家们的日常生活、破坏了他们的团结、割裂了最为亲密的人际关系。

成为离散艺术家：合作与文化关联

根据人口普查数据，1931年，出生于中国而住在英格兰和威尔士的人口不足2 000，有1 000多住在伦敦，其中有一个由知识分子和留学生组成的精英群体。[4] 蒋彝于1933年6月来到伦敦，这时候他的江西同乡熊式一已经在伦敦生活了将近一年。蒋搬进了熊位于汉普斯特德上公园路50号的两层小屋。蒋彝运气不错，这时候熊式一已经完成了对经典京剧《红鬃烈马》的改编，将其改名为《王宝川》，计划在英国演出。熊先为该剧找到了麦勋书局，然后邀请蒋彝为其配图，同时也邀请了徐悲鸿，徐是最早在绘画中表现现代中国精神的艺术家之一。蒋彝学的是化学，但他父亲是画家，受其影响，他从小对绘画感兴趣。1934年7月剧本出版，其中有三幅徐悲鸿的彩色插图、十二幅蒋彝的单色插图。

这是他们的第一次合作，双方都从中获得了收益。然而，此次合作却种下了不快的种子，为两人未来的关系定下了基调。1934年11月，熊的戏剧《王宝川》上演，立即大获成功，剧场观众和戏剧评论家都赞不绝口，后来成了人人必看的剧目，在西区一直演了三年。包括历届首

4　数字包括来自中国的少数民族，不包括出生在其他地方的华人。

相在内的社会名流纷纷前来观看，普里斯特利、威尔斯等文坛要人也撰文赞扬。连玛丽王后也去看了，那是她在25周年登基庆典后第一次去剧院看戏。第二年，《王宝川》风行纽约，第一夫人埃拉诺·罗斯福到百老汇看戏时，熊还与她见了面。这突如其来的成功让熊陶醉，他跟蒋说，他以后的作品不妨都由蒋来画插图。蒋认为这是屈尊俯就。那时候他就下定决心，也要当一名作家。[5]

不过，蒋彝通过熊式一的引荐，才慢慢结识了英国社会、文化、文学等各界要人，其中包括皇家美术学院院士菲利普·康拉德（Philip Conrad，1875—1958），蒋彝曾与他一起到泰晤士河上驾摩托艇、划船。在威斯敏斯特剧院看完《玉钏》（*Armlet of Jade*）之后，蒋彝还在熊式一的家中见到了朗福德伯爵及伯爵夫人，后来他们都去卡尔曼画廊（Calmann Gallery）观看了蒋彝的英国湖泊绘画展，甚至还邀请蒋彝去他们都柏林的房子里小住。蒋彝还发现，自己周围有很多从国外赶来的人，大多是中国和美国的知名艺术家、作家和演员，有些人以后会对他的事业发展产生重要影响。其中一位就是为《王宝川》创作彩色插画的徐悲鸿。熊式一介绍他们认识之后，蒋彝陪着徐悲鸿去参观伦敦的博物馆和画廊，甚至还去看了非裔美国明星保罗·罗伯逊（Paul Robeson，1898—1976），当时他在伦敦拍摄一部歌舞片，结交了熊式一。徐悲鸿和新中国第一家美术学校的创立者刘海粟一直在组织欧洲中国艺术系列展览。刘于1934年年末来到伦敦，在新伯灵顿画廊筹备现代中国画展，并于第二年开展。刘邀请蒋彝参加展览。与中国现代最优秀的艺术家共同展出，对蒋来说是个重要时刻，他有十幅作品参展，最后甚至还卖掉了一幅小画。

不过，蒋彝出版第一部重要作品《中国之眼》，熊式一本人起到了关键作用。出版《王宝川》的麦勋书局要找一位中国作家，写一本关于中国艺术的书，以赶上皇家艺术学院举行的国际中国艺术展（1935年

---

5 Da Zheng, *Chiang Yee: The Silent Traveller from the East — a Cultural Biography* (New Brunswick, NJ: Rutgers University Press, 2010).

11月28日—1936年3月7日）。尽管蒋担心自己的英文不能胜任，在熊的推荐下，他还是得到了这份合约，并请他的学生贾静如（后名英尼斯·赫尔登）参与，用他在致谢中的话说，请她"把我笨拙的表达变成明晰的英文"。[6]该书由熊作序，于1935年11月21日在国际中国艺术展开幕前一周出版。

熊在序言中说，他和蒋彝不同于当时旅居英国的其他中国知识分子，比如徐志摩、凌叔华（1904—1990）及其他新月社的人，他们只和"布鲁姆斯伯里那帮人"混在一起。而熊和蒋有一个共同目标，那就是希望接触普通大众，增加他们对于中国和中国人的了解。他写道：

> 现有的中国艺术方面的书籍，都是西方评论家写的。西方评论家的理解虽然有价值，但其解释必然与中国艺术家完全不同。本书作者讨论绘画的历史、技法和哲学，深入浅出，使人既得到教益，又获得娱乐。这是本小书，而且谢天谢地，不是学术作品！就算蒋先生没有其他成绩，只是写了本关于中国艺术的书，而又能够避免令人厌烦的学术气，那也足以让作者本人和读者感到庆幸了。[7]

熊提到了蒋彝"哑行者"的笔名，说"静水深流"，又说："只要他把自己关起来一段时间，你听不到他任何声响，他肯定要做出一系列精美的画或者一卷可喜的诗歌来。"[8]不过，有些段落更加模棱两可。熊在序言的开头介绍了蒋，解释说他的怀里可不止一件法宝，说他学过化学，但与其说是科学家，不如说是政治家，因为他在长江流域治理过几个县。但是，他继续写道，以为蒋彝是政治家的人，如果听说他还在东方学院教汉语，说不定会以为是自己搞错了。他说：

6　Chiang Yee, *The Chinese Eye: An Interpretation of Chinese Painting* (Bloomington: Indiana University Press, 1970), vii–ix, x. 初版由麦勋书局于1935年出版。

7　Shih-I Hsiung, preface to *The Chinese Eye*, by Chiang Yee, vii–ix. 初版由麦勋书局于1935年出版。

8　Hsiung, preface, viii.

去年的"树之人"展览、今年春天新伯灵顿画廊的现代中国画展以及欧洲大陆的其他展览上都有他的作品。对看过的人来说，他绝对是位艺术家。更加亲密的朋友们读过他近期出版的关于英国风景的诗歌，毫无疑问会给他取个别的名号。[9]

这段话是熊式一典型的玩笑风格，他经常造一些多义的表达方法，或者突然推翻读者的预期，拿所谈论的话题与读者开玩笑。可以说，在这个"弄错身份"的游戏中，熊的意思是，蒋的"另一个名号"是"诗人"。但是，采用"给他取个别的名号"这样的说法，他还暗示了另一种带有贬低意味的可能。熊在这个时期写的一封书信表明，虽然他频繁推荐蒋彝，但他的推荐中却流露出一种高人一等的权力感，甚至还有点儿拥有蒋彝的意思。在百老汇上演《王宝川》期间，熊住在高耸入云的爱迪生酒店（Hotel Edison），俯瞰着时代广场。他就在那儿写信，谢绝他人的邀请，因为"他们这儿为作家导演自己戏剧的事情，搞得惊天动地的，我可不愿意让他们得逞"。但是，他又接着说：

我希望中国大使及劳伦斯·比尼恩先生足以让你感到满意，如果你愿意的话，还可以把蒋彝先生给你，他是位艺术家，刚刚出版了《中国之眼》这本关于中国绘画的书。他可以为你说几句话，尽管他说话不太行，在这种大场合容易紧张，但他的长相非常吸引人。[10]

熊强调"长相"，说明在30年代的英国，华人能得到的往往只是物理意义上的有限曝光，而不是自我的表现。这一点，熊本人非常清楚，他和蔡岱梅出场，总能吸引媒体的注意。例如，1938年马尔文（Malvern）戏剧节的一篇报道就说，熊"身着丝绸、光鲜亮丽"，为这一国际化的场景增添了"精美的"中国元素，而除了中国人之外，还有"一名身

9 Hsiung, preface, viii.
10 熊式一致克莉丝汀（Christine）的书信，1935年11月16日，熊氏家族档案，华盛顿特区，后文简称HFA。

材高大的年轻黑人""一名年轻法国女孩，不懂英语，却精通舞蹈这门全球通用的语言""一个羞怯的新西兰人""三三两两的美国人""两名穿着格子裙的苏格兰人"。[11]外国人身体在场的意义，在于将活动打造成"全球性的宏大社会节日：一个戏剧界的国际联盟"。[12]人类学家阿君·阿帕杜赖（Arjun Appadurai）提出，民族国家应对差异的方法是，"建造各种各样的国际景观以驯化差异，用自我展示的幻觉引诱少数群体登上某种全球化或国际化的舞台"。[13]

熊的书信以"长相非常吸引人"来估量蒋的价值，即是将他的"蒋兄弟"纳入了这种种族表现的经济逻辑，中国属性在其中得以驯化，只能呈现为一个可见符号，象征着可消费且异域化的差异。不过，这未必就体现了自我展示的幻觉，也不是专门针对他和蒋的关系。熊察觉到了其中的必要性，因此主动加入了这种经济逻辑。到达伦敦时，他穿着西装，拿着一部关于现代中国阶级分化的现实主义戏剧，然而，与英国文化界打交道的经历告诉他，只有塑造出异域化的中国特征，才能为人所见、获取受众。[14]到离散生活的末期，除了中式传统长衫外，他很少穿别的，因为这对他为人所知至关重要。

然而，蒋彝谈及熊式一却有所不同。蒋同样经常介绍他的朋友，例如推荐熊从事与某"英国华人"故事相关的电影工作。[15]但是，在蒋的推荐中，甚至在他关于熊的所有文字中，并没有贬抑的言辞。例如，在谈到《王宝川》时，他说：

> 我想，任何人只要看过这部剧并与《朱清周》（一部东方音乐剧）比较，一定不会怀疑两者各有长处，但我想描述一下该剧出现之前，熊先生所克服的种种困难。他当然有耐心、有毅力。整整一年，他都在寻

11　*Sussex Daily News*, 16 August 1938.

12　*Sunday Times*, 29 July 1938.

13　Arjun Appadurai, *Modernity at Large: Cultural Dimensions of Globalization* (Minneapolis: University of Minnesota Press, 1986), 39.

14　Yeh, *Happy Hsiungs*.

15　蒋彝致"布朗先生"的书信，1942年7月16日，HFA。

找一位经理接受这部戏，我想他被人拒绝了十一次，拒绝冒这个险的人当中，就有巴利·杰克逊（Barry Jackson）爵士和利昂·M. 赖恩（Leon M. de Lion）先生。有趣的是，《王宝川》获得成功之后，赖恩先生自己演首相的角色，演了相当一段时间，巴利·杰克逊爵士则把这部戏带到了马尔文戏剧节上！[16]

接着，蒋又详细描述了英国演员们给熊带来的麻烦：

　　熊先生要连续四周认真参加排练，每天从早到晚。不是每位剧作家都要面对这样的麻烦，但这部戏里的所有戏剧传统，男女演员们都觉得奇怪，所以也没办法。一位女演员可能要穿男角色的绣花长袍，或者某个男演员坚持要穿女士的裙子……谁都不愿意严肃对待这部戏，他们经常开玩笑——"我们真的要穿这样的衣服上台吗？"熊遇到什么事都是好脾气，真值得佩服，他的成功是应该的。[17]

正如以上段落所示，在关于熊的文字中，蒋对朋友只有表扬，没有质疑。他质疑的是熊必须面对的那些外国剧院经理和演员。这符合他们让西方人了解中国的共同使命，这一点我稍后会进一步讨论。不过，我要先谈一谈熊在旅居海外的蒋彝的生活中扮演的另一个重要角色：为他提供一个像"家"的地方。

离散生活：乡情与社会关系

　　《王宝川》与《中国之眼》获得成功之后，熊式一和蒋彝在一个更大的共同事业中联合起来。随着日本加速对中国的侵略，两人在抗日运动中团结起来，用各自的名声来推动当前的抗日活动，两人也都是

16　Chiang Yee, *The Silent Traveller in London* (Signal Books: Oxford, 2002), 144. 初版于1938年由乡村生活出版社出版。

17　Chiang, *Silent Traveller in London*, 144–145.

1936年布鲁塞尔国际和平大会的代表。两年后，即1938年，日军进入他们的家乡江西。蒋家遭毁，家人逃往重庆。《伦敦画记》对抗日战争大多避而不谈，只在献辞中提到"敌寇入侵我的故乡"。[18]1939年，蒋本人为了躲避伦敦空袭，逃到了相对安全的牛津，住在瑟斯莫尔路（Southmoor Road）。第二年，蒋和熊合作，在联合广播公司为马来西亚观众录制了一系列谈话节目，讨论"英国生活和思想"。1943年，熊及其家人搬到牛津，希望让孩子们上当地学校，增加以后进入牛津大学的机会。

熊式一在牛津的艾弗里路租了一幢房子，名为格罗夫屋（Grove House），约翰·亨利·纽曼（John Henry Newman，1801—1890）主教小时候就住在那里。后来该屋为印度历史学家乔治·弗里斯特（George Forrest，1845—1926）所有，刘易斯·卡罗尔（Lewis Carroll，1832—1898）也来过，他在创作《爱丽丝漫游奇境记》（1865）期间经常到访。后来，格雷厄姆·格林（Graham Greene，1904—1991）买下了这幢房子。不过，当时那可是熊式一的新家——在一定程度上，也是蒋的新家，因为根据蔡岱梅在自传《海外花实》中的说法，那儿已经成了"英国华人的社交中心"。[19]蔡岱梅在那儿维持社群，是完全以阶层为基础的，只有专业人士和上层社会。当然，一个不争的事实是，从30年代到50年代，熊式一的家——先在伦敦，后在牛津——都是国际人员往来的重要场所，有学生、艺术家、作家、知识分子、外交官，来自中国或其他说汉语的地方。对于徐悲鸿夫妇这样的访客来说，熊家是个方便的临时住所；对那些打算留下来的人来说，正如蔡岱梅所言，那儿就是个非官方的社区中心，虽以阶级为基础，却能帮助新来者寻找住处、熟悉英国生活。

熊家对离散海外的华人很重要，不仅体现在具体事务上，还有重要的情感层面。外面的世界有时有些敌意，"人们觉得有些想家"，这时候

18　Chiang, *Silent Traveller in London*, vi.

19　Dymia Hsiung, *Flowering Exile: An Autobiographical Excursion* (London: Peter Davies, 1952), 158.

172

熊家就成了避风港，用一位来访者的话说，大家在这里感觉好像"又回到了中国的家里"。[20]1931年，英国大学的华人学生为450名，其中240人来自中国内地，在伦敦学习的占半数以上，另有120人来自马来西亚、35人来自中国香港。[21]为了照顾他们的需求，1933年伦敦的高尔街（Gower Street）开了中餐馆，牛津大学也有了中国学生联合会（熊家三个孩子都在牛津读书）。然而，这些正规的地方，都比不上熊家的温馨。熊式一的家庭档案中，有大量客人们写的感谢信函：

    我要在此坦白一件事情，对别人我是不敢说的。以前我离开家从来没有超过一个星期，所以就算在这奢华的大学生活里，也常常想家。因此，周六周日晚上在您府上，对我及很多其他人来说，有很重要的意义。[22]

蒋也是牛津熊府的常客，能享用蔡岱梅做的大餐——鸡汤蒸蛋、烤鸭、"中国调料"鸡、炖牛舌、虾仁白菜炒"中国细面"、"中国香菇"面、米饭、啤酒——这为她挣得了"全英国最好的中国菜厨师"的美誉。[23]蒋与家人分离，尤其想念自己的四个孩子，因此他也很享受与熊家五个孩子在一起的时光，尤其是最小的孩子德荑与她的朋友何伯英，这两个孩子很喜欢他画的熊猫。现在回忆"蒋叔叔"的时候，德荑还记得他爽朗的大笑，以及他给她买的三轮车：

    我只有五岁，他问我圣诞节想要什么。（他弄到三轮车）应该很不容易（那时候实行配给制，这种东西只有黑市上才能弄到），很可能非常贵。

20　Hsiung, *Flowering Exile*, 92. 汤生（音）致熊式一的书信，未标注日期，HFA。

21　Ng Kwee Choo, *The Chinese in London* (London: Institute of Race Relations/Oxford University Press, 1968).

22　未署名的书信，1949年2月7日，HFA。

23　Hsiung, *Flowering Exile*, 202. "罗伯特"致熊式一的书信，1945年，HFA。

但是，她也提到，熊家对蒋的好意不够重视，"我想我家人并不完全理解他有多大方"。[24]这是他们关系紧张的一个可能因素，我在本章最后一部分会讨论这个问题。

中国特性的争议

上文讨论了蒋彝和熊式一的友好合作、相互推荐以及共同的社会关系，也讨论了蒋彝作为背井离乡的华人在熊家中感受到的同胞情谊。不过，将两人紧密联系在一起的，也许是他们的共同使命：改变西方人眼中的中国和中国人形象。30年代末，有很多书籍增进了国外读者对中国社会、文化和历史的知识。然而，正如蒋彝在《伦敦画记》中讨论当时中国文学研究现状时所说：

奇怪的是，很多汉学家并不去阅读我们的新文学，那对他们来说更加容易；而我们却在努力阅读现代英语作品，而不是乔叟。相反，他们倒要坚守特长，以示与众不同，因为自己能够阅读"古典汉语"而感到骄傲。真是了不起啊！可是，这给全世界传递了多么错误的中国文学观啊！[25]

他还批判了他读过的很多中国游记，说：

我发现这些书不公平，令人恼火……因为总是要突出奇怪的地方，比如抽鸦片的人、乞丐和苦力……我看那些作家在满足读者们不健康的好奇心。

恰恰是这些带有种族歧视的错误呈现，让蒋有了自己撰写游记的想法。

24　熊德荑与作者的私人通信，2019年6月25日。
25　Chiang, *Silent Traveller in London*, 112.

他拿起笔，想进入文学界，改变这个创造、维护、传播中国性话语的技术力量。他的主要策略，用他的话说，就是寻求"各族人的共同点，而不是他们的差异，或者奇特之处"。[26] 这个策略，让他能够用英国读者可以接受的方式提出批评。例如，在《伦敦画记》的序言中，他谈到中英人民互有误解，确立了一个相似性的框架：

> 来到伦敦之前，我常听去过伦敦的人讲述它的故事，或者在报纸图书中读到，但那些叙述都太笼统了，无法在我心中形成清晰的画面。我想，听说过、读到过中国的（英国）人，应该也有同样的苦恼。[27]

这就使他能够以比较尖锐的方式，批评西方关于中国的叙事：

> 很多人去中国旅行几个月，回来就写关于中国的书，从文学、哲学，到家庭和社会生活，再到经济形势，无所不谈。还有人根本没去过，也写了书。我不得不佩服他们的胆大妄为，以及他们在重大问题上做泛泛之论的本领。[28]

熊也有类似的不满，因为"试图解释中国的英文书数以千计"，都是自封的权威写的，"尽管很多都没去过中国，或者只去待了5分钟，能说中文的不多，能阅读中文的非常少"。[29] 和蒋一样，熊也试图通过改编一个有普遍吸引力的爱情故事，用《王宝川》来展现有血有肉的中国人形象。后来，他非常高兴地指出："坎宁安·格雷厄姆（Cunninghame Graham，政治家、作家）读了剧本后写信跟我说，无论何时何地，人性总是一样的。"

---

26 Chiang Yee, *China Revisited, after Forty-Two Years* (New York: W. W. Norton, 1977), 38-39.
27 Chiang, *Silent Traveller in London*, 1-2.
28 Chiang, *Silent Traveller in London*, 2.
29 Shih-I Hsiung, 'The World of Today: Youth Views the Future', 未标注日期的手稿，HFA。

然而，他们两人也都知道，传播错误观念的，不仅是汉学家和旅行者，还有流行文化。蒋彝在"哑行者"系列图书中描述过，孩子们看他走过，会唱东方主义音乐剧《朱清周》中的合唱歌曲，或者喊"陈查理"。但是，说出这些先入之见的，不仅仅是孩子。谈到旅英华人的困境时，蒋说："有些人不愿意进入某些圈子，因为他们会被问到很多麻烦的问题，都是从关于中国生活的流行书籍和电影里来的。"[30]熊身上也一直发生这样的事情。他写道：

只要我拒绝对方递来的香烟……主人总会道歉，说没能为我提供"和平烟斗"（鸦片）……无论我妻子到哪里去，人们总会关注她的脚。[31]

更加糟糕的是，如果熊式一和蔡岱梅试图澄清误解，别人就会说他们"已经非常西化了，并不能代表真正的中国人"。[32]这说明，对很多人来说，中国、中国文化甚至中国人都固化在时空之中，成了一成不变的他者。一位伦敦的评论家甚至说蒋是"那种中国怪人，'属于一个过去的时代'"。[33]至于中国文化，蒋在评价人们对中国绘画作品的态度时说：

如果他们看到画上有一两只鸟、几棵树或者几块岩石堆在一起，他们肯定就说这是一幅漂亮的中国画。但是，如果他们发现西方建筑或现代人物之类的东西，他们就突然说"这不是中国的"。[34]

正因为这个原因，蒋的游记虽充满诗意的冥想，他却总要在插图中将自己置身于现代都市。在《伦敦画记》中，他还描述了从里奇蒙德公园眺

30　Chiang, *Silent Traveller in London*, 8.

31　Shih-I Hsiung, 'Afterthought', in *The Professor from Peking: A Play in Three Acts* (London: Methuen, 1939), 186.

32　Hsiung, 'Afterthought', 186.

33　Chiang, *Silent Traveller in London*, 1.

34　Chiang, *Silent Traveller in London*, 7.

望泰晤士河的景观：

> 有一次，我向极远处眺望，觉得那河像一条无尽的白色绸带，从天上垂下，越来越宽，最后被一个小岛一分为二。晨曦将那岛罩住，如同仙境一般，我后半辈子倒愿意就在那儿住着。我无法对车辆的喧嚣置之不理，否则那岛会更加迷人！[35]

这悠然神往的冥想，结尾处突然急转，将这个"中国人"重新置于当下，刺穿了久远的古中国幻想。正如普里斯特利后来在1950版《王宝川》小说的序言中所说：

> 幻想中的帝国已如烟雾般消散，现在世界似乎贫乏多了……只剩下另一个庞大的亚洲国家，里面全是争抢香烟和罐头食品的人。所以，我必须回到那些小窗前，数千年喧嚣扰攘的生活透过窗户，浓缩成一枚蓓蕾初发的嫩枝。一条霏霏细雨下的河流，一名眯眼打坐、思虑幽深的圣人，一个身材纤细的无名女孩，一条鱼，一只鸟。[36]

在公共生活中，熊甚至更加大胆地努力将中国和中国人置于当代国际文化之中。如果有人质疑他不是"真正的中国人"，他会用中国流行的好莱坞电影进行反驳："哎呀，我们有些女人都变成金发碧眼了呢！"[37]

熊还试图通过戏剧《北京教授》（1939）和小说《天桥》（1943），让西方大众了解当时中国的社会与政治，但不算特别成功。原来的中国是"龙、桃树、牡丹、梅花的土地，有着古老的文化，渐渐将它的梦藏在绿玉、瓷器和黄金之中"，熊决心代之以一个复杂的新中国，有"电

---

35 Chiang, *Silent Traveller in London*, 96.

36 J. B. Priestley, preface to *The Story of Lady Precious Stream*, by Shih-I Hsiung (London: Hutchinson, 1950).

37 Hsiung, 'Afterthought', 186; *Milwaukee Sentinel*, 2 November 1935.

话和共产主义"。但是，对于熊的决心，连为《北京教授》作序的作家兼戏剧家邓萨尼勋爵（Lord Dunsany，1878—1957）都心存疑虑。[38] 蒋描写英国等国家的人，熊（在《王宝川》成功之后）试图教育外国人，在这两种策略之中，还是蒋的做法更可能获得广泛认同。蒋的作品以英国各地的游记为中心，其中现代中国社会的"复杂"现实较少出现；而熊在《王宝川》成功后很多年里，一直将中国现实作为其创作的核心部分。可能是因为这个原因，熊在30年代的知名度要高得多，而蒋的作品却有更加持久的吸引力，迄今已多次再版，与熊作的命运颇不相同。

裂痕：种族表现的生产机制

在采访熊的第二个儿子熊德輗时，我提到了他父亲和蒋彝的关系。他对我说，熊尊重他、欣赏他，因为"看到他一直学习""刚到英国时，他几乎一点儿英语也不懂，后来成为作家，完全是靠着自己的巨大努力"。不过，在同一次访谈中，熊德輗的儿子熊伟却说，"晚年的时候，他们俩互相鄙视。"[39] 熊德輗和熊伟认为两人后来关系恶化，是因为性格不同——熊"不负责任"，而蒋"有条不紊"，但他们也说熊看不起他朋友的作品。两人并没有提及熊的具体评价，但在谈及当时旅英中国知识分子的普遍看法时，他们讲述了一些故事，说蒋"为英国人写作"，大家认为他的作品"有趣"，但作品背后却"没有文学才华"。他们两人都谈到，蒋彝去世后，熊德輗参加过北京的蒋彝作品展览会，一位他们都认识的朋友在会上说：

在这里办展览**本身**就丢人！我是说，这**怎么**能叫"中国画"呢？这些东西怎么能叫"中国艺术"？都是为外国观众创作的。办展览本身就

38　Lord Dunsany, preface to *The Professor from Peking*, by Shih-I Hsiung, viii.
39　熊德輗、熊伟与作者的访谈，2006年3月5日，北京。

丢人，还是在这里，在中国北京，谁都知道这是个笑话。

但是，正如我在其他文章中说过的，英国同样也有很多中国人看不起《王宝川》。[40]有趣的是，其中很多人的理由，与熊本人对蒋的批评如出一辙。提倡现代革新的萧乾（1910—1999）批评熊，说他创造了一个浪漫化的"旧中国"，以迎合西方口味；尽管熊本人同情国民党，"纯粹的国民党人"又说他"间接抑制了新国家的诞生"。[41]保守派艺术家和诗人也态度暧昧，不过原因不同。书法家、中华民国驻英使馆第一秘书何思可及其妻子、诗人熊化莲都是熊的好友。他们觉得，他的书法、诗歌和关于中国文学的知识，没有"达到该有的文化高度"。他们对他本人的看法，也"掺杂着不赞同，因为他推销作品很出名"，他们觉得这有违儒家信条。[42]熊德輗也承认，在其他华人圈子里，熊的自我形象——穿旧式长衫、留长发——也引来了一些"难听的话"。[43]由于《王宝川》的成功，很多人"妒忌，因为他什么荣誉都有了，什么名气都有了"。[44]

值得注意的是，关系出现裂痕，并非离散精英华人圈所独有的现象。例如，将《王宝川》带到百老汇的剧院经理莫里斯·盖斯特（Morris Gest，1875—1942）就曾写信给熊说：

让我生气的是，我去见中国领事李国钦（K. C. Lee）等人，求他们接受《王宝川》，帮帮中国人，他们却不肯。熊博士，我想他们太妒忌你了，你让美国人更关注中国，可他们却从不认可。[45]

40　Yeh, *The Happy Hsiungs*.

41　Barbara Whittingham-Jones, *China Fights in Britain: A Factual Survey of a Fascinating Colony in Our Midst*(London: W. H. Allen, 1944), 48.

42　何伯英与作者的访谈，2005年7月12日，伦敦。

43　熊德輗、熊伟与作者的访谈，2006年3月5日，北京。

44　何伯英与作者的访谈，2005年7月12日，伦敦。

45　莫里斯·盖斯特致熊式一的书信，1939年1月25日，HFA。

熊的朋友们还谈到他与林语堂（1895—1976）的竞争，林是当时著名的海外华人作家，大多数时候在美国。作家本杰明·伊夫·埃文斯（Benjamin Ifor Evans，1899—1982）建议熊出版一部自传式的文集，还说，"如果你能使用你非常个性化的、精妙的英文，我们就能让它成为季度图书，那林语堂……就要退到黑暗的阴影中去了"。[46]

　　这话虽出自熊的非华人朋友之口，其中多少有些非此即彼的论调，却抓住了三四十年代英国这群华人精英知识分子人际关系中的一个潜在层面；作家和离散华人群体所必需的团结、合作、乡情，会因为这个层面而受到威胁。英国种族表现的政治经济机制，只允许少数中国艺术家或作家进入公众视野，而这些人又面临多重压力：既要表现其"文化"或民族，又要为谁拥有表现的权利、表现什么样的中国特性等问题去竞争。压力之大，足以破坏建立离散社群的艰苦努力。

结语

　　正如本章所强调，熊氏夫妇，特别是熊式一，在蒋彝的个人生活和事业发展中都扮演了重要角色。熊、蒋二人的人生路径多有交叠，两人都是有地位的海外离散华人，来自同一省份，都有成为知名文学家的志向。从日常生活的柴米油盐，到在新社会中寻找归属，再到进入30—50年代英国的精英阶层和文学圈，并致力于挑战欧洲和美国对中国的歧视性观念——在各个方面，熊氏夫妇和蒋彝都互相帮助，支持对方事业的发展，形成了近乎家人般的亲密关系。尽管如此，30年代英国的离散华人要从事文化生产，就必须面对其种族表现的生产机制，这对他们的友谊有重要影响，破坏了他们的互助和乡情，甚至连他们政治团结的力量也因此受损。用异域化的方式具体表现中国特性，才能获得英国观众，而且其中的空间非常有限；因为这个原因，不仅是熊式一和蒋彝，当时他们圈子中的很多华裔文人都不得不相互竞争，难以把对方看作政治斗

46　埃文斯致熊式一的书信，1949年1月9日，HFA。

争的同盟者。于是，团结被破坏，集体抗争效果减弱，丰富多彩、复杂深刻的不同身份特征得不到呈现，华人的固定形象得以延续，在离散华人共同社会地位的脆弱基础上好不容易才建立起来的深层纽带，最终因此断裂。

（周小进　译）

熊式一与英国华人电影

——有趣的实验

保罗·贝文

　　本章包括两个部分。第一部分是介绍，简略而有重点地叙述中国电影在欧洲的早期历史。这是本章其他讨论的基础。第二部分是本研究的主要内容。西方人记得熊式一，大多是因为他是戏剧《王宝川》的作者，很少有人知道他在20世纪30年代还曾参与影视创作。本章探讨熊式一的电影脚本创作，尤其是他与演出经理人雷欢（Lai Foun）的合作。

　　本章还会重新探讨一些前人已经提出的老问题，希望能为我们理解熊式一带来新的视角。熊试图向西方观众展现的自我形象——一位深刻而成熟的中国剧作家和知识分子，真实客观地反映了他在中国文人圈里的地位吗？同样，熊式一的戏剧《王宝川》是严肃戏剧的典范吗？抑或像30年代戏剧上演时熊的几位同胞所说，那不过和傅满洲等关于中国的哗众取宠的电影和小说一样，展现的是一个迎合大众的"东方主义"世界。

一
伦敦的中国热

　　中国展、尤莫弗帕罗斯（Eumorfopoulos）藏品展、"王宝川"，现在又是中国电影！在和平和喜悦之中，中国文化的影响仍在继续。

这是温妮弗雷德·霍尔姆斯（Winifred Holms，1903—1995）《中国电影为中国》一文的开头，文章刊登在1936年7月的《世界电影新闻与电视进展》杂志上。[1]当年，乃至前十年内的大多时候，伦敦一直有一股中国热，而霍尔姆斯文中提及的几件事情都发生在不久之前。国际中国艺术展举办于皮卡迪利街（Piccadilly）伯灵顿府（Burlington House）的皇家艺术学院，时间从1935年11月28日至1936年3月7日，霍尔姆斯文章的发表离展览结束不过几个月。收藏家乔治·尤莫弗帕罗斯是该展览组委员的成员，几个月前曾将其个人收藏的很多中国陶瓷、铜器、玉器、雕塑和绘画卖给大英博物馆和维多利亚及阿尔伯特博物馆。[2]经久不衰的戏剧《王宝川》，是熊式一根据中国戏剧《红鬃烈马》为英语观众改编的，当时仍在上演。该剧于1934年12月27日首次在伦敦的小剧院（Little Theatre）登台，断断续续一直上演到1937年。1936年，该剧曾在萨沃伊剧院上演六个月。[3]这部戏剧共上演了900余场，在英国大受欢迎，伦敦公演结束后，在英国其他地方又陆续上演。1936年7月，即霍尔姆斯文章发表的时候，布莱顿皇家剧院（Theatre Royal Brighton）公司将该剧搬到了剑桥。同年1月至4月间，该剧在百老汇上演；头一年里，甚至在遥远的上海还演出过，演员都是中国人，讲的是英语。[4]《世界电影新闻与电视进展》杂志上提到的这三大事件，充分说明了在伦敦风靡数年的中国热。然而，霍尔姆斯文中提到的中国电影，又是什么情况呢？

1　Winifred Holmes, 'Chinese Films for China', *World Film News and Television Progress* 1, no.4 (July 1936): 32. 霍尔姆斯还写过一篇关于日本电影的文章，参见 'Japanese Movie Industry is Second to Hollywood', *World Film News and Television Progress* 1, no.3 (June 1936): 19。同一年内，她还写过关于墨西哥、阿根廷和印度电影的文章。

2　'The Famous Eumorfopoulos Treasure Bought for the Nation for £100,000', *The Illustrated London News*, 12January 1935, 52-53.

3　Diana Yeh, *The Happy Hsiungs: Performing China and the Struggle for Modernity* (Hong Kong: Hong Kong University Press, 2014), 47.

4　参见 Yeh, *The Happy Hsiungs*。关于该剧在上海的演出，参见 Da Zheng, 'Lady Precious Stream Returns Home', *Journal of the Royal Asiatic Society China* 76, no.1 (August 2016): 19-39; Paul Bevan, *AModern Miscellany: Shanghai Cartoon Artists, Shao Xunmei's Circle and the Travels of Jack Chen*, 1926-1938(Leiden: Brill, 2015), 68-71。

欧洲的中国电影

20世纪30年代之前，唯一一部在英国商业公映的中国电影是《西厢记》，这是1927年的一部默片，根据同名中国经典元杂剧改编。[5]1929年，电影以《普救寺玫瑰》为名在伦敦上映[6]，距其在上海首映不过两年时间。当时，该片是一个电影系列的一部分，一位评论家说该系列"最出色、最多样"，在伦敦已久未见到，又说《普救寺玫瑰》是"一件精致而迷人的作品……无丝毫庸俗之气"。[7]这个系列所选择的电影一共四部，的确不同寻常。第一部是埃里克·冯·施特罗海姆（Erich von Stroheim）的《盲目的丈夫们》（*Blind Husbands*），该评论家说该片"很老，而且不怎么样"。接下来是一部短喜剧，名为《蓝瓶子》（*Blue Bottles*），作者是H. G.威尔斯（H. G. Wells，1866—1946），由左翼电影导演伊沃·蒙塔古（Ivor Montague）执导，"风格完全是现代的"。接着又是一部短片，名为《9413号的生与死：一位好莱坞临时演员》（*Life and Death of 9413: A Hollywood Extra*），是一部只有11分钟的实验电影，该评论家说该片"比英国所有电影都更加现代"[8]。这当然是个不同寻常的系列，有老电影，也有新电影，有前卫短片，还有伦敦上映的"第一部由中国人指导和演出的中国电影"[9]。

5　导演是侯曜（Hou Yao，1902—1943）及林楚楚（Cho-Cho Lam，1904—1979）、李旦旦（即李霞卿，Lee Ya-Ching，1910—1998），所依据元杂剧的作者为王实甫（1250—1336）。电影最初宣传时的片名为《一路向西》，可能是因为格里菲斯（D. W. Griffith）的电影《一路向东》（1920）曾于1924年风靡上海。参见Yingjin Zhang, 'Chinese Film in the West', in *Encyclopaedia of Chinese Film*, ed. Yingjin Zhang and Zhiwei Xiao (London: Routledge, 2002), 66; Zhang Zhen, 'Transplanting Melodrama: Observations on the Emergence of Early Chinese Narrative Film', in *A Companion to Chinese Cinema*, ed. Yingjin Zhang (Chichester: Wiley-Blackwell, 2012), 37。

6　《普救寺玫瑰》于9月份在伦敦沙夫茨伯里大道（Shaftesbury Avenue）101号的大道亭（Avenue Pavilion）上映。电影广告参见*Close Up 5*, no.2 (August 1929)及*Close Up 5*, no.3 (September1929)。

7　'The Cinema: Some Films in London', *The Spectator*, 4 October 1929, 14.

8　'The Cinema: Some Films in London', 14.

9　这是广告中的话，参见*Close Up 5*, no.2 (August 1929)。这是美国制作的，编剧和导演是罗伯特·弗洛里（Robert Florey）和斯拉夫科·沃卡皮奇（SlavkoVorkapic），一位评论家说该片"必须现场观看才能理解"。

正如电影史家杰伊·莱达（Jay Leyda，1910—1988）所言，那时尝试将中国电影推销到欧洲市场的，只有黎民伟（1893—1953）的民新影片公司，当时总部位于上海。[10]根据莱达的说法，1927年由侯曜执导、民新公司制作的《普救寺玫瑰》《海角诗人》和《复活的玫瑰》，均于1928年至1929年间在巴黎、日内瓦、柏林、伦敦及"其他地方"上映。[11]莱达所说的"其他地方"，其中一个可能是西班牙，至少两部影片在马德里上映过，而且似乎是件颇为重要的大事。1929年4月，《普救寺玫瑰》和《复活的玫瑰》在西班牙电影俱乐部（Cineclub Espanol）上映，这是一家前卫的电影协会，1928年刚刚成立。组织放映中国电影的不是别人，正是制作人路易斯·布努埃尔（Luis Bunuel，1900—1983），他自己的银幕处女作《一条安达鲁狗》(*Un Chien Andalou*)于同月在巴黎上映。[12]伦敦上映中国电影，当时是作为一个前卫活动的一部分，而马德里放映时也采用了同一方法，费德里戈·加西亚·洛尔迦（Federico Garcia Lorca，1898—1936）还在影片的间隙朗诵了他自己的两首诗歌。[13]

《普救寺玫瑰》在欧洲传播时，专为国外观众做了删节，由原来的十一本胶片压缩至五本，根据莱达的说法，该片1928年已在欧洲"传播甚广"。[14]4月20日至6月3日，该片在著名的巴黎28号工作室电影院

---

10 Jay Leyda, *Dianying: An Account of Films and the Film Audience in China* (Cambridge, MA: MIT Press, 1972), 70.

11 Zhang, *A Companion to Chinese Cinema*, 630. 这些电影能够在海外上映，最初是黎民伟的哥哥在巴黎的商业伙伴促成的。Leyda, *Dianying*, 70. 该片现存五本胶片，是1981年于荷兰某电影档案中发现的。参见 Yingjin Zhang, *Chinese National Cinema* (London: Routledge, 2004), 40。当时，《普救寺玫瑰》的法语名为 "La rose de Pushui"，西班牙语名为 "La rosa de Pu-Chui"；《海角诗人》的法语名为 "Le poème de lamer"；《复活的玫瑰》的法语名为 "La rose qui meurt"，西班牙语名为 "La rosaquemuere"。

12 Jo Labanyi and Tatjana Pavlović, eds., *Companion to Spanish Cinema* (Oxford: Wiley Blackwell, 2013), 435.

13 Zhang Yue, 'La evolución de lasimágeneschinas en la poesía de Lorca', *Círculo de Lingüística Aplicada a la Comunicación* 74 (2018): 136.

14 Leyda, *Dianying*, 70.

放映[15]，不过可能4月份在西班牙就已经公映过。第二年该片在伦敦公映时，霍尔姆斯所说的中国热已风靡英国首都。同年，戏剧《灰阑记》上演，主角是美籍华裔演员黄柳霜和年轻的劳伦斯·奥利弗（Laurence Olivier，1907—1989）。2月，黄主演的电影《皮卡迪利》（*Piccadilly*）发布；9月，《普救寺玫瑰》在沙夫茨伯里大道的大道亭上映，附近就是皮卡迪利广场（Piccadilly Circus），这是伦敦的地标，黄这部电影的英文名即来源于此。[16]据说作曲家康斯坦特·兰伯特看过这部电影，他非常崇拜黄柳霜，还看过她表演的《灰阑记》。他是中国热的追随者，那时候已经和很多西方经典作曲家一样，为唐朝诗人李白的诗歌配了曲子。他对黄柳霜的深深崇拜，激发他创作了《李白八首》（1926—1929）并献给黄柳霜。[17]

1936年霍尔姆斯的文章发表时，中国电影已经在国际上有了更大影响。1935年7月23日，在布鲁塞尔举行的世界博览会上，世界乡村电影大赛的评委将三个奖项中的一个，颁给了纪录片《农人之春》，据说这是第一部获得国际奖项的中国电影。[18]不过，令人困惑的是，这一殊荣有时候也被授予蔡楚生（1906—1968）导演的《渔光曲》，该片在1935

15　同时在巴黎上映的还有弗雷德·尼布诺（Fred Niblo）执导的《宾虚》（1926）和帕布斯特（G. W. Pabst）执导的《没有欢乐的街道》（1922）。Yingjin Zhang, 'Chinese Film in the West', 66.

16　广告参见 *Close Up 5*, no.2 (August 1929)。大道亭在第二次世界大战中毁于战火，后在其旧址上建造了柯松（Curzon）电影院。

17　Stephen Lloyd, *Constant Lambert: Beyond the Rio Grande* (Woodbridge: Boydell Press, 2014), 88-90. 到20世纪20年代末，根据李白诗歌的英语译本谱曲的，有彼得·沃洛克（Peter Warlock）的《自遣》（*Along the Stream*）、亚瑟·布里斯（Arthur Bliss）的《子夜四时歌》（*The Ballad of the Four Seasons*）。格兰维尔·班托克（Granville Bantock）创作了很多以中国和"东方"为主题的作品。根据汉斯·伯奇（Hans Bethge）的德语意译本而谱曲的作曲家，有古斯塔夫·马勒（Gustav Mahler）、理查德·施特劳斯（Richard Strauss）、卡罗尔·席曼诺夫斯基（Karol Symanowski）、阿诺德·勋伯格（Arnold Schoenberg）、安东·韦伯恩（Anton Webern）、汉斯·艾斯勒（Hanns Eisler）、恩斯特·克热内克（Ernst Krenek）、博胡斯拉夫·马尔蒂努（Bohuslav Martinů）、恩斯特·托赫（Ernst Toch）等。

18　'Chinese Film Wins Brussels Award: Prize in International Contest Given', *The North-China Herald*, 31 July 1935, 176; Ian Aitken, *The Concise Routledge Encyclopedia of the Documentary Film* (London: Routledge, 2013), 158. 该片的导演是孙明经（1911—1992）。

年2月至3月举行的第一届莫斯科电影节上获得了荣誉奖。[19]现在，蔡楚生的这部影片知名度更高，被认为是左翼电影的经典之作。正如霍尔姆斯在文中所说，当时政府给莫斯科电影节一共送了八部电影，还派遣了代表团。其中，《姊妹花》（1934）和《空谷兰》（1934）的主角都是胡蝶（1908—1989），她因此受邀参加电影节，是代表团中唯一的女演员。电影节结束后，她和京剧演员梅兰芳一起去了英国和欧洲其他国家。梅兰芳在苏联的演出刚好安排在电影节期间。[20]他在苏联境内多个城市的表演都受到高度赞扬，还去过其他几个国家巡演，但在英国并没有受邀表演。路过伦敦时，梅兰芳、胡蝶和他们在戏剧界的朋友余上沅（1897—1970）借机观看了熊式一的《王宝川》。该剧似乎让胡蝶有些困惑。她显然对其中的服装不以为然，建议熊式一换掉，改用直接来自中国的服装。[21]这是颇有节制的温和批评，本章稍后会介绍一些更加直接的中国批评家们的观点。

英国大众如何看待电影小说中的中国人

尽管有中国热，而且自19世纪以来，很多曾在中国生活、工作或逗留的西方人写了很多书，但是，20世纪二三十年代，普通英国人了解中国，主要还是通过小说和电影。不过，他们读的不太可能是中文小说的翻译本，看的也肯定不是中国的电影。英国大众最熟悉的故事，是萨克斯·罗默（Sax Rohmer）的傅满洲系列小说，以及其他表现华人丑陋形象的书。当时，电影中的常见做法是让西方人化妆，扮演华人角色，

---

19 Zhang and Xiao, *Encyclopaedia of Chinese Film*, 105. 莫斯科电影节比比利时的世博会早4个月，所以更准确的说法是，《农人之春》是第一部获得国际奖项的中国**纪录片**。Ian Christie and Richard Taylor, *The Film Factory: Russian and Soviet Cinema in Documents, 1896–1939* (London: Routledge, 2012), 346.

20 A. C. Scott, *Mei Lan-Fang: Leader of the Pear Garden* (Hong Kong: Hong Kong University Press, 1959), 119.

21 熊对胡蝶的回答是，他最早也是这么计划的，但外国演员非常迷信，认为演出期间更换服装会带来厄运。胡蝶，《胡蝶回忆录》，刘慧琴编，文化艺术出版社，1988，第153页。

即所谓的"扮黄脸"（Yellow face）。普通大众受流行小说和电影的影响，觉得伦敦唐人街是个邪恶的地方，下层人聚在一起喝酒、抽鸦片，偶有记者对这种看法提出挑战，认为必须予以纠正，甚至还有学术研究以此为题。1931年，一位"来自阿伯里斯特威斯大学的格林教授"向学术界呈现了他的发现，结论是："由于好莱坞典型的'华人'电影的影响，无数英国男孩和女孩对东方人表示憎恶，觉得他们是犯罪分子、狡猾、吸毒成瘾，手里总挥舞着匕首。"[22] 电影或小说，无论新旧，都通过展现一个邪恶的"华人"世界，让大众在温馨的电影院或舒适的家中获得娱乐。

托马斯·伯克（Thomas Burke）和萨克斯·罗默的书对华人进行东方主义式的歪曲刻画，这一点上海的中国作家和艺术家是知道的，一个原因是，当时上海的公共租界区很流行中国题材的好莱坞电影（常常被政府禁止）。1936年4月，即《陈查理在上海》在上海首映前一个月，该片的主演华纳·欧兰德（Warner Oland）首次来到中国。不过，他并不是来参加该片首映式的。他到中国，是因为他一直想"访问这个国家，多年来，他一直带着浓厚的兴趣学习这个国家的艺术和哲学"。[23] 欧兰德在中国有很多影迷，但同样也有很多人讨厌他在那些电影中的"扮黄脸"角色。[24] 1933年，上海的画刊《时代画报》刊登了一篇文章，批判西方大众想象中的负面华人形象。[25]《辱华剧》一文中刊有照片和文字说明，包括波利斯·卡洛夫（Boris Karloff）扮演的傅满洲、《阎将军的苦茶》中的尼尔斯·阿斯瑟（Nils Asther），以及根据赛珍珠《大地》所改编的电影的剧照。正如本章稍后所示，在当时中国进步知识分子的眼里，赛珍珠的小说和熊式一的戏剧，绝对属于这种歧视华人、令人不快的娱乐作品。

---

22 Basil Mathews, 'The Colour Bar', *The Spectator*, 24 July 1931, 6.

23 'Mr. Warner Oland in Shanghai', *The North-China Herald*, 25 March 1936, 532.

24 知识渊博的作家鲁迅去看过几次陈查理电影。参见 Paul Bevan, *'Intoxicating Shanghai'* — *an Urban Montage: Art and Literature in Pictorial Magazines during Shanghai's Jazz Age* (Leiden: Brill, 2020), 300。

25 "辱华剧"，载《时代画报》，第3卷，第12期（1933年2月16日），无页码。

克里斯托弗·弗雷林（Christopher Frayling）令人信服地证明，傅满洲、朱清周（Chu Chin Chow）等人物均起源于爱德华时代的音乐厅。[26]那么，将《王宝川》引入伦敦的剧作家熊式一，离他们的世界真的很远吗？伦敦的中国人处在边缘的位置，电影小说中刻画的中国人形象，让他们的处境更差。在这种情况下，1936年竟然成立了一家公司，专门制作由中西演员共同参演的电影，不能不说令人感到意外。

二
电影明星、柔体杂技演员雷欢与熊式一的合作

1936年，新加坡《海峡时报》报道称，来自马来西亚的女演员戴安娜·王（Diana Wong）已被选中，担任一部即将在英国拍摄的电影的主角。[27]电影名为《影子甜心》（*Shadow Sweetheart*），计划是三部曲中的第二部，三部电影的脚本都将由熊式一创作。[28]实际上，新成立的璧如（Bijou）电影公司的所有剧本都将由熊式一完成。该公司的影棚位于肯特郡小镇斯诺德兰（Snodland）。[29]

7月，《王宝川》在伦敦如火如荼地上演之时，熊已经完成了三部曲中的第一部的脚本，电影即将开始拍摄。[30]根据温妮弗雷德·霍尔姆斯1936年发表于《世界电影新闻与电视进展》上的文章，该片讲述了一位中国青年的故事。他家境富裕，到英国求学。入学后不久，他收到了父亲破产的消息，但他没有回国，而是决定加入马戏团。这份新

26　Christopher Frayling, *The Yellow Peril: Dr Fu Manchu and the Rise of China phobia* (London: Thames and Hudson, 2014), 137-184.

27　'Ipoh Girl in New Film', *The Straits Times*, 27 May 1936, 13. 戴安娜·王即1935年与熊式一妻子蔡岱梅一起来到伦敦的戴安娜，参见 Yeh, *The Happy Hsiungs*, 54。

28　第三部电影《小提琴歌》（*Violin Song*）计划由日本演员玛格丽特·加藤（Margaret Kato）主演。'The Answer Corner: Replies to Inquiries', *The Auckland Star*, 22 August 1936, 5, 引自 *The Snodland Historical Society Newsletter 16*, no.2(April 2013), 无页码。

29　Holmes, 'Chinese Films for China', 32; *The Evening Post* (New Zealand), 2 July 1936, 引自 *The Snodland Historical Society Newsletter 16*, 无页码。

30　Holmes, 'Chinese Films for China', 32.

的职业让他赚了一些钱，于是他回到中国，让破产的家庭又恢复了昔日的风光。[31]

家境富裕的中国青年在异国他乡从事马戏表演，这样的故事似乎有些异想天开。但如果放在雷欢[32]身上，就不那么奇怪了。刚刚花了一大笔钱在斯诺德兰创立璧如电影公司的雷欢，本人就有在马戏团表演的经历。他和同事们创立了一家音乐厅兼马戏团，名为"六个雷欢"（Six Lai Founs），在欧洲很受欢迎。雷欢是团长，靠着其他表演者的支持，他开始追求当电影演员和制作人的梦想。即将在新电影中扮演那位加入马戏团的中国青年的，就是他本人。

早在1932年，英国媒体就提到了他的马戏团。到1934年，他们采用的名字是"雷欢和他的中国奇迹"，或者就叫作"中国雷欢团"。当年，他们参与伦敦奥林匹亚厅的伯特拉姆·米尔斯马戏团（Bertram Mills Circus）演出，用的便是"雷欢中国团"的名字。[33]这个团体中有杂技、柔术、转盘顶碗等表演，后来在世界各地巡演，持续了近三十年。[34]1936年的一本书中描写了观众观看马戏的经历，表演似乎颇为震撼：

　　我注意到，大家对柔术表演者有复杂的态度。身体的扭曲、折叠、弯曲，让有些人感到焦虑——他们不喜欢看如此不自然的姿态。幸好，大多柔术表演者（这是一个古老的娱乐形式）在其他方面也很有才华。"中国雷欢团"里那些好像没有关节和骨头的年轻人，抛物接物、转盘

31　Holmes, 'Chinese Films for China', 32–33.

32　雷欢的名字，英语媒体都采用"Lai Foun"的拼法，未见中文汉字。

33　Bertram Mills Circus programme, dated 1934–1935, London, Olympia Hall, private collection. 另参见 'Round the Halls: Last Week of Crazy Month', *The Daily Mail*, 20 December 1932, 5; Charles Graves, 'Signing Them up for the Circus', *The Sphere* 139, no.1822 (22 December 1934): 484. *The Sphere* 中的图片文字说明称，1934年是他们在英国的第一次表演，这是错误的，但该文字说明的确佐证了该团体源自香港。

34　'Rio House Holding on to Vaude Policy', *The Billboard* 54, no.41 (10 October 1942): 13. 另参见 *The Billboard* 60, no.7 (14 February 1948): 49; *The Billboard* 61, no.47 (19 November 1949): 58; *The Billboard* 62, no.40 (7 October 1950): 30。

顶碗、跳舞，都是一把好手。这本身就是非常优雅的马戏表演，加上俊男美女，尤其让人心旷神怡。[35]

同样在1936年（伦敦的中国热仍在持续），这个团体还出现在《综艺》（*Variety*）上，这是英国电视上的第一个娱乐节目，紧跟在11月2日下午播放的官方开幕演讲和"英国电影新闻"（British Movietone News）之后。[36]根据《广播时报》列出的节目单，他们后来还参加了1938年和1939年的几次电视卡巴莱表演。[37]四年后，他们在奥斯瓦尔德·米歇尔（Oswald Mitchell）导演的剧情片《假人开口》（*The Dummy Talks*，1943）中扮演他们自己，作为电影中的一个特别场景："一名口技表演者遇害，演出无法完成。于是，一名侏儒化装成口技假人上台。然而，他还必须找出凶手！"[38]

　20世纪40年代，雷欢团在布里斯托尔剧场（Bristol Hippodrome）有常规节目，进行过各种各样的综艺杂技表演。[39]1942年，百代电影公司（Pathe）在伦敦为他们拍了一部短片；同年，他们还到遥远的巴西

35　John S. Clarke, *Circus Parade* (Huddersfield: Jeremy Mills Publishing, 2008), 68.

36　参见'Variety', Internet Movie Database, http://www.imdb.com/title/tt0402567/?ref_=nm_flmg_slf_2. Accessed 8 April 2020。《综艺》的播放时间是1936年11月2日下午三点半。参见 *The Radio Times*, no.683(1-7 November 1936), 88, https://genome.ch.bbc.co.uk/page/68aba19c259d4c37ae285afae2798390. Accessed8 April 2020。

37　'Radi Olympia — September 1938', YouTube video, 3: 56, 来自1938年9月3日播放的一场表演，上传者为"aptsarchive", 上传时间为2008年8月30日，参见https://www.youtube.com/watch?v=dFRoNw9K8mA. 其中有《卡巴莱巡游》（*Cabaret Cruise*）中的场景，参加该节目的有沃尔什与巴克（Walsh and Barker）、史蒂文·杰雷和玛格达·库恩（Steve Geray and Magda Kun）、"五个雷欢"（the Five Lai Founs）以及丹尼斯·凡·塞尔管弦乐团（the Dennis Van Thal Orchestra）。*The Radio Times*, no.778 (28 August-3 September 1938), 38.

38　'The Dummy Talks', Internet Movie Database, http://www.imdb.com/title/tt0165739/. Accessed 14 June 2014. 电影采用了时事滑稽剧的形式，加入了艾维·本森（Ivy Benson）女子乐队和"五个雷欢"进行其常规表演的场景。参见'At the Cinemas', *The North Devon Journal-Herald*, 22 December 1943, 2。

39　"雷欢团"于1940年3月25—30日在布里斯托尔剧场演出，1940年8月12—17日再次演出，1941年6月16—21日再次演出，1943年2月15—20日在国际马戏城演出。以上信息据布里斯托尔剧场网站，现已无法查询。

进行了"杂耍表演"。[40]1949年，他们再次参与伯特拉姆·米尔斯马戏团演出，这次是与另一个中国演出团体合作，即"马龙团"（Moy Long Troupe），于是一共有了十名杂技演员。1950年，他们在纽约演出，两年后仍在美国表演，不过人数少了，成了"四个雷欢"。[41]从前的柔体和顶碗杂技演员、后来的电影演员兼演出经理雷欢，就这样从杂耍、音乐厅、马戏场等构成的娱乐业一路走来。到1936年，他已经能够为自己的电影公司投入数额不菲的资金。[42]

制作英国华人电影——温妮弗雷德·霍尔姆斯称之为"有趣的实验"——是璧如电影公司成立的原因。雷欢想借此在影响越来越大的电影界，为他本人这样的华人演员争得一席之地，甚至摆脱当时西方娱乐圈普遍接受的"扮黄脸"的做法。他不仅要当璧如公司的合伙人、制片人，还要成为该公司的头牌明星——当红男一号。

然而，他制作系列三部曲的梦想注定要破灭。英国电影协会的网站上，只有两部电影中有雷欢出演，且都没有提及熊式一曾参与电影制作。第一部是音乐剧，名为《中国卡巴莱》（*Chinese Cabaret*）——霍尔姆斯在介绍中说该片"短得不能再短了"——而且显然是和哥伦比亚电影公司（Columbia Films）联合拍摄的。故事讲的是一名年轻人来到英国，后来放弃学业加入了马戏团。然而，令人不解的是，别的地方又说这是一名伦敦侦探的女儿的故事，她揭穿了一位唐人街饭店老板的真实面目，原来他是一名丝绸走私商贩。[43]根本没有提到熊式一与此相关，

40　"雷欢团"视频片段（很可能拍摄于伦敦的百代影棚），参见'Lai Founs', British Pathé Archive, 3: 08, 1544. 04, Canister NSP 312, Media URN 58694, 23 March 1941, http://www.britishpathe.com/video/lai-founs。另参见'Rio House Holding on to Vaude Policy', *The Billboard* 54, no.41 (10 October 1942): 13。战争结束后，1945年5月21日，他们出现在黑池塔马戏剧场（Blackpool Tower Circus），参加节目单上所谓的"庆祝大胜利演出"。

41　*The Billboard* 62, no.40 (7 October 1950): 30; *The Nevada State Journal*, 17 January 1952, 2.

42　"雷欢几个月前宣布了要当电影制片人的决定，以两万英镑收购了肯特郡的新电影公司美德威（Medway Film Studios）。他将于几周后回到英国，并在公司的第二部电影中担任主角"；"伦敦画面"一文中讲述了类似的故事，参见*The New York Times*, 24 May 1936, 3。鉴于他的巨额投资，很难不去猜测，他可能在电影界有私人关系——也许在他的家乡香港——能帮助他筹款。

43　电影时长为44分钟，导演是巴迪·哈里斯（Buddy Harris），制片人是马龙（转下页）

192

"故事"据说是雷诺兹（S. E. Reynolds）写的，他是当时一位有名的电视主持人和制片人。当时另一个信息源的说法大相径庭。《舞蹈时报》上一幅戴爱莲照片的说明文字中有如下信息："著名华人舞蹈家戴爱莲，这是她在《中国卡巴莱》中的剧照，该片由璧如公司为哥伦比亚制作，主演是华人电影新星雷欢。戴小姐正在为该片准备一支精致的中国芭蕾舞，影片剧本正由熊式一创作，他就是《王宝川》的作者。" [44]

雷欢还参与了另一部在斯诺德兰拍摄的电影——制片公司是美德威。在该片中，这位柔术表演者的名字再次出现，作为"雷欢和他的中国奇迹"中的一员，列入次要演员之中。[45] 一份现存美德威电影公司《国际时事滑稽剧》（*International Revue*）的宣传单，充分体现了东方主义音乐厅的典型特征。[46] 这是雷欢参演的第二部电影，1936年拍摄。第一部电影被描述为"故事"，而第二部电影却被称为"时事滑稽剧"，很难想象熊式一作为作家能在这里扮演什么角色。在传单的插图上，管弦乐队——乔治·科尔伯恩（George Colborn）乐队，演奏的曲子由马克·安东尼（Marc Anthony）创作——在舞台后部（在娱乐表演

（接上页）（音）和雷伊·沙勒曼（Rae Saloman），罗伯特·霍布斯（Robert Hobbs）饰演布莱克斯通（Blackstone），道格拉斯·斯图尔特（Douglas Stewart）饰演布兰德探员，莉莲·格雷厄姆（Lilian Graham）饰演布兰德的女儿佩吉（Peggy）。发现走私团伙的正是佩吉。此外，片中还穿插了歌舞杂耍，表演者如下："雷欢团"、安妮·齐格勒（Anne Ziegler）、哈尔·福克斯乐队（Hal Fox）、蒂娜·李（Dinah Lee）及格兰特与莫斯利（Grant and Moseley）。

44　*The Dancing Times*, no.309 (June 1936): 291. 感谢艾米丽·威尔考克斯（Emily Wilcox）让我注意到这篇文章。1935年10月31日至1936年3月18日，熊式一在美国。1936年9月，他去了布鲁塞尔，12月底，他在中国。参见 Yeh, *The Happy Hsiungs*, 59–61, 68。

45　1937年的《电影放映机年鉴》中有个条目，如下："《中国卡巴莱》（3月16日）雷欢、罗伯特·霍布斯、莉莲·格雷厄姆，4 000英尺，无观众限制影片。1936年3月19日发行。日期未定。哥伦比亚。"参见 *The Kinematograph Year Book*, 1937 (London: Kinematograph Publications, 1937), 64。璧如电影公司的办公室位于伦敦牛津街245号。"董事会"成员包括巴迪·哈里斯、马龙和雷伊·沙勒曼。参见 *The Kinematograph Year Book*, 1937, 350。

46　*International Revue* film programme, 1936, National Provincial Film Distributors Ltd., 32 St James's St. London SW1, 本文作者个人收藏。《电影放映机年鉴》1937年第73页记录了如下信息："《国际时事滑稽剧》（11月3日），罗纳德·弗兰科（Ronald Frankau）、'雷欢和他的中国奇迹'、弗雷德·杜普雷斯（Fred Duprez），3 000英尺，无观众限制电影，1936年11月5日发行，日期未定，国民地方公司。"

者的后方），这是当时现场舞台拍摄的典型做法。科尔伯恩的名字特别突出，印在套鼓后方展示的那一排管钟上（那是30年代乐队舞台表演的普遍特征）。传单上有一张照片，从照片中谱架的分布来看，乐队人数在12～15人之间。不过，乐队最显眼的，还是他们的衣服。照片上能看清楚的乐队成员——全部是白人男性——都穿着中式"满大人"服装，这是清朝时期满族人穿的衣服。让《国际时事滑稽剧》中"东方"特色更加浓厚的，还有一个"埃及"喜剧双人组，传单里有他们的照片（同样都是白人男性，穿着"古埃及"的服装）。"雷欢和他的中国奇迹"无疑会给这一特色提供鲜活的证明，不过传单中并没有他们的照片。和《中国卡巴莱》现有信息一样，传单中也明确地说，除了主角外，还有一些次要演员，包括雷欢的表演团队。从现有信息很难判断这两部电影到底采取了什么样的形式，不过其中似乎至少都有一幕戏剧场景，很可能是影像化的舞台表演。[47]影片中的表演者大多已被人遗忘，有信息可查者包括喜剧演员罗纳德·弗兰科、歌手兼钢琴手温妮弗雷德·贝里、歌手弗兰克·布雷德伍德（Frank Braidwood），以及彼得·伯纳德（Peter Bernard）。伯纳德第二年以"彼得·伯纳德和他的拉格泰姆歌手乐队"领唱的身份，参加了一个短剧表演，那不过是美国风格的扮黑人滑稽戏，只是没有化装而已。[48]

　　这一年，奥运会在柏林举行，雷欢团也在那里。显然，阿道夫·希特勒本人对雷欢和《国际时事滑稽剧》有兴趣。雷欢见到了希特勒本人——而且不仅仅是擦肩而过。希特勒特别选中了雷欢团，参加为了庆祝奥运会而在他家中举行的特别演出：

　　　　一位电影和舞台演员——雷欢——收到希特勒的命令，与其队员们

47　在该短剧中，弗雷德·杜普雷斯是经理，埃德蒙·达尔比（Edmund Dalby）是代理人，歌手温妮弗雷德·贝里（Winifred Bury）是秘书，西德尼·阿诺德（Sidney Arnold）是酒吧服务生，外加一个双人歌唱队——"亨德森同胞兄弟"（Henderson Twins）。
48　'Peter Bernard and His Ragtimers', British Pathé Archive, 3: 22, 1160. 05, Canister PT 395, Media URN 40114, 18 October 1937, http://www.britishpathe.com/video/peter-bernard-and-his-ragtimers/query/Joe.

一起，到他家中参加为奥运冠军们举行的私人宴会……表演结束后，希特勒与雷欢交谈了十分钟，热烈地祝贺他表演成功。希特勒对雷欢最近在电影《国际时事滑稽剧》中的表演也很感兴趣。[49]

希特勒本人是个种族主义者，柏林奥运会又因种族歧视而臭名昭著，因此对于一名并不符合他雅利安民族优越性理论的演员，他最多只会表示礼节性的兴趣。中国国民党政府派了中国代表队参加奥运会，人数超过54人，不过表现欠佳。希特勒可能注意到了他们，也可能没注意到，他当然不太可能亲自会见他们。[50]希特勒不太可能在会见雷欢之前就听说过《国际时事滑稽剧》，可能是雷欢本人亲口告诉他时，他表示了兴趣——如果报纸上的这篇报道尚有可信之处的话。因为缺乏相关信息，所以我们不知道雷欢对这次会面的看法。毫无疑问，第二次世界大战爆发之后，他肯定不愿意再跟别人提起生命中的这段插曲。

在关于《国际时事滑稽剧》的现存零散信息中，雷欢有时候是"制片人"，有时候是"演员"。但是，宣传单上却不是这么说的，而是说影片的制片人和导演均为巴迪·哈里斯（Buddy Harris），他同时也是《中国卡巴莱》的导演。[51]这些真的是雷欢计划中想拍的电影吗？根据现存资料分析，雷欢计划中由熊式一撰写剧本的电影（包括《影子甜心》和《小提琴歌》），实际上很可能没完成，没有熊式一的参与，雷欢就回到了他最熟悉的娱乐世界。

在酷似傅满洲的乐队成员的伴奏下，"雷欢团"为《国际时事滑稽剧》增添了东方的元素。此后，雷欢的表演团继续在具有明显东方主义色彩的音乐厅和马戏场内表演。1938年5月，英国广播公司在电视台播放了《东方卡巴莱》（*Eastern Cabaret*），"五个雷欢"参与了表演，其

49　'Hitler Honours British Star', 19.

50　'Hitler Honours British Star', 19.

51　International Revue film programme, 1936. 与此相左的是，英国电影协会网站称哈里斯是该片的导演，雷欢及美德威电影公司是制片人。雷欢还列在演员名单中。参见'International Revue (1936)', British Film Institute, https://explore.bfi.org.uk/4ce2b72de5669。

他参演人员包括以唱阿拉伯歌曲闻名的法国女歌手蕾娜·保莱（Reine Paulet），以及在"来自威尼斯的危险人物丹尼斯"等钢琴曲的伴奏下唱喜剧歌的沃尔什与巴克。[52]《东方卡巴莱》中这个短剧的主持人是内伦·德维（Nelun Devi）。

东方主义的表演

内伦·德维和她丈夫德瓦·苏里亚·塞纳（Devar Surya Sena）在其家乡斯里兰卡各地旅行，搜集歌曲并进行表演，这时候他们已经很有名气了。不过，他们唱的肯定不仅仅是斯里兰卡的歌曲，因为他们表演的音乐来自相隔数千公里的不同国家。1932年，他们在戈特里安音乐厅（Grotrian Hall）开始伦敦的首演，其节目单体现了他们后期演出的特点，说"僧伽罗歌手苏里亚·塞纳应邀表演，由内伦·德维协助"。节目单上没有罗列所有曲目，但这场音乐会看来是个包罗万象的大杂烩："印度、尼泊尔、中国西藏民歌，状物写景的歌，船夫的歌，锡兰的收获之歌，泰戈尔诗朗诵，印度器乐……以及塞浦路斯和罗马尼亚民歌"，甚至还选了几首"黑人灵歌"。[53]

这样的音乐会无疑对英国听众很有吸引力，他们渴望接触一下神秘的东方，一边在家附近获得放松，一边在想象中遁入东方世界。实际上，这不过是20世纪前期在英国大行其道的东方主义消遣娱乐的又一实例，只是形式不同，不是傅满洲式的电影，不是雷欢所在的娱乐行业，而是一场音乐会，观众是中产阶级人士，急于扩展对异域音乐的理解。演员们甚至连自己的名字都东方化了：内伦·德维出生于斯里兰卡，原名叫作朱莉娅·保琳·温妮弗雷德·德·席尔瓦（Julia

---

52　部分表演在当年迟些时候的《卡巴莱巡游》系列中同时出现。以下影视片段中有沃尔什与巴克的表演：'Walsh and Barker', British Pathé Archive, 2: 14, 1124. 22, Canister PT 295, Media URN 39161, 18 November 1935, http://www.britishpathe.com/video/walsh-and-barker-9.

53　参见 'Grotrian Hall, London (1932)', http://www.concertprogrammes.org.uk/html/search/verb/GetRecord/4758。

Pauline Winifred de Silva）；德瓦·苏里亚·塞纳小时候名叫赫伯特·查尔斯·雅各布·皮里斯（Herbert Charles Jacob Pieris）。

毫无疑问，人们也会用同样的眼光看待《王宝川》的作者熊式一，认为他不过是为英国的中产阶级受众，提供具有明显东方主义特色的作品。[54]正如下文所示，中国进步剧作家当然就是这样看待他的戏剧的：专为外国观众打造，至于在上海演出的英文版本，那针对的是少数运气好的观众，或者不如说他们家境好，在国外学过英语，或者上过国内的西式学校。内伦·德维将《东方卡巴莱》与"五个雷欢"、蕾娜·保莱、沃尔什与巴克相提并论——沃尔什与巴克的歌曲表演显然添加了东方特色。而《东方卡巴莱》正是杂耍表演和音乐厅演出的典型材料。必须强调一下，傅满洲的创作者们最先获得的成功，正是在伦敦的音乐厅演出圈。萨克斯·罗默在事业初期是为音乐厅写短剧和歌曲的，他有个好友名叫乔治·罗比（George Robey），与黄柳霜一起演出了电影版的《朱清周》。[55]

熊式一与电影

1922年至1923年间，年轻的熊式一担任影院经理，对中国电影业有了一定的了解。该影院即真光电影院，后来成了北京最大的由中国人经营的电影院。第一家真光电影院毁于火灾，后于1921年按照最高标准重建，成为当时最为新潮的建筑。影院的老板是罗明佑（1900—1967），他是一位香港企业家，创建了北京第一批由中国人经营的影院。[56]1927年，他创立了华北电影公司；同年，还在读大学的熊式一移居上海，担任百星大戏院（The Pantheon Theatre）的执行董事。当时上

54　德瓦·苏里亚·塞纳的书颇为得意地讲述了自己的故事，细节翔实，但很少提及妻子的故事。参见 Devar Surya Sena, *Of Sri Lanka I Sing: The Life and Times of Devar Surya Sena O. B. E., M. A., L. L. B., A. R. C. M* (Colombo: Ranco, 1978), 78–79。

55　更多讨论，可参见 Frayling, *The Yellow Peril*, 137–46。

56　Zhang, *Chinese National Cinema*, 49.

海有影院39家，百星即其中之一。[57]后来人们会记住，1927年是黎民伟和明星影片公司发行《西厢记》的年份，三年后，黎民伟和罗明佑联合创立了联华影业公司。[58]1929年，百星因为全球经济危机关门歇业。[59]在伦敦西区，这正是《唐人街繁华梦》发行、《灰阑记》上演、《普救寺玫瑰》登上银幕的时候。

熊式一毕生都保持着和电影的联系，《王宝川》和1935年翻译的《西厢记》应看作其踏入戏剧界的偶尔旅行，也许是想有更高的知识追求。他当然希望西方把他当作一名知识分子，是中国社会上等阶层中的一员；在一定程度上，他成功了。

熊翻译的《西厢记》(《普救寺玫瑰》即以此为基础) 得到了一些评论家的赞扬，60年代哥伦比亚大学出版"联合国教科文组织代表作丛书"，再版"每个受过教育的人都应该……阅读的……作品"，仍将熊的译本收录在内[60]，由西方中国文学研究的开拓者夏志清撰写"导论"。夏说，熊的译本"经受了三十多年的考验"，不过他也表示"希望我们有一天有译本能将原文……以更加诗意的方式呈现出来"。[61]

熊式一在欧美的形象是一个充满"东方"意味的神秘土地的产物，是对东方过度渴望的西方受众想象出来的；他的人格也随着西方戏剧圈对此等人物的需求而发生变化。如前所述，胡蝶在伦敦看过黄的戏剧之后，感到颇为困惑。[62]她在回忆录中评论了负责道具的两名舞台杂役，说他们让她和其他中国观众感到不舒服，因为他们的服装和举止让人想起西方电影中对中国人的刻板印象：穿着正式的长马褂，戴着旧式

---

57 更多讨论，可参见 Da Zheng, *Shih-I Hsiung: A Glorious Showman* (Vancouver, BC: Fairleigh Dickenson University Press, 2020), 37。

58 Kristine Harris, 'Ombres Chinoises: Split Screens and Parallel Lives in Love and Duty', in *The Oxford Handbook of Chinese Cinemas*, ed. Carlos Rojas and Eileen Cheng-Yin Chow (Oxford: Oxford University Press, 2013), 45.

59 Yeh, *The Happy Hsiungs*, 21–22.

60 Wm. Theodore de Bary, foreword to *The Romance of the Western Chamber*, by Wang Shifu, trans. S. I. Hsiung (New York: Columbia University Press, 1968), ix.

61 C. T. Hsia, 'A Critical Introduction', in *The Romance of the Western Chamber*, xxxii.

62 《胡蝶回忆录》，第152–154页。

的瓜皮帽，双手拢在袖子里，佝偻着肩膀，留着长胡子。[63]实际上，这些人是"道具管理员"，也是戏剧的一个部分，并作为剧组成员列入节目单。[64]

中国戏剧界和文学界的左翼进步人士对熊式一将中国戏剧东方主义化并无好感，认为这种做法与国内盛行的追求新知、积极进取的新氛围格格不入。尤其是田汉（1898—1968）和洪深（1894—1955）这两位剧作家，他们自认为是积极向上的中国戏剧界的先锋，因此觉得《王宝川》是一部旧剧的糟糕翻译，毫无价值。洪深写了一篇长文予以分析，说熊创作这部戏剧，是对中国和中国人民的侮辱。[65]另一篇匿名文章说，该剧不过是中国戏剧的西化，说熊"痴迷骸骨"。[66]洪深的长篇文章刊登在左翼刊物《光明》上，他在文中对熊式一及其剧本翻译，以及该剧的表演方式进行了猛烈抨击。[67]文章开头，他批判了外国人谈及中国时的两种常见态度。第一种是隐匿的侮辱，体现在一些作品中，比如鲁德亚德·吉普林（Rudyard Kipling）那首帝国主义、沙文主义的诗歌《白人的负担》。[68]第二种体现在赛珍珠的小说《大地》中，他认为该小说表明外国人普遍倾向于美化中国的过去，而忽略或贬低现代中国社会的最新进展。赛珍珠写的是近现代的中国，但在洪深看来，她只借小说来赞扬旧社会中国女性的美德。而且，他还批评外国人赞扬古代中国女性柔弱之美的普遍倾向，尽管当时人们已经作出了重大努力，要摆脱对女性之美的传统看法——比如文学里才子佳人的俗套，而去弘扬一种新的美，

---

63 《胡蝶回忆录》，第153–155页。洪深的评论中也提到了这些舞台杂役人员。参见洪深，《辱国的〈王宝川〉》，载《洪深文集》（第4卷），中国戏剧出版社，1959年，第248页；原载《光明》，第1卷第3期，1936年7月。另参见《余上沅赴欧考察戏剧》，《艺风》，第3卷第2期，1935年，第122页。

64 Theatre programme for *Lady Precious Stream*, Little Theatre, London, 27 November 1934. 另参见 Programme for *Lady Precious Stream*, Arts Theatre of Cambridge, 20 July 1936。

65 洪深，《辱国的〈王宝川〉》。

66 如愚，《熊式一与田汉洪深旨趣不同》，《北洋画报》，第31卷，第1520期，1937年2月23日，第2页。

67 洪深，《辱国的〈王宝川〉》，第4卷，第244–253页。

68 洪深，《辱国的〈王宝川〉》，第4卷，第244–245页。

即有力量的革命女性所代表的新型的美，也是近年来中国文学和电影里所表现的那种美。[69]洪深和田汉之前都曾说自己是中国的易卜生，而已在中国流行二十余年的《玩偶之家》中的诺拉才是中国进步女性的积极典范，才是他们要弘扬的人物类型。

洪深认为，这两种毛病，熊式一的戏剧中都有。令他尤其感到不满的是，熊在采访和文章中多次表示，该剧除了语言之外，其他一切都符合中国传统戏剧的做法。[70]从该剧的评论来看，伦敦观众都相信这部戏剧是原汁原味的。[71]洪深说，因为梅兰芳已经在美国演出过，所以要糊弄美国观众就没那么容易。[72]的确，梅兰芳的表演和熊剧中对中国戏剧的杂交化，两者之间有天壤之别，连任何没受过教育的观众都能一眼看出来。洪深根本不认为熊改写的《王宝川》是中国戏，而是效仿了出自外国人之手的、最糟糕的有关中国主题的戏剧和电影。[73]洪深又继续抨击道，外国人观看这部戏，根本不会加深对中国戏剧或中国生活的理解。最后他为该剧盖棺定论，宣布它不仅不是中国戏，也算不得很好的"外国戏"。[74]

熊式一与电影业有长期的关联，却算不得富有成效。他最大的成就是戏剧创作，而且后来也没能复制《王宝川》的成功。《王宝川》之后，他尝试与雷欢和斯诺德兰的电影公司合作，但没有结果。后来他继续在电影界耕耘，在香港创立了自己的公司——太平洋电影公司，并担任科宁（Konin，音）公司董事。[75]他还跨入了小说界，用英语创作了小说

69　洪深，《辱国的〈王宝川〉》，第4卷，第245页。

70　该剧在伦敦"小剧院"演出时，节目单上有如下字样："由南茜·普莱斯（Nancy Price）和熊式一根据中国传统编排。"1950年该剧搬上电视时，仍然有类似的说法："这部古老的中国戏剧令人发笑却又情感动人，以中国戏剧的传统样式呈现。"' Lady Precious Stream', *The Radio Times*, no.1377 (5–11 March 1950), 46.

71　另参见伦敦"小剧院"的《王宝川》节目单首页。

72　洪深，《辱国的〈王宝川〉》，第4卷，第247页。当然，这种观点没有考虑该剧在百老汇的成功。

73　洪深，《辱国的〈王宝川〉》，第4卷，第247页。

74　洪深，《辱国的〈王宝川〉》，第4卷，第251页。

75　Miles Xian Liu, *Asian American Playwrights: A Bio-bibliographical Critical Sourcebook* (Westport, CT: Greenwood Press, 2002), 121.

《天桥》，但如果和他的朋友兼同胞林语堂的划时代作品《京华烟云》相比，《天桥》则显得拖沓累赘。熊为他的"英雄"蒋介石写过传记，出版于1948年，正在中国解放战争期间（1946—1949）。这本书清楚地说明了，为什么田汉和洪深这样的左翼人士在知识上和意识形态上都对他不以为然，在中国共产党和国民党交战期间，他们的政治观点和立场是完全不同的。[76]中华人民共和国成立之后，熊式一在中国内地的知识之根被切断。他的作品在中国内地从不流行，随着左翼电影运动持续发展，《一江春水向东流》（1947）、《乌鸦与麻雀》（1949）等新电影相继问世，竞争就更加激烈了。到1950年，他仍然靠着早年的成功而生活，英国广播公司推出了电视版的《王宝川》，由琼·佩恩特（Joan Painter）领衔主演，此时离该剧走红伦敦西区已过去了16年。[77]到1956年，熊仍在修改剧本，这次是为太平洋电影公司准备中文版的剧本。这项工作于1958年在伦敦完成，但最终却没能在英国找到发行商，[78]而二十多年前，他曾是这个国家最成功的剧作家。

（周小进 译）

---

76 Shih-I Hsiung, *The Life of Chiang Kai-shek* (London: Peter Davies, 1948). 熊在书中多次提到蒋介石是他的"英雄"。

77 'Lady Precious Stream', *Radio Times*, 46. 该剧于3月7日播出，3月12日为"年龄更大的孩子"重播。

78 叶树芳认为这"几乎是一场灾难"。Yeh, *The Happy Hsiungs*, 138.

20世纪30年代旅居英国的
"中国雪莱"
——王礼锡的跨国激进活动与跨
文化抒情

任 可

1939年，搬到牛津后不久，蒋彝在大学学院内"邂逅"了雪莱塑像。在《牛津画记》开篇的一个章节里，他记录了此次"邂逅"引发的思考。蒋彝以他典型的漫谈风格，评价了珀西·比希·雪莱（Percy Bysshe Shelley，1792—1822）的生平与创作，还谈到了他个人与这位浪漫主义诗人的接触情况。在该章的结尾，他深情地谈到了他的同胞兼朋友王礼锡（1901—1939），说王"对该诗人的作品痴迷不已"，甚至自称雪莱·王。根据蒋彝的说法，王礼锡是个"极其革命"的人物。他到达伦敦略早于蒋彝，两人在伦敦同住一套公寓达一年之久。王的社会重建理念在中国遭人排斥，因而流亡欧洲，"常生活在贫困与悲伤之中"。蒋彝回忆说王"在自由诗和中国古体诗上都有深厚造诣"，并引用了他的两首诗歌，其中一首如下：

岂有卖文能吃饭，
自怜去国只贪生。
古今造史凭刀载，

狗马徒供纸上兵。[1]

蒋彝在文末透露，日本侵华后，王礼锡回到国内，后于河南前线去世，其间曾给蒋寄送了他最后一部诗集，题为《去国草》。蒋彝不无遗憾地说，他的朋友"未将所有精力用于诗歌创作"，"百年后恐无人记得他的名字"。[2]

姑且抛开文中对王礼锡身后之名的推测，蒋彝的简单记述本身就提出了一些有趣的问题。一方面，王礼锡不愿或不能将全部时间用于诗歌创作，那么这位"极其革命"的中国人20世纪30年代在伦敦还从事了哪些活动呢？另一方面，蒋彝引用的两首诗歌，译者均是西尔维亚·汤森·华纳（1893—1978），她是一位著名的小说家、诗人和共产主义社会活动家。是什么样的个人、政治、文学纽带，将流亡西方的王礼锡和华纳这样的知名英国作家连接在一起呢？20世纪30年代，中国左翼人士和英国激进分子之间又存在什么样的政治联系和跨文化交流呢？

本章旨在考查王礼锡的跨国活动与作品，以探讨上述问题。王是一位革命知识分子和诗人，30年代结识江西同乡蒋彝和熊式一，于伦敦汉普斯特德组成了旅居海外中国作家三人组。三人之中，王礼锡最积极投身政治，他四处奔走，为中国抗击日本侵略寻求支持，并积极参加了各种国际反法西斯运动，如1935年的国际作家保卫文化大会、国际反侵略运动会（IPC）和全英援华总会等。同时，他与英国左翼组织和刊物建立了密切联系，如左派读书俱乐部和《左翼评论》，并与西尔维亚·汤森·华纳、乌尔斯特诗人约翰·休伊特（John Hewitt，1907—1987）等作家建立了私人关系。这些联系催生了一系列跨文化活动：英国各左翼期刊发表了王礼锡的散文和诗歌；他本人在多塞特和贝尔法斯

---

1 Chiang Yee, *The Silent Traveller in Oxford* (New York: Interlink Books, 2003), 13. 该诗的英文译者为西尔维亚·汤森·华纳（Sylvia Townsend Warner），蒋彝转录时将原诗中"halloos"一词误为"hallos"。

2 Chiang, *The Silent Traveller in Oxford*, 14.

特出席公共沙龙；华纳还在英国广播公司的电台上朗诵了他的诗歌。王的诸多作品中，最为新颖的当数诗集《去国草》，诗人有意用中国古典诗歌的形式去表现现代主题，如和平会议、中国的战争、与欧洲激进主义战友们的交往等。诗集中约有三分之一的诗歌，已由王的英国朋友和同事们译成英语；对上述交往的回忆，后来也以不同形式重现。本章通过分析上述材料、王礼锡本人的游记及各种信函、回忆录和新闻报道等，认为王的政治激进主义和跨文化诗歌创作是30年代生机勃勃、充满创新的国际主义的重要环节，也是以蒋彝为中心的中国作家们的跨文化交流活动的一部分。

从上海的编辑，到伦敦的流亡者

王礼锡于1901年生于江西安福县，祖上有数位晚清时颇有名望的学者和教育家。他6岁时父亲去世，先由祖父开蒙，后在当地小学和学院就读。家道中落后，他被迫离开大学，到一家省农业学校教书。早年的教育，培养了王对中国古典诗歌的终生热爱。后来，王对中国诗人这一身份的认同，将在其海外激进活动中扮演重要角色。[3]

1926年年底国民革命军攻克南昌。王礼锡早年就读吉安师范学校时曾加入国民党，于是当选为省农民部部长。1927年1月，他成为湘鄂赣农民运动讲习所临时委员会八名成员之一，曾与毛泽东（1893—1976）短暂共事。[4]到1927年年初，成立不久的中国共产党已经将该地区变成革命活动和农民运动之地，在这种情况下，王似乎做出了一些复杂的政治选择。他在其简短的自传中暗示，之所以离开武汉，是因为与毛泽东有不可调和的矛盾；然而，也有其他资料表明，王曾是所谓的AB团

3　关于王礼锡生平，可参阅顾一群等，《王礼锡传》，四川大学出版社，1995；龚联寿，《王礼锡年谱》，载潘颂德编，《王礼锡研究资料》，天津社会科学出版社，1995年，第22-67页；王礼锡，《王礼锡小传》，载《王礼锡研究资料》，第69-70页。
4　"王礼锡"，载武昌农讲所纪念馆编，《武昌农民运动讲习所人物传略》，武汉出版社，1997年，第23-26页。

（即反布尔什维克团）成员。[5]

1927年，王礼锡初遇陈铭枢（1889—1965）。陈铭枢是1911年广东革命的老兵，当时任南京国民党政治部副主任。两人志趣相投，随即成为朋友。[6] 30年代，两人有一系列出版和政治方面的合作，颇有影响，如神州国光社、1932年淞沪抗战、1933—1934年福建事变等。这些事件导致了王的流亡，并决定了他后来从事激进活动时的政治理念。

20世纪30年代初，王礼锡开始阅读马克思主义相关文献。陈铭枢让王礼锡担任神州国光社编辑后，王出版了一些左翼作家的作品和译作，还创办了影响很大的《读书杂志》，该杂志曾是一场大讨论的主要阵地，后来这场大讨论被称为"中国社会史论战"，胡秋原（1910—2004）、陶希圣（1899—1998）、郭沫若（1892—1978）等作家和史学家先后加入，展开一系列论争，讨论中国历史和当下的社会本质，以及如何运用马克思主义，将中国社会界定为封建社会、资本主义社会或"半殖民地、半封建社会"。[7] 作为出版社和论争的参与者，王的立场激进而新颖，表明30年代初期他思想开放，能用资本主义和帝国主义等范畴来分析压迫中国的各种势力。

1932年1月28日，日军进攻上海，陈铭枢及蔡廷锴、蒋光鼐等将军在蒋介石（1887—1975）并不支持的情况下，率领第十九路军御敌，开启了后来成为神话的上海保卫战。淞沪抗战后，十九路军及其将领们几乎一夜之间成为民众景仰的英雄。然而，蒋介石和陈铭枢之间却起了矛盾，尽管20年代末，陈一直是蒋的支持者。[8] 也许是蒋介石下达了命令，

---

5 关于江西1926—1927年的革命与反革命政治，参阅Stephen C. Averill, *Revolution in the Highlands: China's Jinggangshan Base Area* (Lanham, MD: Rowman and Littlefield, 2006), 123–138。

6 陈铭枢，《陈铭枢回忆录》，中国文史出版社，1997年，第167–168页。

7 Arif Dirlik, *Revolution and History: The Origins of Marxist Historiography in China, 1919–1937* (Berkeley: University of California Press, 1978), 57–227.

8 关于1932年淞沪抗战，参阅Donald Jordan, *China's Trial by Fire: The Shanghai War of 1932* (Ann Arbor: University of Michigan Press, 2001); 肖如平：《南京国民政府与"一·二八"淞沪抗战研究》，浙江大学出版社，2016年。关于蒋介石与陈铭枢关系的恶化，后者提供了大量信息。

也许是陈铭枢提出了要求，十九路军不久被派往福建，表面上是为了镇压该省的共产党。但是，陈及其同僚不久便发布声明，在福州建立独立政府，由十九路军的将官们领导。这就是著名的福建事变，他们不仅建立了独立的政府，还发布了详细的"政治纲领"和"人民权利宣言"。革命者们号召推翻蒋的统治，抗击日本帝国主义，保护工人和农民的权利。[9]同时，他们还在一些领域内与中国共产党进行了谈判。

王礼锡并没有直接参与淞沪抗战和"福建事变"的军事行动，但他与两者都有关系。1932年，神州国光社出版了他的《战时日记》，以日记体的形式记录了这场为时较短的战争，歌颂陈铭枢和第十九路军。[10]书中隐含着对蒋介石的批评，加上他主编的刊物上发表过马克思主义论争，南京当局便警觉起来，下令王于1933年中出国，到海外进行"调查"，同时利用这个机会关闭他主持的出版机构。当年年底，王秘密回国，到福建与陈铭枢碰头，在"福建事变"期间，他可能还参与起草了人民革命政府各种政治宣言。1933年12月，陈铭枢组建生产人民党，作为该政府的核心力量，从该党现存的名单来看，王活跃在"福建事变"的政治中心。[11]不到两个月，事变失败，其领导人被迫流亡海外，很可能都在悬赏通缉之列。王于1934年回到伦敦，开启了五年海外流亡生涯。其间，他继续从事激进活动，并开始与汉普斯特德的华人文艺圈交往。

"山居"汉普斯特德

1933年夏，王礼锡和妻子陆晶清（1907—1993）抵达伦敦。陆晶清毕业于北京女子高等师范学校，是一位现代主义作家和女权主义革命

9　关于"福建事变"的经典分析，可参阅 Lloyd E. Eastman, *The Abortive Revolution: China Under Nationalist Rule, 1927-1937* (Cambridge: MA: Harvard University Press, 1974), 85-139。

10　王礼锡，《战时日记》，神州国光社，1932年。

11　《生产人民党党员花名册》，载福建事变档案馆编，《福建事变档案资料，1933.11—1934.1》，福建人民出版社，1984年，第69-77页；Eastman, *Abortive Revolution*, 111-112.

者。两人先住在阿尔伯特街一间小屋内，后在国会山附近租了房子，在汉普斯特德荒野的拐角处。房屋共三个房间，同住的还有"福建事变"的领导者、作家胡秋原及其妻子敬幼如。为了节约开支，两家人分摊房租和生活费用。胡秋原夫妇1935年年底离开英国后，王陆二人只保留了一个房间，兼作卧室、书房、起居室、厨房，集各种功能于一室。两人财产大多在上海遗失，所以这个房间里的物件，便是两人全部家当，后来又慢慢累积了不少从查令十字街二手书店买来的旧书。[12]1936年，两人搬到上公园路50号，与熊式一夫妇及蒋彝成为室友。这五位作家形成了"江西帮"，他们位于汉普斯特德的住所很快成为30年代中期海外华人的活动中心。其间来到伦敦的文化界人士常常要来拜访王礼锡和熊式一等人，包括艺术家刘海粟和徐悲鸿，还有一些年轻的学生，比如杨宪益（1915—2009），他当时是牛津大学的学生，后来成了翻译家。回忆王礼锡的圈子时，杨宪益说那是"社交中心"，在与这些前辈们的交谈中，他学习了很多关于中国复杂政治局势的知识。[13]

王礼锡和陆晶清在物质条件上不如熊式一夫妇，王也不像蒋彝那样有常规的教职，但他们两人在汉普斯特德的生活倒也怡然自得。陆晶清依据中国文人山居写作的传统，写过一篇长文，颇为温暖地记述了头几年里的几个生活场景：国会山草地上的夏日时光、与街头艺术家的邂逅、与房东布莱克太太的友好交谈等。[14]除了这些简单的愉悦之外，王在汉普斯特德着迷英国的浪漫派诗人，于是自封为流亡诗人"雪莱·王"。就文化背景来说，他认同一位英国浪漫派诗人，是完全合理的。王成长于中国五四运动和新文化运动期间（1915—1925），属于

12 陆晶清，《陆晶清诗文集》，四川大学出版社，1997年，第176–178页。王礼锡，《去国草》，中国诗歌社，1939年，第524页。关于陆晶清，可参阅"Lu Jingqing"，in Amy D. Dooling and Kristina M. Torgeson, eds., *Writing Women in Modern China: An Anthology of Women's Literature from the Early Twentieth Century* (New York: Columbia University Press, 1998), 157–159。

13 Yang Xianyi, *White Tiger: An Autobiography of Yang Xianyi* (Hong Kong: Chinese University of Hong Kong Press, 2002), 50–51.

14 陆晶清，《山居杂记》，载《陆晶清诗文集》，四川大学出版社，1995年，第174–184页。

"浪漫的一代"，志存高远的作家和诗人们推崇和效法很多西方文学英雄，尤其喜爱拜伦、雪莱和济慈。[15]王礼锡作为编辑时的"社会史论战"中，有一位主要撰稿人，即作家、史学家郭沫若，他本人就是一位浪漫主义诗人，以中国古体诗的形式翻译的雪莱作品广为人知。[16]蒋彝回忆说他读过雪莱的诗歌，是"一位有才华的诗人"翻译的文言文，很有可能说的就是郭沫若的译文。不过，同样值得注意的是，蒋后来也读过用中文口语翻译的雪莱诗歌。[17]雪莱作品有多个译本，本身就说明他在中国受人欢迎。

在后来关于其成长过程的文章中，王没有特别强调西方诗人的特殊影响。但是，"雪莱"显然不仅仅是开玩笑，把他自己的中文名字倒过来，在英国使用。他的诗歌和散文表明，他熟悉、推崇的不仅有雪莱，还有济慈。他为唐代诗人李贺（790—816）作过传，这是他离开中国前发表的唯一论著。书中，他随口提到，李贺去世时年仅27岁，"和英国诗人济慈一样"。[18]1933年，王在罗马参观过雪莱和济慈的墓地，其游记的结尾还引用了雪莱的诗歌《朱利安与马达罗》[19]。1936年，他又为中国读者撰写了一系列文章，其中描述了他对汉普斯特德荒野的最初印象，并饱含情感地提到了该地区绿色的田野和山峦。他描写了池塘周围的儿童和天鹅，并随口说："据说雪莱从前在那里放过（纸做的）小船玩。"在该文的后半部分，他又说从南端路（South End Road）往前走几步，就能看到济慈故居纪念馆，位于济慈林中，诗人就是在那里创作《夜莺颂》的。若有朋友来访，王常带他们去附近一家咖啡馆。[20]确立他作为"雪莱·王"的诗人形象之后，这位流亡海外的中国诗人和社会活

---

15 Lee, Leo Ou-fan, *The Romantic Generation of Modern Chinese Writers* (Cambridge, MA: Harvard University Press, 1973), 275-279.

16 Pu Wang, *The Translatability of Revolution: Guo Moruo and Twentieth-Century Chinese Culture* (Cambridge, MA: Harvard University Asia Center, 2018), 59-68.

17 Chiang, *The Silent Traveller in Oxford*, 10-11.

18 王礼锡，《李长吉评传》，神州国光社，1930年，第21页。

19 王礼锡，《海外杂笔》，中华书局，1935年，第171-172页。

20 王礼锡，《海外杂笔》，第76页；王礼锡，《海外二笔》，中华书局，1936年，第8-9页。

动家将在未来五年内，从汉普斯特德走向大都会伦敦和英国各地，进而走向欧洲各大城市。

在各国际组织内的跨国活动

30年代最主要的一份左翼杂志是《左翼评论》，是国际革命作家联盟英国分部的刊物，先后担任编辑的有爱德格·瑞克沃德（Edgell Richword，1898—1982）、蒙塔古·斯莱特（Montagu Slater，1902—1956）、兰德尔·斯温格勒（Randall Swingler，1909—1967）等诗人和评论家。刊物的宗旨是"利用文学及相关活动，推动政治和文化变革"。1934年至1938年间，《左翼评论》的发行量约为3万册。该刊赞扬苏联和共产党，同时也保留了一定的编辑自主性，作者可以此为平台，讨论美学、社会主义现实主义、文学理论等问题，批评法西斯主义和帝国主义，判断工人阶级的现状，评价西班牙内战、中国抗战等重大国际事件。[21] 王在逗留伦敦期间，与该刊联系最为紧密。

王最早在《左翼评论》上发表文字，是因为1934年至1935年所谓的"国际作家联盟论战"。编辑们设立这个栏目，因为国际作家联盟英国分部发布了一则声明，号召作家们"加入工人阶级建设社会主义新社会的斗争中去"，探索更有效的方法去表现这种斗争——如果他们也属于工人阶级的话，或者"利用他们的笔和影响力，反抗帝国主义战争，保卫苏联"，"揭露针对印度、爱尔兰、非洲和中国等各族人民的隐形战争"。这是一项宏大的国际使命，杂志连续多期刊发文章，就文学本质

---

21 Peter Marks, 'Art and Politics in the 1930s: The European Quarterly (1934–1935), *Left Review* (1934–1938), and *Poetry and the People* (1938–1940)', in *The Oxford Critical and Cultural History of Modernist Magazines*, vol. 1, *Britain and Ireland, 1880–1955*, ed. Peter Brooker and Andrew Thacker (Oxford: Oxford University Press, 2009), 632–641. 另参阅 Margot Heinemann, '*Left Review, New Writing* and the Broad Alliance against Fascism', in *Visions and Blueprints: Avant-Garde Culture and Radical Politics in Early Twentieth-Century Europe*, ed. Edward Timms and Peter Collier (Manchester: Manchester University Press, 1988), 113–136。

及作家的政治担当等问题展开了系列讨论。[22]

很多撰稿人重点谈论什么是工人阶级文学的问题，有趣的是，王并没有对此直接进行回应。他的文章刊登在1935年2月的杂志上，上一篇就是苏格兰作家休·迈克迪尔米德（Hugh MacDiarmid，1892—1978）的文章。迈克迪尔米德认为，无产阶级文学不应当有标准化的形式，要"考虑质量，而不是数量"。[23]王在文中说，他一直在关注H. G. 威尔斯与恩斯特·托勒尔（Ernst Toller，1893—1939）关于"苏联知识分子自由问题"的讨论。他比较了苏联和法西斯国家的"自由"状态，并提出了两个衡量标准："量"和"质"。他承认，"在俄国，知识分子被允许为劳苦大众写作；但不允许他们反对劳苦大众"，他说实际上劳苦大众在苏联属于多数派。相比之下，中国的统治阶级是"帝国主义的代言人"，他们"完全有自由钳制舆论……将知识分子处死"。这是少数派的专制统治，与德国和意大利施行的统治相仿。因此，与法西斯和资本主义国家相比，苏联显然拥有更高的"量"的自由，最近在"质"的自由方面也增长更快。法西斯和资本主义国家只会慢慢限制知识分子的自由，英国最近通过的《煽动法》就是证据。[24]

实际情况是，王一直关注的是国际笔会上的激烈讨论所引发的论战，主持国际笔会的是威尔斯。1934年爱丁堡大会的一个议题是，如何保护作为人权的表达自由，如何支持被流放的德国作家，比如被纳粹迫害的托勒尔。威尔斯支持托勒尔，却不支持国际笔会与其他政治运动联手，包括共产主义，以共同抗击纳粹主义或法西斯主义。他认为这个国际作家团体是以权利为基础的跨国组织，超然于常规政治之外。[25]这种非政治化的姿态，让王不以为然，他嘲讽威尔斯是个现状维持者。[26]正

22 'I. The Writers' International Controversy, in David Margolies, ed., *Writing the Revolution: Cultural Criticism from 'Left Review'* (London: Pluto Press, 1998), 23-25.

23 'From Hugh MacDiarmid', *Left Review* 1, no.4 (February 1935): 182.

24 'From Shelley Wang', *Left Review* 1, no.4 (February 1935): 182-183.

25 Rachel Potter, 'International PEN: Writers, Free Expression, Organisations', in *A History of 1930s British Literature*, ed. Benjamin Kohlmann and Matthew Taunton (Cambridge: Cambridge University Press, 2019), 120-133.

26 王礼锡，《海外二笔》，第46-48页。

如王在《左翼评论》文章中所述，他刚刚退出国际笔会中国分会（成立于1934年），"因为我抗议日本侵略中国，抗议国民政府对我们作家的无情迫害，但我的抗议却遭遇了敌意和冷漠"。[27]王批评威尔斯的被动，指出了英国对知识分子自由的限制，虽然错解了讨论的主题，却将一位中国作家直言不讳的关切，带入了一场以欧洲为中心的论战之中。

尽管错解了题目，王却受到了《左翼评论》编辑们的欢迎。1935年3月刊将他列为撰稿人，并称他"写的东西几乎都被南京政府烧了"。[28]而且，很可能因为他是流亡作家，《左翼评论》才邀请他与熊式一加入英国代表团，参加1935年6月在巴黎举行的"第一次国际作家保卫文化大会"。[29]在安德烈·纪德（Andre Gide）和安德烈·马尔罗（Andre Malraux）的组织下，会议沿袭了1935年第三国际第七次世界代表大会确立的联合阵线政策，来自38个国家的230位作家齐聚一堂，讨论法西斯对和平与文学的威胁。会议地点是巴黎的"互助之家"，能容纳3 000人的礼堂座无虚席，与会代表们发布声明，批判限制表达自由，大多对苏联予以表扬，并决定设立保卫文化作家协会，由马克西姆·高尔基（Maxim Gorky）、辛克莱·刘易斯（Sinclair Lewis）、E. M. 福斯特等名人主持。有人抗议斯大林逮捕作家维克托·塞尔日（Victor Serge，1890—1947），给大会的讨论蒙上了一些阴影，但是大会的确促进了国际团结，促成了一些个人之间的交往。[30]同时，大会也提供了一个机会，让中国代表能够加入跨国反法西斯运动。中国的官方代表是常驻莫斯科的革命家萧三（1896—1983）。后萧三因病无法抵达巴黎，由王礼锡代表中国发言。[31]

6月25日晚，大会举行最后一次会议，王登台演讲，与俄罗斯作家

27 'From Shelley Wang', 183.

28 *Left Review*, 1, no.6 (March 1935): 268.

29 王礼锡，《海外二笔》，第72页。

30 Jacob Boas, *Writer's Block: The Paris Antifascist Congress of 1935* (Cambridge: Legenda, 2016); Herbert R. Lottman, *The Left Bank: Writers, Artists, and Politics from the Popular Front to the Cold War* (Chicago, IL: The University of Chicago Press, 1998), 83–98.

31 王礼锡，《海外二笔》，第72页。

鲍里斯·帕斯捷尔纳克（Boris Pasternak，1890—1960）和伊扎克·巴别尔（Issac Babel，1894—1940）同台。这次论坛的题目"保卫文化"体现了整个大会的主题。王在措辞激烈的简短演讲中说，当前中国不仅外部受到日本侵略的威胁，而且内部受到"法西斯专政的残酷压迫"，他指的是蒋介石的南京政权。他说，中国有三个运动：一是完全西化的、资产阶级的倾向；二是忠于儒家信条、维护当前社会秩序的文化保守势力；三是"坚持人民革命斗争的无产阶级作家"。同时，知识分子正"被随意关押、拷打，不经审判便处以死刑"。演讲的结尾，王提议全世界的所有作家都对国民政府的情况表示抗议。[32]他利用欧洲舞台，让大家关注受迫害的知识分子，了解中国左翼作家进行的斗争，也拓宽了这次反法西斯大会关注的国际范围。

巴黎作家大会结束后，王继续参加各种跨国反法西斯运动，在国际反侵略运动会中国分会的成立中扮演了重要角色。大会于1936年由英法活动家成立，是一场普遍的前线斗争运动，其机构兼收并蓄，囊括了来自43个成员国的各种组织，以对抗法西斯主义的兴起，为日渐削弱的国联集体安全机制提供群众支持。大会的动员形式是召开一系列国际和平会议，代表各种社会群体的各国代表团共同讨论大家所面临的主要挑战，并形成决议，作为国家或地方组织的行动计划。[33]1936年至1938年间，在布鲁塞尔、伦敦和巴黎等地举行的一系列会议上，王可能是最引人注目的中国代表。

1936年9月3日至6日，世界和平大会在布鲁塞尔举行，作为国际反侵略运动会的第一次大规模会议。来自35个国家的5 000多名代表参加了会议。包括王在内，中国官方代表共14人，但他们当时都与南京

---

32 'Shelley Wong', in *Pour la défense de la culture: les textes du Congrès international des écrivains, Paris, juin 1935*, ed. Sandra Teroni and Wolfgang Klein (Dijon: Editions Universitaires de Dijon, 2005), 499－500.

33 关于国际反侵略运动大会的组织，参阅Ke Ren, 'The International Peace Campaign, China, and Transnational Activism at the Outset of World War II', in *The Routledge History of World Peace since 1750*, ed. Christian Philip Peterson, William M. Knoblauch, and Michael Loadenthal (New York: Routledge, 2018), 359－361。

没什么关系,不是国民党政府派来的。他们当中有中国学生、劳工及旅居法国和英国的作家代表,不过最值得注意的是,其中还有十九路军前将领陈铭枢、作家胡秋原,以及中国代表团团长、进步教育家陶行知(1891—1946)。很多中国人也前往布鲁塞尔参会,支持中国代表团,包括陆晶清、蒋彝和熊式一夫妇。[34]

大会强调统一团结、积极合作,抵制战争和法西斯主义,谋求集体安全。大会设立了农业、宗教信仰、老兵、体育、工会、妇女、青年等委员会。中国代表团参加了其中几个特别委员会,但最能直接表达他们政治立场、彰显他们存在的,还是王在大会开幕式上的发言。主持人介绍他为"王教授",是"一位了不起的作家和学者"。他在台上宣布,中国经历了几十年的内战和外敌入侵,所以"渴望和平"。演讲一开始,他将中国的内战和面对外部威胁时的软弱联系起来。他认为,如果每一名工人、农民、士兵都拒绝与同胞作战,无论军事领袖是谁,无论有什么借口,那么境内的和平就能得到保障。[35]这话显然是在批评蒋介石。王还将中国的民族运动和革命运动比作欧洲的人民阵线,不过人民阵线是为民主呐喊,而中国的运动是为民族独立而斗争。用王的话说,"构成中国人民阵线的,包括知识分子、青年、工人、农民、爱国资本家、进步政党、国民革命团、中国共产党、中华民族解放同盟,一句话,就是全体中国人民,除了叛徒"。[36]这些话与王之前对国民党尤其是蒋介石的批评是一脉相承的。蒋介石当时仍在奉行他"攘外必先安内"的政策:镇压共产党和国内的反对者,而不是直接对抗步步紧逼的日本人。

世界和平大会结束后第二天,中国代表团正式提出建立国际反侵略运动会中国委员会的请求[37],由陶行知、陈铭枢、王礼锡及其他数人签

34　Da Zheng, *Shih-I Hsiung: A Glorious Showman* (Vancouver, BC: Fairleigh Dickinson University Press, 2020), 116.

35　International Peace Campaign, *World Peace Congress, Brussels, 3, 4, 5, 6, September 1936* (Paris: Labor Publishing, 1936), 72.

36　Ibid., 72.

37　《敦促国际和平会议速派代表来华》,载《陶行知全集》,四川教育出版社,2009年,第6卷第338页。

署。实际上，布鲁塞尔会议筹备期间，国际反侵略运动会就派了一名代表前往中国，希望中国派人参加会议。于是国际反侵略运动会中国临时委员会成立，主导者是全国各界救国联合会的几位领导人，包括记者邹韬奋（1895—1944）、著名教育家马相伯（1840—1939）和教育家李公朴（1902—1946）。世界和平大会的官方文集和世界反侵略运动会的每月公报上[38]都刊登了声明并配有照片，照片上有上海的这些领导者，也有在欧洲开展工作的活动家们，王也在其中，这表明中国分会在组建之中并已得到认可。参与组建国际反侵略运动会中国分会的，主要是对蒋介石持批判态度的"福建事变"老兵和全国各界救国联合会成员，这说明该会有强烈的民间运动色彩，致力于非政府间的跨国活动。王与欧洲和中国的活动家们都有密切联系，因此是重要的联络人。1938年国民党政府接管之前，王一直是国际反侵略运动会中国分会的欧洲代表。不过，到1938年，经过王和他的中国同事们的努力，中国已经成为反侵略会各项活动中的关注焦点，1938年举行的两次反侵略大会便是证据，即在伦敦召开的"世界援华制日大会"，以及7月份在巴黎召开的"反对轰炸不设防城市、恢复和平世界行动大会"。两次会议上，王都是主要代表。[39]

接下来几年中，王继续活跃在"英国援华运动"（British Aid China）内的多个组织，包括"中国人民之友"（FOCP）和"全英援华总会"，这些组织的目的都是帮助中国摆脱日本帝国主义的威胁，走出困境。其中，全英援华总会是最活跃、最有影响力的，1937年日本全面侵华之后，该组织在动员英国人支持中国抗日方面发挥了重要作用。援华总会的主席是多罗茜·伍德曼、民主控制联盟（Union of Democratic Control）的秘书，以及左派读书俱乐部创始人维克多·格兰茨。当时英国公众很喜爱中国艺术和文化，还有一些自发的援华行动，比如码头工人罢工，抗议向日本运送货物。援华总会在此基础上，于1937年至

38　*Monthly Bulletin of the International Peace Campaign*, no.11 (10 November 1936).

39　Ren, 'International Peace Campaign', 362-364.

1939年间多次举行了消费者抵制运动和中国战时救助筹款活动，同时还组织了一系列展览、戏剧、电影、表演，展示陈依范（1908—1995）等旅英艺术家的作品。[40]援华总会中很多关键人物都回忆说，王四处奔走、不知疲倦，是运动的核心力量。用亚瑟·克莱格（Arthur Clegg）的话说，王"表面沉稳而礼貌，内心却隐藏着革命的意志和刻苦勤奋的精神，随时准备站到公众面前"。[41]

　　的确如此。王礼锡在1937年年末至1938年的公开活动，最主要的内容就是代表援华总会四处奔走、宣讲中国的抗战。他仍在写作，在此期间在主流杂志上发表过数篇文章，还根据国共建立联合阵线的新情况调整了措辞。1937年11月，中国开始全面抗战，王在《劳动月刊》上撰文呼吁，希望读者们明白，中国的命运会产生国际影响，且群众有力量施加影响，让政府对日本进行制裁。[42]《左翼评论》1938年1月出版了"现代中国"特别增刊，由陈依范编辑，其主打文章便出自王的手笔。文中，他说中国的抗战是四条战线上的战争：军事政治和外交、文化、群众运动，并为读者们总结了这四个方面的最新进展。值得注意的是，王认可官方的联合阵线，但仍然强调普通人民大众的重要角色。他认为全英援华总会和国际和平会议在英国的工作，得益于"旅居海外的中国学生、知识分子、宗教界人士、商人和工人"的宣传工作，因为他们"介绍了中国的情况、获得了同情和支持"。[43]他后来写过一本书，向中国公众介绍各种国际援华运动，他在书中称这种活动为"国民外交"，既表明了非政府的独立性，又表达了爱国责任。[44]下文我们即将看到一些重要的跨

40　Tom Buchanan, *East Wind: China and the British Left, 1925–1976* (Oxford: Oxford University Press, 2012), 67–79; Paul Bevan, *A Modern Miscellany: Shanghai Cartoon Artists, Shao Xunmei's Circle and the Travels of Jack Chen, 1926–1938* (Leiden: Brill, 2015), 203–204.

41　Arthur Clegg, *Aid China, 1937–1949: A Memoir of a Forgotten Campaign* (Beijing: Foreign Languages Press, 2003), 7.

42　Shelley Wang, 'War in the Far East: An International Issue', *Labour Monthly* 19, no.11 (November 1937): 682–689.

43　Shelley Wang, 'China's Struggle on Four Fronts', in 'Modern China', supplement, *Left Review* 3, no.12 (January1938): 719.

44　王礼锡，《在国际援华阵线上》，生活书店，1939，第3页。

文化交流事件，正发生在王作为"国民外交家"为中国发声期间。

跨文化抒情：《去国草》

1937年11月，左派读书俱乐部会与全英援华总会合作，发起了一系列公开讲座，邀请到访英国的中国人踏上"中国之旅"，到英国17个地方演讲。受邀者包括熊式一和其他几名中国人，但讲演最多的无疑是王礼锡。[45]1936年，出版商维克多·格兰茨在哈罗德·拉斯基（Harold Laski，1893—1950）和约翰·斯特拉奇（John Strachey，1901—1963）的支持下，成立了左派读书俱乐部，每月给缴费会员送一本"左书"，于是左派读书俱乐部迅速成为30年代一个重要的文化组织。到1939年，左派读书俱乐部已有4万多名会员，形成了包括全国4 000家地方书店在内的分销网络。[46]在为中国战时一家艺术类杂志撰写的文章中，王回忆说，左派读书俱乐部在传播与中国相关的书籍方面扮演了非常重要的角色，包括埃德加·斯诺的《红星照耀中国》和艾格妮丝·史沫特莱（Agnes Smedley，1892—1950）的《中国在反击》。1938年秋，左派读书俱乐部发起了一个入会活动，要求新成员为中国捐款，数额与其第一次购书款相同。[47]王本人有时候还介绍到英国短暂逗留的中国人成为书会会员。[48]王与维克多·格兰茨在全英援华总会共事，两人关系非常密切。格兰茨还曾为王提供住处，长达一个多月，让他专心写书。那可能就是《今日中国》，是左派读书俱乐部约稿的，但后来并没有出版。不过，格兰茨经常回忆起王，说他"文质彬彬、温和儒雅"。[49]

45　Clegg, *Aid China*, 22-23.

46　Andrew Thacker, 'Circulating Literature: Libraries, Bookshops, and Book Clubs', in *A History of 1930s British Literature*, ed. Benjamin Kohlmann and Matthew Taunton (Cambridge: Cambridge University Press, 2019), 98-102.

47　王礼锡，"英国文化界的援华活动：左派读书俱乐部及其他"，载《王礼锡文集》，新华出版社，1989年，第74-76页。

48　钱歌川，《忆王礼锡》，载《王礼锡研究资料》，第321页。

49　Victor Gollancz, *Reminiscences of Affection* (New York: Atheneum, 1968), 136-137.

1937年11月初，王开始了巡回演讲，几周内先后到访了朴次茅斯、汤顿、彼得伯勒等城镇。[50]一定程度上，王在本次巡回演讲中的活动已经形成了固定程式。在左派读书俱乐部支持者或书店的主持下，他会为当地听众介绍日本侵华战争的背景，列举其国际影响，呼吁听众抵制日货。晚间最后的活动，常常是为中国战时援助捐款。不过，至少有两次，主持人是文学界知名人士，王与他们进行了长时间的对谈。

1937年11月，王来到多切斯特，在当地的左派读书俱乐部演讲。多切斯特的主持人是颇有名望的小说家、诗人西尔维亚·汤森·华纳。华纳及其伴侣瓦伦丁·阿克兰（Valentine Ackland，1906—1969）是英国共产党的忠实党员、当地各种集会上的活跃分子，曾作为红十字会志愿者和第二届国际作家保卫文化大会代表，两度前往西班牙。两人都为《每日工人报》和《左翼评论》等左派出版物撰稿，还协助建立了左派读书俱乐部在当地的分支机构。另外，华纳和王一样，也参加了1936年在布鲁塞尔举行的国际和平大会。[51]华纳与王有相同经历，政治立场相仿，她与王相处愉快，但也发现他很好笑。她在给爱德格·瑞克沃德的信中对王进行了描述，这是王巡回演讲的描述中最丰富生动的：

> 周末招待了雪莱·王教授。到的时候，他带着个大行李箱，用一条胳膊夹着，另一只手抓着行李箱的把手，像抱着个护身符。行李箱里装了太多书，已经散架了，我们只好到当地一家皮具店，给他另找一个……我们非常爱他，但是，多切斯特的听众们恐怕有些困惑。他给他们讲了中国革命精神的各种故事，又没说清楚很多故事发生在公元前三千年前，时间久远，自然形成了固定模式。
>
> 其中有个故事，我留着讲给你听，是个关于马克思主义的故事。有

---

50 The Situation in China', *Portsmouth Evening News*, 3 November 1937; 'A Public Protest Meeting', *Peterborough Standard*, 5 November 1937; 'Boycott of Japan Urged', *Western Daily Press*, 9 November 1937.

51 华纳30年代的进步活动，参见Claire Harman, *Sylvia Townsend Warner: A Biography* (London: Penguin Books, 2015), 140–172。

个中国独裁君王，一心要在自己的统治下实现和平，于是把农民的武器都没收了。他把收上来的金属熔化掉，铸成12个巨大的宗教人物塑像，用来装点他的官殿。后来，农民们推翻了他，用的是削尖的竹子。

你应该能明白，这种东西对多切斯特工党来说，是非常奇怪的。[52]

华纳是历史小说家，可能对秦始皇铸造12铜人的故事特别留意，而王讲述这个故事，似乎是为了说明专制统治的后果。当地报纸对王在多切斯特的报道，并没有提及这些历史故事。[53]不过，王的书生意气和历史掌故显然让华纳高兴，这说明在个人层面上，王与英国左翼作家的接触很可能超出了政治动机，而进入了更为深刻的跨文化对话。王出版那本关于英国援华人士的书籍时，收录了一篇令人感动的华纳书信，题为"介绍中国"，是1938年年末王回到中国后寄来的。

王称华纳是"英国著名女作家"，已出版多部诗集和小说，包括广为流传的《罗莉·维洛维斯，或有爱的猎人》（ *Lolly Willowes; or the Loving Huntsman* ）。她同时还是一位热忱的社会主义者，参与了支持西班牙和中国的各种运动。接着，王翻译了华纳的信件。华纳在信中承认，青少年时期，她只知道两个和中国有关的词："北平"和"抢劫"。华纳说，她现在不再把中国当作一家"旧古玩店"，而是看作一个为自由而斗争的国家，一个"活生生的中国"。华纳响应妇女抵制运动宣言，说她永远不会购买日本的长筒丝袜，还要努力给中国捐赠药品。[54]王公开华纳的书信，旨在向中国公众表明，欧洲人在努力增进对现代中国的了解，愿意支持中国抗击日本侵略者。不过，接下来我们会看到，他翻译了华纳的书信，同时也要依靠华纳来把他的几首诗歌翻译成英文。

王最为深入的文学交流发生在1938年1月，当时他在贝尔法斯特，

52 'To Edgell Rickword, 10 November 1937', in Sylvia Townsend Warner, *Letters*, ed. William Maxwell (New York: Viking, 1982), 50.

53 'China's Struggle for Freedom', *Western Gazette*, 12 November 1937.

54 "欧洲人怎样认识中国"，载《在国际援华阵线上》，第138–130页。

在全英援华总会的赞助下进行巡回讲演。招待他的是约翰·休伊特和罗伯塔·休伊特，1933年独立工党在韦林花园城组织暑期学校，王曾在那儿见过休伊特夫妇。到40年代末，约翰·休伊特成了北爱尔兰知名诗人、乌尔斯特"地方主义"的主要倡导者；两次世界大战期间，他还在贝尔法斯特博物馆兼画廊担任管理员，但已经开始写诗了。休伊特还是位坚定的左派活动家，与贝尔法斯特和平委员会（Belfast Peace Council）及当地的左派读书俱乐部都有关系。在王到访之前，休伊特已经开始对中国文化感兴趣——二十多岁就读过亚瑟·韦利的《170首中国古诗选译》——1936年伯林顿府（Burlington House）举行国际中国艺术展，他前往参观，有了"强烈而深刻的体验"[55]，于是对中国艺术的兴趣又激活了。正如休伊特研究学者艾米·史密斯所示，这位乌尔斯特诗人对中国内部政治斗争和日本帝国主义的威胁非常关注，创作了题为《致中国——写在上海陷落时》（1927）、《十四行诗：日本的中国政策》（1938）等诗歌。[56]《中国展览笔记》中有个段落，尤其能体现他从左派立场出发对中国人民苦难的同情：

> 我绝不要玛瑙，绝不要珠玉
> 除非新中国或她丰饶厚重的大地
> 歌唱，她数百万熙熙攘攘的民众满足
> 有衣有食有居所，像君王的新娘。[57]

55　John Hewitt, *A North Light: Twenty-Five Years in a Municipal Art Gallery* (Dublin: Four Courts Press, 2013), 99; Amy Beth Smith, 'On "the Edge of a Crumbling Continent"：Poetry in Northern Ireland and the Second World War' (PhD dissertation, Durham University, 2014), 50–51.

56　关于休伊特见王礼锡之前在作品中对中国的表现，更详尽的讨论可参阅Smith, 'On "the Edge of a Crumbling Continent'", 50–53. 非常感谢艾米·史密斯精彩而细致的研究。

57　John Hewitt, 'Notes to the Chinese Exhibition', unpublished, n.p. Notebook 21, Poems, 1935 and January-August 1936, 71, Ulster-Scots Collectors Project, John Hewitt collection, https://www.ulsterscotscollectors.com/book-21-poems-1935-to-1936-january-to-august. 这份电子档案的编号与笔记本扫描版有所不同。在实体的笔记本中，休伊特将该册标记为"笔记本XII"。

与华纳书信中所表现的一样，休伊特心中充满着对当代中国的关切，似乎已经为邂逅一位熟知历史、信奉马克思主义的中国诗人做好了一切准备。

王到访贝尔法斯特期间，休伊特夫妇让他在自己家里住了十天。除了给青年乌尔斯特社等做演讲之外，王和休伊特一起出去游玩、参观博物馆、讨论中国诗歌和爱尔兰历史。休伊特在回忆录中用了很大的篇幅写他的朋友"雪莱·王"，记录了王到访的很多细节，读来令人感动。例如，王对爱尔兰公民军特别好奇，近乎固执；他坚持认为韦利翻译的诗歌不好，没有体现原文中的文字游戏，没有原文的节奏和韵律；休伊特甚至还记录了两人关于王鞋子上的破洞的谈话。在休伊特看来，王介绍中国的过去和当下时充满热情，为人"安静、包容、真诚"，因此是"好人，甚至是伟大的人，他的智慧和丰富经验，我是永远也达不到的"。休伊特在如此亲密的层面上进行跨文化交流，因而把王的到访看作一次重要邂逅，让他本人变得更加开阔包容了："那段日子是生命中短暂却强烈的时刻，表明时间不仅是一段日子，而是有宽度、有深度；时间不仅是时长，它是有厚度的。"[58]

1月11日，休伊特的妻子和妻兄开车，带王礼锡去唐恩郡看莫恩山脉（Mourne Mountains）。当晚在贝尔法斯特一家咖啡馆吃饭时，王在一个肯西塔斯牌（Kensitas）香烟盒的内壳上写了一首关于莫恩山脉风光的诗歌。据休伊特的传记作者说，当天剩下的时间里，约翰、罗伯塔及另外一位朋友争相把这首诗歌翻译成英语，王成了这场竞赛的裁判，最后判定休伊特胜出。[59]休伊特是这么描述的："过了几个晚上，在王的帮助下，我翻成了英文，几个月后发表在《新政治家》上。"[60]但是，翻译似乎是个费时费力的合作过程。艾米·史密斯通过王离开贝尔法斯特后几个月内与休伊特的往来信件，发现王曾要求休伊特将几首诗歌"重译

58　Hewitt, *A North Light*, 101–103.

59　W. J. McCormack, *Northman: John Hewitt (1907–1987): An Irish Writer, His World, and His Times* (Oxford: Oxford University Press, 2015), 63–65.

60　Hewitt, *A North Light*, 102.

成英语"，其中似乎涉及休伊特将王的一组关键意象进行润色、重组的问题。[61]史密斯阅读了几首休伊特翻译的王的诗歌，也阅读了休伊特创作的回忆王的诗歌，在此基础上得出了令人信服的结论：王对风景意象敏感，并将其与战时诗人的政治角色结合起来，从而成为休伊特创作和人格的重要榜样。[62]

王自己的诗歌——无论是中文诗还是英文翻译，他本人又是如何看待的呢？1939年《去国草》的序言中有一些线索。该书出版后，王从重庆给蒋彝和约翰·休伊特各寄了一册。这本书是王于1938年11月乘船回国时写的，书中回忆了与一帮北爱尔兰青年诗人在一起的情形，他们是由约翰·休伊特召集来的。讨论到深夜，大家的话题转向中国诗

图10.1　王礼锡，题词为："王礼锡，1938年，于贝尔法斯特。"（基思·米勒供图，约翰·休伊特协会许可使用）

61　Smith, 'On "the Edge of a Crumbling Continent'", 54–57.
62　Smith, 'On "the Edge of a Crumbling Continent'", 62.

话，这是中国古典诗歌里的一种批评样式，"风格很不正式，由无数短篇构成，每个短篇有诗歌数行，其后（或其前）是作者用散文写的评价"。这一文类的集大成者，当数清朝作家袁枚（1716—1798），王年轻时非常崇拜他的《随园诗话》。[63]根据王的回忆，他曾答应贝尔法斯特这帮年轻的诗歌爱好者们，一旦"日寇被击溃"，他要花功夫写一部"海外诗话"，"以海外佳章逸闻，播于中土"。如果志向更加远大一些，他甚至还要用英语写一部"中西诗话"，将中国诗人和外国诗人结合起来。这些文学计划都取决于中国抗日战争的胜利，王对之念兹在兹，视为第一要务。但是，一旦战争结束，王下定了决心，若"此身尚在人间，此志必遂也"。[64]

考虑到以上这些不祥论调，很难不把《去国草》看作某种自传式的"诗话"。这本薄书中有王自己的诗歌，三分之一已译成英语，与汉语原诗并置，另有简短的评语，交代王在五年流亡生涯中的行踪和见闻，作为诗歌创作的背景。除了几首自译的诗歌之外，王诗的英文版都是文学界朋友们"重译成英语"的，包括西尔维亚·汤森·华纳、瓦伦丁·阿克兰、约翰·休伊特，还有帮助蒋彝润色文章的英妮丝·赫尔登（婚前姓杰克逊）。[65]因此，这部诗集中不仅有王的自述，还集中了与他对话的几位英国和爱尔兰的重要人物。

必须注意，王的大多诗歌是古体诗。当时，"新体诗"，即用白话写作的诗歌，颇受人追捧，但王却固执地使用他认为"美丽"的经典形式。不过，他也承认，曾经影响过他的很多晚清作家，都调整了古典诗歌的形式，以容纳现代的主题和新颖的词汇。正如近期的一些研究表明，古典诗歌并非在五四期间一下子让位于现代白话，对无数晚清和民国的中国作家来说，文言文不仅在语言上可以操作，而且更具有审美性。人们

63　王礼锡，《去国草》，第6页；王礼锡，《李长吉评传》，第176页。此处较为宽泛的诗话定义，来自Jerry D. Schmidt, *Harmony Garden: The Life, Literary Criticism, and Poetry of Yuan Mei (1716–1798)* (London: Routledge Curzon, 2003), 153。

64　王礼锡，《去国草》，第6—7页。

65　Da Zheng, *Chiang Yee: The Silent Traveller from the East — a Cultural Biography* (New Brunswick, NJ: Rutgers University Press, 2010), 60.

有意使用古典的形式，以对抗简单实用的文化现代性，或催生出自我表达的新形式。[66]更具体地说，杨治宜认为王在30年代"古典"诗人之列，他们继续拿歌行体等旧体诗做文体实验，这一做法可以追溯到晚清诗人黄遵宪（1848—1905）。《去国草》中有一首较长的诗歌，题为《呜呼吾安往兮》，其中的一系列反问显然是受到了经典诗集《楚辞》中《招魂》一诗的启发，表达了对流亡生活的愤懑和对中国救亡的决心。[67]

不过，《去国草》中大部分诗歌，都归入"去国五十绝句"题下。这些都是七言律诗，每首附有短评，描述了王的旅行——从1933年初次登船渡海，到1938年的日内瓦之行——他在伦敦的文化生活，以及对中国发生之事的反应。这些诗歌是他情感历程的记录，其中有流亡的沮丧、对祖国的怀念、生活的艰难、汉普斯特德简单生活的乐趣、旅途中发现的愉悦。这些诗歌也进一步拓展了王对英国浪漫主义诗人的痴迷和认同。在一次全英援华总会的旅行中，王寻访了伯恩茅斯（Bournemouth）圣彼得教堂里传说中的雪莱心脏安息之地，他在回忆此行的诗中写道："雪莱长吉同哀艳，幼爱其诗笔渐矜。"[68]当然，他也没漏掉济慈，在描述汉普斯特德令人愉悦的青山时，他就直接提到了济慈的作品：

> 漂泊浮生纵野航，
> 豪华叶遽似吾乡。
> 金尼半个连山赁，
> 眼底千家辉夕阳。[69]

66　Shengqing Wu, *Modern Archaics: Continuity and Innovation in the Chinese Lyric Tradition, 1900–1937* (Cambridge, MA: Harvard University Asia Center, 2013); Yang Haosheng, *A Modernity Set to a Pre-modern Tune: Classical-Style Poetry of Modern Chinese Writers* (Leiden: Brill, 2016); Yang Zhiyi, 'The Modernity of the Ancient-Style Verse', *Frontiers of Literary Studies in China* 9, no.4 (2015): 551–580.
67　Yang, 'The Modernity of the Ancient-style Verse,' 551–552.
68　王礼锡，《去国草》，第38页。
69　王礼锡，《去国草》，第33–34页。

有时候，王也使用自己独创的意象描述名胜。他在贝尔法斯特写的那首诗，"重译成英文"的那个版本，收录在本集中，题为"馒山"，约翰·休伊特曾在多家报纸及其本人后来的诗集《中国吹笛人》中发表过。其诗如下：

> 馒岭群熊驱入海，
> 散田百衲铺到门，
> 农家随意散鸡犬，
> 秃树无言绊客魂。[70]

王听说当地人把唐恩郡绵延的田地比作拼贴补缀起来的被单，于是借用佛教僧人的百衲衣这个意象来描述唐恩郡的风景。这乌托邦式的田园风光，慰藉了这位战时游客的流浪之心，也展现了一组陌生却生动的新意象。

王喜欢汉普斯特德周围绿草如茵，也很享受在英国各地的游历，但还是不得不面对拥挤不堪的公寓，看着老鼠有时候在夜间出没：

> 萧然一室餐眠共，
> 具少于家书十之。
> 鼠子莫欺书味薄，
> 油香熏染应无私。

王继续在想象中与老鼠对话，建议它们不要咬那些不能吃的书籍："若可疗饥吾早煮，谁安数字鬻文章？"[71]最后一行的中文原文意思是，"谁心甘情愿按照字数的多少来卖掉我的文章？"但是，同为作家的静霓·韩登却翻译成了："在市场上按码出售我挤出来的文字"，更加强烈地表现了

---

70 王礼锡，《去国草》，第66–67页。
71 王礼锡，《去国草》，第27–29页。

靠写作为生——也许还有翻译所带来的身体劳作的艰难。与老鼠谈话本来是个好笑的念头，却变成了流亡海外、生活艰辛的作家在生闷气、发牢骚。

王经常提到卖文为生的事情，表明他心情沮丧，因为他被国民党政府踢开了，无法直接面对中国的民族危机。正如本章开头蒋彝引用的那首诗歌所示，王的无助感表现在《去国草》另一首诗中，其结尾如下：

古今造史凭刀载，
狗马徒供纸上兵。[72]

王在评论中说，诗歌第一行引用的是晚清学者官员龚自珍（1792—1841）的著名诗行，龚是位思想激进的诗人，曾批评清朝对公共言论的压制，说"避席畏闻文字狱，著书只为稻粱谋"。[73]西尔维亚·汤森·华纳的翻译没有抓住这个重要的历史典故，但她将最后一行译为"在纸上作战的，不过是狗和马，被猎人们（huntsman）驱使"，却增加了很重要的东西。在她1926年的小说《罗莉·维洛维斯，或有爱的猎人》中，"有爱的猎人"指的是撒旦，与小说中的主人公订过誓约。正如一位文学学者指出的，小说将撒旦等同于阿尔忒弥斯，她保护妇女和动物，有"杀死攻击者的力量"。[74]那么，被"猎人们"驱使，也许会赋予动物们，即"纸上的士兵们"，以更多能动性，来面对来犯的敌人。华纳在此处表达了对这位中国作家所致力之事业的支持。

1937年，日本侵略者的暴行，激发其创作了一首画面感极强的诗歌，写的是广州空袭所造成的毁灭性后果：

---

72 王礼锡，《去国草》，第25页。
73 龚的原诗，参见《咏史》，载《龚自珍诗集编年校注》，上海古籍出版社，2013年，第1卷第253页。
74 Bruce Knoll, ‘"An Existence Doled Out": Passive Resistance as a Dead End in Sylvia Townsend Warner's *Lolly Willowes*', *Twentieth Century Literature* 39, no.3 (Autumn 1993): 359–360.

铁鸟忽蔽空，
警报欲倾城，
世界何文明，
一弹灭千生！
华宫连栋宇，
万手百年成，
顷刻化瓦砾，
尸骨徒纵横。
稚子刳胸剩柔眼，
红颜断肢犹娇呻。[75]

具有讽刺意味的是，不祥的"铁鸟"是文明的产物，将其与对人类身体
和人类劳动成果的戕害并置，以令人震撼的方式，再现了全英援华总会
为观众录制并在新闻中播放的画面。但是，王同时也承认，法西斯侵略
者不加区分地狂轰滥炸，中国平民并非唯一的受害者。书中另有一首
诗作，题为"格列尼卡"（"Guernica"），原诗如下，附有王自己的英文
翻译：

妇孺屠戮成何世！
隔海同仇皆弟兄。
沸血斜阳红古市，
万千人死自由生。[76]

相信西班牙人民和中国人民会联合起来，共同抵抗法西斯侵略，这是
国际反侵略运动会的核心宗旨之一，也是整个30年代英国左翼活动家
们的信仰。同样，王相信中国和英国的活动家们也能够联合起来，不

75　王礼锡，《去国草》，第69页。原文所引英文为约翰·休伊特所译。
76　王礼锡，《去国草》，第59页。

仅通过政治斗争，也通过诗歌。带着这样的信仰，王于1938年10月离开了英国，回到中国的抗战前线。王离开英国前的那个晚上，金斯利·马丁和多萝西·伍德曼组织了送别会，参加者有很多王在这数年内结识的同志和对话者：熊式一、维克多·格兰茨、静霓·韩登、德国流亡剧作家恩斯特·托勒尔（王在1935年《左翼评论》的文章中对他的观点表示过赞同）、印度反帝领袖贾瓦哈拉尔·尼赫鲁（Jawaharlal Nehru，1889—1964）。送别会上，王朗诵了一首他用英文创作的自由体长诗，后来西尔维亚·汤森·华纳在英国广播公司的电台上也朗诵过：

> 我们要离别了，
> 是离别，不是隔离。
> 山海不能隔离我们，
> 人们的障碍是语言。
> 距离是语言的内容，
> 语言的形式距离不远，
> 友谊的语言是温馨，
> 正义的语言是勇敢，
> 和平的语言是抵抗。
> 语言的拼成，
> 是笑，是鞏，是行动，
> 不单是字是音。
> 我们不懂的是侵略者的言语，
> 没有什么可以隔离开我与你，
> 道路，语言，都隔不开我们的精神。
> 再见，朋友们！[77]

---

77 王礼锡，《去国草》，第83-84页；'Reading of Poetry by Sylvia Townsend Warner', *Radio Times*, 15 January 1939.

尾声

王礼锡于1939年8月26日离世。当时他是新成立的作家战地访问团团长。访问团由作家、文艺评论家和学者构成，他们决定从战时的都城重庆出发，前往河南前线，去创作前线经历的"游击队"叙事。[78] 王流亡归来，在联合阵线政府下获得了新的自由，而此次行动正是他在早期作品中提倡的那种集体文化宣传工作——依靠动员广大群众进行抵抗的那种工作。在访问团开展正式工作之前，王却因黄疸病而离世。除了他当年写的几篇散文和几首诗歌外，作为战时活动家的王礼锡留给世人的遗产，主要是30年代在英国的组织工作、写作和演讲。

在旅居英国那些年里，王虽常与江西同乡蒋彝和熊式一联系在一起，但他往往更加独立。熊因为《王宝川》一剧在全球上映而声名鹊起，立身于现代主义和自我异化的东方主义之间；蒋彝将中国诗歌、书法、绘画与游记中诙谐的跨文化观察结合起来，创作了大量新颖的作品。两人在表现中国时均利用了其"真实文化"代言人的身份。而王礼锡则以其日渐强烈的反法西斯政治立场，与英国公众产生了共鸣，尤其是英国的左翼人士，并通过深度介入多家相互交叠的国际组织，让中国和中国人的关注永远成了国际讨论的一部分。他在流亡期间的激进活动，扩展了汉普斯特德文人圈的社会和政治关注，同时他与当地文人的诗歌交流，也体现了当时中英作家和艺术家之间广泛的跨文化对话。在全球动荡、战火四起的岁月里，这些活动难以衡量，却也无法被遗忘。正如约翰·休伊特在其广为人知的挽诗中所说：

其人虽然伟大，生命能给予他的
不过一场宏大运动中
一个小小的死亡、一卷未发表的手稿

---

78 Charles Laughlin, *Chinese Reportage: The Aesthetics of Historical Experience* (Honolulu: University of Hawai'i Press, 2002), 199–200.

和一册用战时纸张粗糙印刷的诗集。
然而，我想他不会理解"失败"
这个令人憎恶的字眼。还有别的词……[79]

（周小进　译）

79　John Hewitt, 'The Little Death', in *The Collected Poems of John Hewitt*, ed. Frank Ormsby (Belfast: Blackstaff Press, 1991), 44.

11

梅达谷的麻将

吴芳思

我有幸与这些著名的背井离乡者相识多年，一直钦佩他们既能适应英国当地的生活，又具有强烈的中国文化意识。我一直希望他们的孩子能记录关于他们的更多细节。我非常感谢熊德黄、何伯英、陈小滢和海伦·斯皮里特（Helen Spillett），他们的父母杰出而勇敢，而他们保留了这些记忆。

———吴芳思

在伦敦北部的家中，一群中国女士偶尔聚会，一起打麻将。一位朋友记得，20世纪60年代初的一天，她母亲承诺带她出门"吃大餐"，因为那天是她的生日，同行的还有一位不知就里的同学。两个小女孩坐在客厅里，吃着葵花籽，把瓜子壳扔到地砖上，发出咔嗒咔嗒的声音。这些女士们在相关领域内都很杰出，中国画是其最重要的纽带。其中，有两位是颇有名气的艺术家，还有一位负责牛津大学阿什莫林博物馆早期收藏的大部分20世纪中国画，另一位是作家兼画家，与布鲁姆斯伯里小组关系密切。这四人当中，有两位自20世纪40年代起就住在伦敦，另外两位自20世纪50年代起才在伦敦居住。那位吃葵花籽的小女孩回忆道："我父母所在的团体有点与众不同，与互助救护队有关，柯文南（Charles Curwen）也在其中。但因为当时伦敦及其周边地区'受过高等教育'的中国人太少了，所以我猜他们彼此都认识。"

申曼云也在这次打麻将者之列，她丈夫是英国人，曾在中国互助救护队服役。他们搬到伦敦后，申曼云和柯文南一起在科莱中文书店（Collet's Chinese Bookshop）工作。后来，柯文南在伦敦大学亚非学院担任中国历史讲师，他在延安时的故事总是很吸引学生。当时，他在延安翻译医学教科书，红军医生在窑洞医院做手术时，他会在旁大声朗读。在中文书店，申曼云负责进口中国商品，比如小纸蝴蝶、风筝和色彩鲜艳的小绳绒鸟。我父亲在大罗素街的大英博物馆工作，博物馆位于科莱中文书店的对面。每当我们生病，他都会带绳绒鸟和蝴蝶回家，让我们高兴起来。更重要的是，申曼云引进了当代中国画。她的社会关系和专业知识引起了阿什莫林博物馆的注意。20世纪60年代初，彼得·斯旺（Peter Swann）和玛丽·特雷格尔（Mary Tregear，1962年从香港加入博物馆）开始收藏现代中国画。[1]

　　两位画家中有一位是费阿姨，也就是张倩英（1909—2003）。在伦敦北部，这些华人家庭的第二代子女都把老一辈的华人女士称为"阿姨"：蔡岱梅是"熊阿姨"；张倩英嫁给了画家费成武（1914—2001），所以称她为费阿姨。以此推之，蒋彝就成了"蒋叔叔"。

　　费阿姨和费成武都曾在国立中央大学求学，师从徐悲鸿学习绘画，并因1946年获得英国文化教育协会的奖学金来到英国。费成武师从徐悲鸿时，已经掌握了西方的油画技法，但在英国定居后，他转向了中国画法。他画过花鸟画和风景画，还画过惹人喜爱的中国狮子狗肖像。1957年，他出版了《中国的绘画》（*Brush Drawing in the Chinese Manner*）一书，该书被收入工作室出版社"艺术入门"系列丛书。此外，他还为蔡岱梅的书《海外花实》制作了护封。

　　另一位打麻将的中国画家是方阿姨，也就是方召麐（1914—2006），她很晚才开始画画，但以浓墨粗犷的独特画法获得了巨大成功。她曾在美国短暂学习过艺术，后于1937年在曼彻斯特大学研读欧洲历史课程。

1　'Chinese Paintings in the Ashmolean Museum, Oxford', www.jameelcentre.ashmolean.org/collec-tion/7/10232/1270. Accessed 16 November 2020.

她担任方振武将军的翻译。当时方振武正在欧洲四处奔走，努力为中国的抗日战争筹集资金，争取支持。1938年，方召麐嫁给了方振武的儿子方心诰，并于1948年移居香港。1950年，方心诰去世之后（他们育有八个孩子），她重拾画笔，师从张大千（1899—1983）等著名艺术家，在伦敦和香港均有工作室。[2]

最年长的麻将玩家是凌叔华（1904—1990）。她生于北京，是其父的第四位夫人所生。20世纪20年代初，她以短篇小说家的身份在中国成名，被誉为"中国的凯瑟琳·曼斯菲尔德"[3]。同时，她也是"新闺秀派"[4]的成员。凌叔华在燕京大学学习外国文学后，于1926年嫁给了陈源（1896—1970），并于1927年搬到武汉。在此，陈源被任命为燕京大学文学院院长。陈源是无锡人，1913年曾赴英国留学，1922年获得博士学位，先后就读于格拉斯哥大学、爱丁堡大学和伦敦大学。回国后，他被任命为北京大学外语教授，翻译了包括屠格涅夫在内的许多外国文学作品，并主编了具有影响力的杂志《现代评论》。

陈源和凌叔华是一对杰出的知识分子夫妇，他们于20世纪40年代中期来到伦敦。1945年，陈源被任命为中国驻联合国教科文组织代表。几年后，凌叔华带着女儿陈小滢来到伦敦。凌叔华与朱利安·贝尔的婚外情是这对夫妻彼此疏远的主要原因。作为画家瓦妮萨·贝尔和评论家克莱夫·贝尔（1907—1961）的长子，朱利安·贝尔于1935年被武汉大学聘为英语教师。校园里树木繁茂，有许多现代化的西式红砖房子，朱利安住在这里，隔壁就是陈源和凌叔华的居所。他与其他一些邻居关系同样融洽，包括农业化学家廖鸿英（1905—1998）。廖鸿英与正在学习中文的贾静如（后与赫尔登结婚）同租，贾静如后来曾帮助蒋彝写

2　有趣的是，阿什莫林美术馆的一幅费阿姨（张倩英）的画被误认为是方召麐的作品。这不可能是由于他们的风格易于混淆，因为费阿姨的画明亮细腻，而方召麐用笔刚劲有力、施墨浓重。

3　Pater Stansky and William Abrahams, *Julian Bell: From Bloomsbury to the Spanish Civil War* (Stanford, CA: Stanford University Press, 2012), 190.

4　Tze-lan D. Sang, *The Emerging Lesbian: Female Same-Sex Desire in Modern China* (Chicago, IL: University of Chicago Press, 2003), 150.

书。贝尔与他的学生叶君健（1914—1999），以及英国驻重庆副领事班以安（Derek Bryan, 1910—2003）的关系也很好，班以安后来与廖鸿英结婚。1936年，贝尔、班以安和叶君健到西藏边境开展了一次史诗般的旅行。然而，没过多久，贝尔就和"我所见过的最好的女人、我院长的妻子，陷入了一种极其复杂微妙的境地"。[5]

微妙的局势变得越来越令人担忧，以至于"每周都有一起自杀的征兆"。贝尔形容她"对我来说太孤注一掷了"，但这段恋情以他们被捉奸在床而告终。贝尔比凌叔华更担心法西斯主义的崛起，他离开了武汉（寻求与贾静如的船上恋情），加入了西班牙的救护队，并于1937年7月被杀。[6]凭借这段感情，凌叔华不仅与贝尔的家人取得了联系，而且还与他的小姨弗吉尼亚·伍尔夫在六封信中进行了交流，请求她支持并帮助在英国出版自己的作品。在凌叔华位于梅达谷的最后一套公寓里，有一幅瓦妮萨·贝尔画的瓶花，还有邓肯·格兰特画的一些裂纹瓷砖。

有时候，一起打麻将的还有熊式一的妻子蔡岱梅和前外交官何思可的妻子熊化莲。

在这群聪慧而有修养的中国人里，有许多人最初是来英国学习的。1933年，熊式一和蒋彝来到伦敦。翻译了詹姆斯·马修·巴里（J. M. Barrie）的很多戏剧之后，熊式一打算学习英语戏剧，这受到了陈源的启发。陈源曾希望聘请熊式一担任武汉大学的英语戏剧教授。但熊式一没有出国留学经历，根据大学的严格规定，这意味着他没有资格担任这一职位，陈源对此感到失望。[7]1933年1月，熊式一在东伦敦学院，也就是后来的伦敦玛丽王后大学注册成为博士研究生。

由于他的英语已经很流利了，熊式一到达英国后很快就能注册入学。蒋彝和熊式一在汉普斯特德同租一套公寓。蒋彝不会英语。他揭露了九江地区一宗土地出售计划中的腐败和欺诈行为，导致他在地方政府

5　Stansky and Abrahams, *Julian Bell*, 200.

6　Stansky and Abrahams, *Julian Bell*, 210, 216, 233.

7　Da Zheng, *Shih-I Hsiung: A Glorious Showman* (Vancouver, BC: Fairleigh Dickinson University Press, 2020), 45–46.

的职业生涯戛然而止。之后，他萌生了学习政治制度的朦胧想法。尽管他的英语很差，但在1934年，他设法在伦敦大学东方学院找到了一份教中文的工作，随后以教学、写作和绘画为生。1936年，记者兼作家的萧乾来到剑桥大学学习，后来跟随蒋彝在东方学院教授中文。日后成为美食作家和餐馆老板的罗孝建也来到剑桥大学学习。同年，日后的翻译家杨宪益开始在牛津大学学习。1937年，方召麐开始在曼彻斯特大学学习。蔡岱梅曾在北京的国立大学学习中国文学。来自四川的熊化莲也曾在杭州的一所女子大学学习中国文学，对诗歌尤其感兴趣。在通过英美外交官资格考试前，何思可（熊化莲的丈夫，同样来自四川）在成都学习政治学。他欣赏英国的司法制度，后来选择了英国的外交部门。何氏夫妇的婚姻是一种现代婚姻。据他们的女儿何伯英回忆：

　　1938年，父亲与母亲订婚后，父亲第一次被派往伦敦。不幸的是，母亲被要求和一个远房表亲订婚，但她是个女权主义者，想自己选择丈夫。上大学时，母亲剪掉了长发，她的父母很不高兴。她和大学朋友去上海买了美国化妆品，因为在四川只会用玫瑰花瓣制成的胭脂搽脸颊、涂嘴唇。另一个同学向父亲引见了母亲后，她与远房表亲解除了婚约，于是母亲开始与父亲通过每次写一首诗的方式展开"爱情对话"。1938年，父亲在大使馆的工作进展顺利，他找到了房子，也有了车，让母亲和他一起去伦敦结婚。于是，他们在大使馆结婚了。后来第二次世界大战爆发，父亲于1945年被要求返回重庆改任他职。由于国民政府的内部冲突，我和弟弟彼得在1948年逃回了伦敦。但父亲作为第一秘书的工作并没有持续多久，因为英国在1950年正式承认了中华人民共和国，原先的大使馆也关闭了。但父亲把车留下了，我们雇了一个英国女佣（她的名字叫罗斯）。那时我们住在汉普斯特德区宏伟的梅尔斯菲尔德园（Maresfield Gardens）中。[8]

8　1949年中华人民共和国成立，1950年英国正式承认了中华人民共和国，但直到1972年两国才互派大使。

住宅

熊式一在汉普斯特德上公园路50号租了一套公寓，并邀请蒋彝与他同租。该地区位于汉普斯特德村南部，住宿相对便宜，当时受到作家和艺术家的喜爱。[9]白色灰泥粉饰的高排屋内有三个套房，这套公寓是其中之一。街道和附近许多道路两旁的房子都与此相近，这些"又大又笨重，带有大门廊的灰泥房子"，建于19世纪50年代中期，"模仿着伦敦西区新郊区的派头"，排列在汉普斯特德区和贝尔塞斯公园之间的众多街道上，一直延伸到瑞士屋区（Swiss Cottage）。20世纪60年代，蔡岱梅在瑞士屋区的巴克兰德新月街（Buckland Crescent）买了一套一模一样的灰泥房子，带有壮观的柱状门廊。[10]如此规模的房子要被划分成公寓。在50号，房东和他的家人住在房子的下半部分，上面有两套公寓。熊式一的公寓经常高朋满座，因为他邀请了许多杰出的中国来访者，包括京剧演员梅兰芳、画家徐悲鸿（曾是费成武的老师）和刘海粟。1935年，当蔡岱梅带着三个孩子从中国来到这里时，熊式一全家住在二楼。1936年，他们都回到中国，然后在1938年年初又带着三个孩子回到英国。另一位老朋友崔骥，从熊式一的家乡南昌来到伦敦学习教育理论，与另一位南昌人王礼锡（雪莱·王）和他的妻子陆晶清一起住在顶层公寓里。

战争所迫，蒋彝搬到了附近的公园山路。战争即将来临之际，孩子们从伦敦撤离，熊氏一家也跟随他们撤离。他们最年长的孩子熊德兰转移到圣奥尔本斯。在那里，她和一位公交车司机及其家人住在一起。在一篇于1996年发表于中国的短篇小说中[11]，她描述了与工人阶级相处的愉快经历。两个年龄较小的男孩熊德輗和熊德威住在临时安置房中，房

9　参见Caroline Maclean, *Circles and Squares: The Lives and Art of the Hampstead Modernists* (London: Bloomsbury, 2020).

10　Brigid Cherry and Nikolaus Pevsner, *The Buildings of England: London 4 North* (London: Penguin Books, 1998), 198.

11　熊德兰、吴光华，《海外归人》，北京：北京十月文艺出版社，1998年。

子的主人是一位年长的圣公会牧师和与他年龄相仿的姐姐。据熊德輗回忆，这家主人完全没有准备好与孩子打交道。因为两个男孩在同龄人中个子偏小，这家人供给的餐食很少，对于两个正长身体的男孩来说完全不够。很快，他们就回到父母那里。为了躲避伦敦的轰炸，熊氏夫妇决定去圣奥尔本斯。[12]他们位于上公园路的家最终被炸毁，现已不存，但搬走时，他们比蒋彝更幸运。蒋彝在公园山路的公寓被一颗炸弹炸毁，迫使他连夜前往牛津。

1943年，熊家的三个孩子都考上了牛津地区的大学，所以熊氏夫妇也搬去牛津，为孩子们学习提供居所。起初他们租下了艾弗里路的房子，但是后来格雷厄姆·格林为他分居的妻子买下了这座房子，他们就不得不搬走。他们的新居位于附近海福德希尔路（Heyford Hill）。熊式一先去剑桥大学教书，后又前往新加坡协助建立了南洋大学，之后又前往香港，但蔡岱梅和她的小女儿却一直留在牛津。直到1966年，她才搬回了瑞士屋区，住进了一座白色灰泥粉刷的高排屋里。凌叔华也住在瑞士屋区，最后在附近的梅达谷定居。自20世纪40年代末起，费氏夫妻与另外两位艺术家同住一套公寓。这两位艺术家后来回到了中国。熊德黄记得："第一次他们搬来与我们同住时，妈妈告诉我他们还没有结婚。他们最终决定结婚，更多是为了方便起见，因为那个年代不允许未婚人士同居。我有一张斯坦利·斯宾塞（Stanley Spencer）和我父亲参加他们婚礼的照片。"何伯英说，费家后来在芬奇利中央区（Finchley Central）买了一套房子，离何家在东芬奇利的住所不远。何家的房子很不同寻常：它是迪恩路（Deansway）上四座房子中的一座，带有绿瓦屋顶，和中国寺庙的屋顶没什么不同，前面种着一大片竹子。何家从著名作家林语堂手中买下了这座房子。林语堂在美国度过了大部分时间，但他的女儿们却在这里居住，种下了这片竹林。现在位于迪恩路的竹子已然消失，但在何伯英曾经居住的拱门区（Archway）和熊德达在西汉普斯特德的花园中，从那片竹林剪下的插枝仍在茂盛生长。

12　熊德輗写给本章作者的电子邮件，2019。

热情待客

　　熊式一非常好客，他在伦敦生活的早年间就为客人提供住宿。1938年，妻子和家人来到英国后，他继续招待客人和朋友，为他们提供食宿。很快，疏于做饭的蔡岱梅就发现自己要招待很多人，而这些人往往都是自己丈夫临时邀请的。正如她在"带有自传色彩的人生经历"——《海外花实》——中写的那样，她"并不精于烹饪"，但迫于当时的情境，她大致掌握了烹饪之道。她写了中英两国待客之道的不同之处："对待英国朋友，我们遵从英国人的习惯，以恰当的书面形式邀请他们喝茶。和中国朋友在一起时，我们遵从中国人的习惯，从不请他们喝茶，只在他们来访时请他们留下来吃顿饭。如果他们上午来访，就请他们留下来吃午饭。如果他们下午来访，就请他们留下来吃晚饭。"在牛津，这种传统的待客之道，夹杂着对同胞在英国艰难生活的同情，也就是说："每当人们有些想家的时候，他们总会来……家里。他们不需要被（这家人）认识：他们不用事先写信或打电话，也不必静待邀约。他们所要做的就是伸出一根手指按一下……这家的门铃，就一定会有人款待他们。"[13]

　　当时英国仍实行配给制度，如此慷慨待人一定非常困难，尤其是战时和20世纪50年代初。蔡岱梅在她的书中曾提及配给制给他们带来的种种困难，其中一些她的家人能设法克服。他们在圣奥尔本斯和牛津的花园里养鸡，这样就能有充足的鸡蛋供给。但他们喜欢吃的食物却并不在配给范围之内，比如龙虾！[14]她还提到，她们一家受到了一些商人的"优待"，这句话的意思应该是说，商人们没有理会配给制度的规定。相比之下，在《海外花实》中，以熊式一为原型的"丈夫"大开待客之门，欢迎所有宾客，却未曾顾及他的妻子为维持生计所做的努力。她的丈夫似乎不赞成黑市交易："我听说伦敦的人想要举办派对，就得去黑市

13　Dymia Hsiung, *Flowering Exile: An Autobiographical Excursion* (London: Peter Davis, 1952), 42, 70−71.

14　Hsiung, *Flowering Exile*, 59.

买稀缺的食物，这太可怕了！"尽管如此，熊德荑却记得，"我们曾在黑市一个屠夫那里买肉"。[15]

所有的女性都是来自富裕家庭的知识分子，家中仆人众多，所以她们很少或根本没有做饭或操持家务的经验。然而，在很短的时间内，许多人就得心应手，甚至成了好厨师。在某种程度上，这是她们的性格使然。陈源和凌叔华的女儿陈小滢记得母亲"不想让我进厨房"。据陈小滢回忆：

> 母亲不能吃猪肉，所以我们大部分时间都吃牛肉。她做饭很好，但她不想做。我们一直吃中国菜，但都是简餐。我父亲常常下面条，就是简单的清汤面。我的确按照赵女士的烹饪书做过饭，但我母亲却把大部分菜都扔掉了，因为她们就像猫和狗一般天生不对付，彼此厌恶。[16]我们经常吃白米饭、中国式炖牛肉和卷心菜。我母亲就是和我的父亲合不来（尽管我是几年之后才知道这件事情的）。我父亲喜欢无锡菜，不过我的母亲做菜却很简单。

这些食物之所以做得如此简单，部分缘由可能是很难获得烹制中国菜肴的必备食材，战时获得这些食材几乎是不可能的，在之后的几十年里也是困难重重。熊德荑记得："战时，我们可以拿到一袋袋大米，我猜想是从大使馆拿来的。我们总能吃到面条，这多亏了马可·波罗。但由于我的父母是江苏人，从小吃的就是米饭，在拿到下一袋大米之前，如果我父亲一连几天见到的都是面条，他就会在饭桌上拉着脸说'又是面条'。我敢肯定，这些虾干也来自中国大使馆。"

20世纪50年代早期，何女士不得不在伦敦搜集中国食材，他们一家收到了从台湾寄来的信件和包裹，收获颇多。何伯英记得她的父母

15　熊德荑写给本章作者的电子邮件，2019。

16　杨步伟，著名语言学家赵元任（1892—1992）的妻子，于1945年出版了《中式烹调和饮食》（*How to Cook and Eat in Chinese*）一书。虽然赵元任及其家人在美国生活了很长一段时间，但作为一位杰出的知识分子，他肯定认识陈源和凌叔华。

"收到来自台湾的包裹，装有蘑菇、茶叶、虾干、臭鱼干（难闻！）和干辣椒，他们都非常高兴，偶尔还有来自台湾的客人登门拜访，送来诸如松花蛋之类的美味佳肴！这样的食物，不是给我们孩子准备的"。有一位客人名叫蒋彝，受到孩子们热烈欢迎，他喜欢逗孩子们开心。他为5岁的熊德荑找到了一辆儿童三轮车，这在战时是罕见的宝贝。1949年，他和何家人一起过圣诞节，享受做饭的乐趣和彼此间温暖的陪伴，而孩子们喜欢他送的牛仔帽和印第安羽毛头饰。1950年，何伯英在复活节收到了由蒋彝题赠的《金宝与大熊猫》："至于蒋叔叔，我记得他，主要是因为他画的熊猫水彩画惟妙惟肖，他还在伦敦动物园领养了两只大熊猫，经常带我们去看。我猜这就是我喜欢大熊猫的原因吧。"

对于何女士来说，为家人和朋友做饭是一件享受的事情。何思可以自制的四川辣椒酱闻名。对蔡岱梅来说，有一位热情好客的丈夫，以及无数在牛津思乡的中国学生，让她所处的境况大不相同。在《海外花实》中，她开列了一个菜单，为书中虚构人物罗太太家三个孩子的30位学生朋友举办聚会之用：

1. 鸡汤蛋饼
2. 三只烤鸭
3. 三只水煮鸡配酱
4. 两只炖牛舌
5. 白菜虾干炒粉条
6. 蘑菇肉炒面
7. 大米饭
8. 啤酒和其他饮料[17]

很难弄清这些中国家庭主妇是如何找到足够的酱油来做这些中国菜肴的。难道也都是来自大使馆吗？罗孝建说，20世纪30年代末，剑桥

17　Hsiung, *Flowering Exile*, 202–203.

有一家名叫"蓝谷仓"（Blue Barn）的中餐馆，它的规模与其名不符，因为它"仅仅只是一家小餐馆，里面有长长的柜台，十几个人坐着"。"这家小餐馆"仅供应三道菜肴：炒杂碎、炒面和炒饭。"蓝谷仓"的炒杂碎里有炖肉和卷心菜，上面淋满番茄酱；炒面上放了一个煎蛋，炒饭也同样丰盛，里面有大量诱人的食物，比如洋葱、豌豆、碎肉和小勺虾。[18]

M. P. 李（M. P. Lee）在1943年出版的《华食谱：一百种实用食谱》中提出了解决酱油短缺的办法，该书由费伯出版社出版，插图由蒋彝绘制。罗孝建回忆说，李即中国大使馆的秘书李梦冰，他建议用马麦酱作为替代品。[19]实际上，李梦冰在食谱上提议，"缺少酱油时，肉汁、牛肉汤粒或以蔬菜为主的马麦酱都是很好的替代品……以1比3的比例加水稀释"。他还提到，"中国每道菜都离不开酱油的想法是错误的"。[20]李认为"炒杂碎"不是一道菜，它"在中国不为人知，也没有人吃"。在中国的食谱中，与之相近的是我们所说的"炒烩"，这道菜包括鸡肉、竹笋、火腿、蘑菇和一些猪肉丸，据说这是清朝著名政治家李鸿章最喜欢的一道菜。[21]

李梦冰在《华食谱》的序言中引用了苏东坡的一首诗：

无竹令人俗，
无肉令人瘦。
不俗又不瘦，
竹笋焖猪肉。[22]

《华食谱》中有各种各样熟知的菜肴，虽然有些菜的名字不同寻常。

18　Kenneth Lo, *The Feast of My Life* (London: Doubleday, 1993), 110.

19　Lo, *The Feast of My Life*, 175.

20　M. P. Lee, *Chinese Cookery: A Hundred Practical Recipes* (London: Faber and Faber, 1943), 12.

21　Lee, *Chinese Cookery*, 9.

22　Lee, *Chinese Cookery*, 7.

饺子，现在通常翻译为"dumplings"，出现在"米和面"一节中的"中国肉饼"条目下，说可以油炸、煮（水饺）或半炸（锅贴）。用面粉和酵母制成的大一些的包子，里面塞满猪肉（或者对李来说，也可以是小牛肉）和蔬菜，却被称为"中国馅饼"。[23] 尽管现在的包子在英语中被称为"steamed buns"，但凌叔华在1953年出版的自传《古韵》（*Ancient Melodies*）中也将包子称为"带肉的馅饼"。[24] 李梦冰意识到很难获得中国菜肴的一些基本配料，所以他列出了伦敦中餐馆和商店的名称和地址，其中大多数都在苏荷区，但其中也有两家位于莱姆豪斯唐人街的中餐馆：西印度码头路（West India Dock Road）的和合居餐厅（Chong Chu Restaurant），以及莱姆豪斯考斯威的三圣商场（Emporium Sun Sam Shing Co.）。住在伦敦的人，如果没能从中国大使馆或经由中国亲戚邮寄或快递获得竹笋、墨鱼干、香菇干、火腿、鲜姜（李提出了一种用完全不同的姜粉作为代替品）和香油，那么他们也能从三圣商场买到这些东西。[25]

战争结束后不久，一位英国女士在苏荷区鲁伯特街（Rupert Street）开了一家小型中国超市，名为"香港百货商场"。她的丈夫在沙夫茨伯里大街开了第一家香港餐馆，大获成功。这家餐馆自战前以来一直是城里"最大、生意最兴隆的中餐馆"。[26] 说也奇怪，我的家人认识那里二楼的经理罗先生，他是伦敦大学法律专业的学生，20世纪50年代初是我们家的房客。他有一个装满书的大箱子，放在床底下，据我母亲说，他从来没有打开过。罗先生在餐厅工作了一段时间，还参演了艾娃·加德纳（Ava Gardner）出演的一部关于亚洲海盗的电影，每天早上都有一辆黑色的豪华轿车来接他。他离开了我们在东芬奇利的家，搬到了附近的

23　Lee, *Chinese Cookery*, 20-22.
24　Su Hua［Ling Shuhua］, *Ancient Melodies* (London: Hogarth Press, 1953), 224-225.
25　芝麻油很难找到。即使在战争结束后，我们也常常从药店买小瓶的橄榄油，在药店里卖的是药用的，而不是做饭用的。克劳迪娅·罗登（Claudia Roden）在1968年出版的《中东食品之书》（*A Book of Middle Eastern Food*）第一版中列出了供应商名单，以便伦敦以外的厨师可以获得适当的食材。
26　Lo, *The Feast of My Life*, 173.

何家，他家的食物肯定要更合他的口味。他邀请我们去了几次这家港式餐馆，我和弟弟在那儿用筷子吃鸡蛋和薯条。

众所周知，食物在中国文化中很重要，在战争时期和20世纪50年代初，它可能更加重要，那时食物很难找到，难以备菜。食物除了给家庭带来慰藉之外，还带来了经济收入。像罗孝建一样，几个生活在英国的中国知识分子后来都开了餐馆。1948年，何思可被任命为中国驻伦敦大使馆一等秘书，但他的任期并没有持续多久。何伯英回忆道：

> 1950年，英国政府承认了中华人民共和国，原先的大使馆关闭了，所有的外交官都得去找新工作，但他们是知识分子，不是商人。爸爸留着他的车，我们雇了一个英国女佣，这次佣期更长。爸爸和他的大使馆朋友们集思广益，他们聪明绝顶的脑袋瓜碰在一起，就想出了在伦敦西区开一家高档中餐馆的主意。这家餐馆与伦敦东区那些破旧的粤式咖啡馆不同。以前在大使馆工作的厨师也失业了。所以，1950年至1951年，他们在莱斯特广场开了一家名叫"亚洲人"的餐馆，这里可以吃到资深中国厨师烧制的地道中国菜。所以这家餐馆广受欢迎。谁知道他们的食材是从哪里来的？更何况餐馆里还供应高档法国葡萄酒。父亲是品鉴红酒的行家，他通过以前的外交关系从法国订购了多箱葡萄酒。他们的上层社会顾客包括欧内斯特·贝文和其他政治家，还有艾娃·加德纳，父亲对她还有一点儿好感。

"亚洲人"餐馆开张之后，何思可和同事新开了一家名为"龙"的中餐馆，他一直在那儿工作到退休。

文化

费阿姨、方阿姨、申曼云、何太太和蔡岱梅（20世纪30年代她刚来的时候）的照片上，可以看到她们身着优雅的紧身中国旗袍，这种高领的中国礼服，上面还缀有精致的纺锤形纽扣。何伯英解释说："母亲在台北有私人裁缝，为她量体裁衣，手工缝制出精美绝伦的礼服，以丝绸为内衬，上面带有刺绣。这些礼服是台湾访客带来的。我还有一两件，这太珍贵了，不能捐给乐施会。"[27]林家住在纽约时，林语堂妻子的衣服也是从中国带来的。何伯英补充说："住在纽约的时候，母亲带来了在中国做的衣服，所以她除了鞋子和丝袜外，不买别的东西。"[28]何夫人有用于特定场合的精美丝绸旗袍，"但也有适合在英国冬天穿的保暖羊毛长袍，以及不那么正式的长袍"。何伯英说："到了晚年，她才真正接受西方的服装风格，那时她发现在肯伍德散步时，玛莎百货的休闲裤和羊毛衫穿起来非常舒服，而且她不需要吊袜带和丝袜。"

女士们聚在一起打麻将，往往也会享用美食，开展其他娱乐活动。她们的麻将玩家组合并不是一成不变的。何伯英记得，在她父母家或费阿姨家吃过中餐后，"费阿姨和我的父母会唱京剧"。他们即兴唱京剧时，何伯英总会把她的卧室门关上。

费氏夫妇、方召麐和凌叔华（画作更少）等画家们一生都从事工笔画创作，而何思可退休后却专攻书法。"台湾访客为父亲带来了中国的报纸、书籍、书法书、毛笔和墨水。他更喜欢用牛鼻毛做的昂贵毛笔。我脑海里一直有一个画面：一些勇敢的人从奋力反抗的牛身上拔下鼻毛。"[29]对于何思可来说，在英国继承中国传统，书法起着非常重要的作用：

父亲一直爱好书法。他从来都不允许我们碰他的宣纸、墨、砚台，还有几十支粗细不一的毛笔，宣纸是他辛苦搜集来的，墨和砚台也恰到好处。有些是台湾朋友带给他的，其他是他后来在苏荷区的光华书店买到的。退休后，他有了更多的时间。等他的第二家中餐馆"龙"打烊，

---

27 宋路霞，《中国望族旗袍宝典》，上海：上海科学技术文献出版社，2017。该文集收录之旗袍令人惊诧，其中包括徐志摩第一任妻子所穿的旗袍。她在剑桥郡生活了一年，而后被出轨的诗人丈夫抛弃。

28 Adet Lin and Anor Lin, *Our Family* (London: Jonathan Cape, 1939), 38-39.

29 何伯英，与作者电子邮件交流，伦敦，2019。

母亲收拾完晚餐的东西，他就拿出笔墨纸砚，摆满餐桌。他有一个仪式，先喝一点威士忌，释放"气"，让创造力如溪水般流淌。他喜欢唐代诗人，总是选择他们的诗练习，如果某天他笔滑了一下，写错了，整个作品就得扔掉。练一首几百字的长诗需要注意力高度集中和一定的运笔技巧。他认为手腕应当悬空，而不应接触纸张。有些笔画需要手的动作雄浑有力，有些笔画则要求轻巧细腻。喝一定量的威士忌可以释放"气"，这样父亲有时能创作出几页完美的作品。有时他的"气"真的会自由流动，需要大家沉寂几个小时，他才能完成作品。有时，母亲在看她喜欢的电视剧，所以父亲需要喝更多威士忌来避免干扰。奇怪的是，他喜欢开着电视，边听摔跤比赛边练书法，不允许我们关电视或者换台。母亲去世后，父亲用书法誊写母亲的诗，以作怀念，装订成册，送给英国和中国台湾的朋友。

也有更轻松的场合：他的书法大字"虎"，与他自制的四川辣椒酱一样受欢迎。

从战争爆发到1966年，蔡岱梅大部分时间都在牛津，所以没有参加伦敦北部的麻将聚会，她与凌叔华的接触也很少。凌叔华的女儿记得，她的母亲"一直认为自己比那些（打麻将）的女士们高贵。也许是因为早期声名在外，让她有些自鸣得意。张倩英（费阿姨）多年后告诉我，我母亲看不起她和她的朋友，多年来也一直认为我有一个私生女，因为我母亲从未向他人透露过我已经结婚"。20世纪50年代初，蔡岱梅和凌叔华都出版了书籍，取得了一定的成功。1952年，蔡岱梅的《海外花实》首先出版，尽管凌叔华早在之前就已经计划在英国写作和出版书籍。朱利安·贝尔在武汉时，曾将她的一些短篇小说寄给他的母亲瓦妮萨·贝尔，希望她能让这些作品在文学杂志上发表，但没有如愿。贝尔去世后不久，凌叔华就从四川写信（她在四川是为了躲避日本人的入侵）给她的小姨弗吉尼亚·伍尔夫，后者于1938年4月5日回信：

我没有读过你任何作品，但朱利安给我写信时经常谈起……他还说，你的生活非常有趣；事实上，我们讨论过——我想是在信中讨论过，也许你愿意用英语把你的生活记录下来。这就是我目前的建议……你能不能开始动笔把你记得的东西写下来？在英国没人知道你，与以往的书相比，你的书可以自由发挥。届时，我再来看看是否能出版。[30]

弗吉尼亚·伍尔夫给凌叔华寄了许多包书（主要是自传），并在接下来的一年里不断对收到的手稿进行评论："我非常喜欢。它有很大的魅力……请继续自由发挥；不要过于在意将中文直接翻译为英文……尽可能自然地展示生活、房子和家具的细节。"[31]

但蔡岱梅确实没有从一个出版商兼作家的人那里得到这样的高见，尽管蔡岱梅的朋友们认为她的丈夫给了她很大帮助。正如陈小滢所回忆："蔡夫人的书当然是她丈夫写的。他真是个混蛋。"熊德荑回忆说：

> 我母亲这本书是用中文写的。我父亲帮忙译成了英文。母亲是一个比较细腻的作家，而父亲不希望只做字面的翻译，所以他会夸大一些故事。我记得他们因为英语手稿产生了激烈的冲突。有人告诉我的母亲，如果她想念我的姐姐和两个弟弟，写家庭故事会是很好的精神治疗。她当时预感将有很长一段时间见不到他们。她读过我小时候的书《一头街的家庭》（*The Family from One End Street*），那是她的灵感来源。[32]

《海外花实》讲述了一个中国知识分子家庭——罗氏一家——在战争爆发前抵达英国的故事。书中讲述了战争时期的苦难、适应英国习俗的困难，以及那个时期所有流亡海外的中国知识分子之间的团结。罗氏一家对教育十分重视，后来三个孩子在牛津大学的不同学院学习，毕业后回到战后的中国，希望参与国家重建。很明显，这本书的大部分内容

---

30 Virginia Woolf, *Leave the Letters till We're Dead: The Letters of Virginia Woolf*, vol. 6, 1936–1941, ed. Nigel Nicolson (London: The Hogarth Press, 1994), 221.

31 Woolf, *Leave the Letters till We're Dead*, 290.

32 Eve Garnett, *The Family from One End Street* (London: Frederick Muller, 1937).

带有自传色彩，尽管没有提到1935年留在中国的两个孩子，而且朋友的身份也未可知，其中包括崔骥，他在书中名为宋华，曾与他人同住在汉普斯特德，在该书出版前不幸去世。[33]《海外花实》封面精美，由费阿姨的丈夫费成武绘制，附有小人物走向博德莱恩图书馆的场景，这显然是受到路德维希·贝梅尔曼斯（Ludwig Bemelmans）的儿童书《玛德琳》封面的启发。这本书出版于1952年，可能是德黄喜欢的书。

这本书的主题包含熊氏家族对教育的重视、他们对流亡海外的中国知识分子同胞的同情、关怀和热情的待客之道。即使到了晚年，熊阿姨仍然具备这些品质。她的客厅里摆满了书，还放有一个雅典卫城的石膏模型。她的孙辈从中国到英国和美国的大学学习，常常在这儿和朋友们聚在一起吃饺子，小厨房里传来厨具碰撞的声音，油毡地板因为常年炒菜也变得黏糊糊的。

凌叔华的《古韵》是一本不同寻常的书。根据弗吉尼亚·伍尔夫给她的建议，她在书中描述了幼时在北平、天津和日本的生活。薇塔·萨克维尔－韦斯特（Vita Sackville-West）写了序言，她引用了弗吉尼亚·伍尔夫的信件内容，并指出："伍尔夫夫人也许是对的，她说读者一开始并不了解不同的妻子，她们是谁，谁在说话；但是一旦他们习惯了大娘、二娘甚至是四娘、五娘这些称谓，更不用说九妹或十弟这样的称呼，画面就会颇富戏剧性。"[34]除了讲述父亲众多妻子钩心斗角之外，凌叔华还将自己描绘成一个具有极高绘画天赋的小孩，师从宫廷画家，并且是一名出色的中国古典文学学生。在父亲的几十个孩子中，她是最受宠的。正如伍尔夫建议的那样，她描述了室内装饰和家具，增添了一些细节描写，如她房间里黑漆和红漆的桌子。她的语言很简单，避免了林语堂的女儿们在回忆录《吾家》（1939）中使用的"中国式黛西·阿什福德（Daisy Ashford）"的写作方式。她侧重叙述自己的童年成就，也承认确有一个有志于学医的妹妹，却对两个姐妹于日本坠入瀑布的神秘

33　Zheng, *Shih-I Hsiung*, 203–205.

34　Su Hua, *Ancient Melodies*, 9.

死因避而不谈。[35]她得到了伍尔夫和萨克维尔－韦斯特的鼓励，而且她的女儿也提到了她在瓦妮萨·贝尔面前"扮演了儿媳的角色"，但贝尔把凌叔华引见给布鲁姆斯伯里派知名人士，并没有帮助她在英国的文学事业取得进展。贝尔写道，玛乔丽·斯特拉奇（Marjorie Strachey）"被她的多愁善感吓坏了"，亚瑟·韦利则干脆逃走了。[36]

《海外花实》比凌叔华的《古韵》早一年出版，蔡岱梅和凌叔华因此长期疏远。当问及两人是否存在文学上的竞争，以及这位已然成名的作家凌叔华是否为一本业余作家的书侵占了她的地位而感到恼火，两家人都认为，事实上《海外花实》中对凌叔华女儿的描述才是问题的根源。凌叔华的女儿陈小滢说："熊夫人对我很好，但我母亲看不起她。"而熊德荑说："我从来没有想过要较劲，我们认为这（裂痕）是因为我母亲把陈小滢说成是一个轻佻之人。出版商希望书中加入一些浪漫和性感的元素。这都要怪彼得·戴维斯（Peter Davies）。"《海外花实》中，陈小滢是书中"杨斌"这一人物的原型，她在其中的形象被扭曲丑化了。陈小滢和她的父母住在巴黎（陈源担任中国驻联合国教科文组织代表时，大部分时间都在巴黎度过），后来她来到牛津大学上学，住在一向好客的熊家。她被刻画为一个有着"丰满的胸部"和涂着"浓重腮红"的人。[37]一到罗（熊）家，她就唱起了《义勇军进行曲》，给所有在场的人留下了深刻印象，这首歌后来成为中华人民共和国国歌。她与熊家的两个男孩调情，写信抄诗，每周末从学校过来看他们，因为正如她所说："罗阿姨，学校的饭菜太难吃了。"罗太太担心她对学习缺乏兴趣，"她娱乐时间太多了"。后来，凌叔华从法国赶来，管教她的女儿。《海外花实》中凌叔华（即书中的"杨夫人"）的形象并不美好，她的外貌描写很严苛，书中很少描写她服饰和珠宝的细节，令人意外。"杨夫

35　萨莎·苏凌·维尔兰德（魏淑凌）是凌叔浩的外孙女（凌叔华是她的姨婆），学习医学。参见Sasha Su-ling Welland, *A Thousand Miles of Dreams: The Journeys of Two Chinese Sisters* (London: Rowan and Littlefield, 2006).

36　Welland, *A Thousand Miles of Dreams*, 303。

37　Hsiung, *Flowering Exile*, 213.

人原本身材很好，但现在却身材臃肿。她打扮得雍容华贵，虽然可能有点不合时宜。她略施粉黛，仔细地涂抹胭脂，一身珠光宝气：戴着红宝石耳环，配有翡翠胸针，脖子上挂着珍珠项链，手上还戴着一个四周镶满小钻石的大蓝宝石戒指。她穿着一件带有大片金色图案的黑缎面连衣裙，这也与她的眼镜边框相配。因为她体型较胖，所以她不得不穿平底鞋。"[38] 她带着女儿回到了巴黎，熊家男孩们就此"安全"了。

虽然这段文学上的插曲可能恶化了熊氏家族和凌叔华之间的关系，熊德荑记得，"1966年我们搬到瑞士屋区后，凌叔华母女与我母亲成了好朋友"。近四十年后，陈小滢在北京与熊德輗（据说她曾在牛津与他暧昧不清）见面时说："你母亲确实夸大其词了。"然而，对陈小滢来说，她生性风流的调情者形象仍然让她心生愤懑："熊家兄弟比我大，他们几乎不会说中文……而当时我几乎不会说英语。"她还记得，熊式一"向父亲借了很多钱，当父亲想把钱要回来的时候，熊式一写了'爱莫能助'四字，意思是他无法帮助我父亲，好像我父亲想向他借钱！"

1949年后，新中国成立并没有终止他们在海外的流亡生活。熊家的三个孩子离开英国，他们的事业在中国取得了成功，但这并不意味着他们的父母就能轻易回国。在当时的背景下，他们的亲戚分散居住在海峡两岸。熊式一和蒋彝确实曾在中国短暂停留，但蔡岱梅再也没有回到中国。何思可和他的妻子熊化莲也没有回来。虽然他们在中国有很多亲戚，但熊化莲的哥哥是"蒋介石的私人医生"。回到故土的旅程，只能交由后代来完成了。

（汪海劲　译）

38　Hsiung, *Flowering Exile*, 251−252.

汉语人名对照表 [1]

Cai Chusheng 蔡楚生

Cai Tingkai 蔡廷锴

Cai Yuanpei 蔡元培

Chen, Jack; Chen Yifan 陈依范

Chen Jitong 陈季同

Chen Mingshu 陈铭枢

Chen Yuan 陈源

Chiang Hsu; Jiang Xu 蒋诩

Chiang Kai-shek; Jiang Jieshi 蒋介石

Chiang Ta-ch'uan; Jiang Dachuan 蒋大川

Chiang Yee; Jiang Yi 蒋彝

Chinnery, Ying; Chen Xiaoying 陈小滢

Di Baoxian 狄葆贤

Du Fu 杜甫

Emperor Ai 汉哀帝

Fang Shin-hau; Fang Xin'gao 方心诰

Fang Zhaoling 方召麐

Fang Zhenwu 方振武

Fei Chengwu 费成武

Fong, Wen C.; Fang Wen 方闻

1　除引用原文外，本书统一使用汉语拼音系统，但少数人名的罗马字母拼写方法已成习惯，故予以保留。人名表含中文汉字、汉语拼音及威妥玛拼音，以供查阅。——译者注

Gong Zizhen 龚自珍

Gu Yuncheng 顾云程

Guo Moruo 郭沫若

Guo Taiqi; Quo Taichi 郭泰祺

Han Suyin 韩素音

Ho, Grace; Lau Grace; He Boying 何伯英

Ho, Lily; Hsiung Hwa Lian; Xiong Hualian 熊化莲

Ho Sye Ko; He Sike 何思可

Ho, Wai-kam; He Huijian 何惠鉴

Hong Shen 洪深

Hou Yao 侯曜

Hsia, C. T. ; Xia Zhiqing 夏志清

Hsiao Ch'ien; Xiao Qian 萧乾

Hsieh Ping-ying; Xie Bingying 谢冰莹

Hsiung, Deh-I; Xiong Deyi 熊德荑

Hsiung, Deh-ta; Xiong Deda 熊德达

Hsiung, Delan; Hsiung Deh-lan; Xiong Delan; Hsiung, Diana 熊德兰

Hsiung, Deni; Xiong Deni 熊德輗

Hsiung, Dewei; Xiong Dewei 熊德威

Hsiung, Dymia; Cai Daimei 蔡岱梅

Hsiung, Shih-I; Xiong Shiyi 熊式一

Hu Qiuyuan 胡秋原

Huang Zunxian 黄遵宪

Jiang Guangnai 蒋光鼐

Jing Youru 敬幼如

Koo, Wellington; Gu Weijun 顾维钧

Lai Foun; Lei Huan 雷欢

Lai Man-Wai; Li Minwei 黎民伟

Lao She 老舍

Li, Chu-tsing; Li Zhujin 李铸晋

Li Dandan 李旦旦

Li Gongpu 李公朴

Li He 李贺

Li Hung Chang; Li Hongzhang 李鸿章

Li Po; Li Bai 李白

Li Ruiqing 李瑞清

Li Yu 李煜

Liao Hongying 廖鸿英

Lin Chuchu 林楚楚

Lin Yutang 林语堂

Ling Shuhua 凌叔华

Liu Haisu 刘海粟

Liu Songnian 刘松年

Lo Hsiao Chien; Lo Kenneth; Luo Xiaojian 罗孝建

Lo Ming Yau; Luo Mingyou 罗明佑

Lu Ching-Ch'ing; Lu Jingqing 陆晶清

Lü Ji 吕纪

Lu Xun 鲁迅

Lu Zhi 陆治

Luo Changhai 罗长海

Ma Xiangbo 马相伯

Mao Zedong 毛泽东

Mei Lanfang 梅兰芳

Poon Lim; Pan Lian 潘濂

Qi Baishi 齐白石

Qian Zhongshu 钱锺书

Qin Shihuang 秦始皇

Shao Xunmei 邵洵美

Shen Congwen 沈从文

Shen, Mary; Shen Manyun 申曼云

Shi Zhecun 施蛰存

Su Dongpo 苏东坡

Sun Mingjing 孙明经

Sun Moqian 孙墨千

Tai Ai Lien; Dai Ailian 戴爱莲

Tao Xingzhi 陶行知

Tao Xisheng 陶希圣

Tao Yuanming 陶渊明

Teng Gu 滕固

Tian Han 田汉

Tsui Chi; Cui Ji 崔骥

Wang Chi-chen; Wang Jizhen 王际真

Wang Mang 王莽

Wang, Shelley; Wang Li-hsi; Wang Lixi 王礼锡

Wang Shifu 王实甫

Wang Wei 王维

Wong, Anna May; Huang Liushuang 黄柳霜

Wu, Butterfly; Hu Die 胡蝶

Wu Mei 吴梅

Xiao Jun 萧军

Xiao San 萧三

Xie He 谢赫

Xu Bangda 徐邦达

Xu Beihong 徐悲鸿

Xu Zhimo 徐志摩

Yang Hsien-I; Yang Xianyi 杨宪益

Yang Yuxun 杨毓珣

Yang Zhiyi 杨治宜

Yao Xueyin 姚雪垠

Ye Gongchuo 叶恭绰

Ye Nienlun 叶念伦

Yeh, Chun-chan; Ye Junjian 叶君健

Yeh, Diana 叶树芳

Yeh, George Kung-chao; Ye Gongchao 叶公超

Yu Shangyuan 余上沅

Yuan Chia-hua; Yuan Jiahua 袁家骅

Yuan Mei 袁枚

Yui Shufang; Hsiao Shufang; Xiao Shufang 肖淑芳

Zeng Yun 曾云

Zhang Daqian 张大千

Zhang Qianying 张倩英

Zhang Tianyi 张天翼

Zhao Buwei; Zhaoyang Buwei 赵杨步伟

Zheng Da 郑达

Zou Taofen 邹韬奋

参考书目精选

以下参考书目仅列出本书中所使用的图书或图书章节。报纸、杂志、期刊等定期出版物上刊载的论文和文章相关细节，可参阅每章中的脚注。蒋彝的作品、相关图书、文章等按照字母顺序列于如下。

蒋彝作品

Chiang Yee. *Calligraphy and Paintings by Chiang Yee*. Publisher unknown, n. d., ca. 1972.

Chiang Yee. *China Revisited, after Forty-Two Years*. New York: W. W. Norton, 1977.

Chiang Yee. *Chinese Calligraphy: An Introduction to Its Aesthetic and Technique*. 2nd ed. London: Methuen,［1938］1954.

Chiang Yee. *A Chinese Childhood*. London: Methuen, 1940.

Chiang Yee. *The Chinese Eye: An Interpretation of Chinese Painting*. London: Methuen, 1935.

Chiang Yee. 'The Chinese Painter'. *Daedalus* 86, no.3 (May 1957): 242-252.

Chiang Yee. *Chin-Pao and the Giant Pandas*. London: Country Life, 1939.

Chiang Yee. *Chin-Pao at the Zoo*. London: Methuen, 1941.

Chiang Yee. 'A Collection of Chinese Paintings'. *The Burlington Magazine for Connoisseurs* 73, no.429 (December 1938): 236, 262-264.

Chiang Yee. *Dabbitse*. London: Transatlantic Arts, 1944.

Chiang Yee. 'Early Chinese Painting: Nature as Viewed through the Eyes of the East'. *Country Life* (26 November 1938): lxii.

Chiang Yee. *Jiang Zhongya shi* [Poems by Jiang Zhongya (Chiang Yee)] . Publisher unknown, n. d., ca. 1935.

Chiang Yee. 'A Letter to Readers'. In Yui Shufang, *Chinese Children at Play*. London: Methuen, 1939, n.p.

Chiang Yee. *Lo Cheng: The Boy Who Wouldn't Keep Still*. London: Puffin Books, 1942.

Chiang Yee. 'Lü Chi'. In *Dictionary of Ming Biography, 1368 – 1644*, edited by L. Carrington Goodrich and Chaoying Fang, 1: 1005 – 1006. New York: Columbia University Press, 1976.

Chiang Yee. 'Lu Chih'. In *Dictionary of Ming Biography, 1368 – 1644*, edited by L. Carrington Goodrich and Chaoying Fang, 1: 960 – 961. New York: Columbia University Press, 1976.

Chiang Yee. *Lundun zhanshi xiaoji* [Sketches about London in wartime] . Hong Kong: Far Eastern Bureau, British Ministry of Information, 1940.

Chiang Yee. Review of *Foundations of Chinese Musical Art*, by J. H. Levis. *The Journal of the Royal Asiatic Society of Great Britain and Ireland* 70, no.1 (January 1938): 145 – 148.

Chiang Yee. *The Silent Traveller: A Chinese Artist in Lakeland*. London: Country Life, 1937.

Chiang Yee. *The Silent Traveller in London*. London: Country Life, 1938.

Chiang Yee. *The Silent Traveller in War Time*. London: Country Life, 1939.

Chiang Yee. *The Story of Ming*. London: Puffin Books, 1944.

Chiang Yee, and W. W. Winkworth. 'The Paintings'. *The Burlington Magazine for Connoisseurs* 68, no.394 (January 1936): 30 – 39.

相关图书

Acton, Harold. *Memoirs of an Aesthete*. London: Methuen, 1948.

Acton, Harold, and Ch'en Shih-Hsiang. *Modern Chinese Poetry*. London: Duckworth, 1936.

Adorno, Theodor W. *Minima Moralia*. Translated by E. F. N. Jephcott. London: NLB, 1974.

Aitken, Ian. *The Concise Routledge Encyclopedia of the Documentary Film*. London: Routledge, 2013.

Appadurai, Arjun. *Modernity at Large: Cultural Dimensions of Globalization*. Minneapolis: University of Minnesota Press, 1986.

Aston, Mark. *The Cinemas of Camden: A Survey and History of the Cinema Buildings of Camden*. London: London Borough of Camden, 1997.

Auerbach, Sacha S. *Race, Law, and 'The Chinese Puzzle' in Imperial Britain*. New York: Palgrave Macmillan, 2009.

Averill, Stephen C. *Revolution in the Highlands: China's Jinggangshan Base Area*. Lanham, MD: Rowman and Littlefield, 2006.

Baker, Phil, and Antony Clayton, eds. *Lord of Strange Deaths: The Fiendish World of Sax Rohmer*. Devizes: Strange Attractor Press, 2015.

Banton, Michael. *Racial Theories*. Cambridge: Cambridge University Press, 1998.

Benton, Gregor, and E. T. Gomez. *The Chinese in Britain, 1800-Present: Economy, Transnationalism, Identity*. Basingstoke: Palgrave Macmillan, 2007.

Bevan, Paul. '*Intoxicating Shanghai*' — *an Urban Montage: Art and Literature in Pictorial Magazines during Shanghai's Jazz Age*. Leiden: Brill, 2020.

Bevan, Paul. *A Modern Miscellany: Shanghai Cartoon Artists, Shao Xunmei's Circle and the Travels of Jack Chen, 1926 −1938*. Leiden: Brill, 2015.

Benois, Alexandre. *Reminiscences of the Russian Ballet*. London:

Putnam, 1947.

Bharucha, Rustom. *Another Asia: Rabindranath Tagore and Okakura Tenshin*. Oxford: Oxford University Press, 2006.

Bickers, Robert. *Britain in China: Community, Culture and Colonialism, 1900–1949*. Manchester: Manchester University Press, 1999.

Bland, Alexander. *The Royal Ballet: The First Fifty Years*. Garden City, NY: Doubleday, 1981.

Boas, Jacob. *Writer's Block: The Paris Antifascist Congress of 1935*. Cambridge: Legenda, 2016.

Bolt, Christine. *Victorian Attitudes to Race*. London: Routledge and Kegan Paul, 1971.

Brooker, Peter, and Andrew Thacker, eds. *The Oxford Critical and Cultural History of Modernist Magazines: Volume I: Britain and Ireland, 1880–1955*. Oxford: Oxford University Press, 2009.

Buchanan, Tom. *East Wind: China and the British Left, 1925–1976*. Oxford: Oxford University Press, 2012.

Cahill, James. *An Index of Early Chinese Painters and Paintings: T'ang, Sung, and Yüan*. Berkeley: University of California Press, 1980.

Cahill, James. *The Painter's Practice: How Artists Lived and Worked in Traditional China*. New York: Columbia University Press, 1994.

Casanova, Pascale. *The World Republic of Letters*. Cambridge, MA: Harvard University Press, 2004.

Causey, Andrew. *The Drawings of Henry Moore*. Farnham: Lund Humphries, 2010.

Chan, Pedith Pui. *The Making of a Modern Art World: Institutionalisation and Legitimisation of Guohua in Republican Shanghai*. Leiden: Brill, 2017.

Chan, Phil. *Final Bow for Yellowface: Dancing Between Intention and Impact*. Brooklyn, NY: Yellow Peril Press, 2020.

Chang, Elizabeth Hope. *Britain's Chinese Eye: Literature, Empire, and*

Aesthetics in Nineteenth-Century Britain. Stanford, CA: Stanford University Press, 2010.

Chazin-Bennahum, Judith. *Rene Blum and the Ballets Russes: In Search of a Lost Life*. Oxford: Oxford University Press, 2011.

Chen Mingshu. *Chen Mingshu huiyilu* [Memoirs of Chen Mingshu] . Beijing: Zhongguo wenshi chubanshe, 1997.

Cherry, Brigid, and Nikolaus Pevsner. *The Buildings of England: London 4 North*. London: Penguin Books, 1998.

Christie, Ian, and Richard Taylor. *The Film Factory: Russian and Soviet Cinema in Documents, 1896−1939*. London: Routledge, 2012.

Clarke, John S. *Circus Parade*. Huddersfield: Jeremy Mills Publishing, 2008.

Clegg, Arthur. *Aid China, 1937−1949: A Memoir of a Forgotten Campaign*. Beijing: Xinshijie chubanshe, 1989.

Darwent, Charles. *Mondrian in London: How British Art Nearly Became Modern*. London: Double-Barrelled Books, 2012.

Davison, Peter, Ian Angus, and Sheila Davison, eds. *The Complete Works of George Orwell*. Vol. *13, All Propaganda is Lies: 1941−1942*. London: Secker and Warburg, 1998.

Daybelge, Leyla, and Magnus Englund. *Isokon and the Bauhaus in Britain*. London: Batsford, 2019.

Delany, Paul. *Bill Brandt: A Life*. Stanford, CA: Stanford University Press, 2004.

DeRocher, Patricia. *Transnational Testimonios: The Politics of Collective Knowledge Production*. Seattle: University of Washington Press, 2018.

De Valois, Ninette. *Come Dance with Me: A Memoir*. Cleveland, OH: World Publishing, 1957.

Dirlik, Arif. *Revolution and History: The Origins of Marxist Historiography in China, 1919–1937*. Berkeley: University of California Press, 1978.

Docherty, Peter, and Tim White, eds. *Design for Performance: From Diaghilev to the Pet Shop Boys*. London: Lund Humphries Publishers, 1996.

Dooling, Amy D., and Kristina M. Torgeson, eds. *Writing Women in Modern China: An Anthology of Women's Literature from the Early Twentieth Century*. New York: Columbia University Press, 1998.

Eastman, Lloyd E. *The Abortive Revolution: China under Nationalist Rule, 1927–1937*. Cambridge, MA: Harvard University Press, 1974.

Eliot, Karen. *Albion's Dance: British Ballet During the Second World War*. Oxford: Oxford University Press, 2018.

Fairbank, John K., and Albert Feuerwerker, eds. *The Cambridge History of China*. Vol. 13, *Republican China, 1912–1949*. London: Cambridge University Press, 1986.

Finnane, Antonia. *Changing Clothes in China: Fashion, History, Nation*. London: Hurst, 2007.

Forman, Ross G. *China and the Victorian Imagination: Empires Entwined*. Cambridge: Cambridge University Press, 2013.

Frayling, Christopher. *The Yellow Peril: Dr Fu Manchu and the Rise of Chinaphobia*. London: Thames and Hudson, 2014.

Fu Guangming, ed. *Xiao Qian wenji* [Collected works of Xiao Qian] . 10 vols. Hangzhou: Zhejiang wenyi chubanshe, 1998.

Garrould, Ann. *Henry Moore: Drawings*. London: Thames and Hudson, 1988.

Garnett, Eve. *The Family from One End Street*. London: Frederick Muller, 1937.

George, Rosemary. *The Politics of Home*. Berkeley: University of California Press, 1999.

Giles, Herbert. *An Introduction to the History of Chinese Pictorial Art*. Shanghai: Kelly and Walsh, 1905.

Gollancz, Victor. *Reminiscences of Affection*. New York: Atheneum, 1968.

Gong Zizhen shiji biannian jiaozhu [Annotated poems of Gong Zizhen] . Shanghai: Shanghai guji chubanshe, 2013.

Gould, Stephen Jay. *The Mismeasure of Man*. London: Penguin Books, 1997.

Graham, Stephen. *London Nights: Studies and Sketches of London at Night*. London: John Lane, 1925.

Grey, Beryl. *For the Love of Dance: My Autobiography*. London: Oberon Books, 2017.

Grey, Beryl. *Through the Bamboo Curtain*. London: Collins, 1965.

Gu Yiqun. *Wang Lixi zhuan* [A biography of Wang Lixi] . Chengdu: Sichuan daxue chu-banshe, 1995.

Hampstead at War, 1939–1945. London: Camden History Society, 1977. First edition ca. 1946 by Hampstead Borough Council (London).

Harman, Claire. *Sylvia Townsend Warner: A Biography*. London: Penguin Books, 2015.

Haskell, Arnold. *Ballet*. Harmondsworth: Penguin Books, 1945.

Hewitt, John. *A North Light: Twenty-Five Years in a Municipal Art Gallery*. Dublin: Four Courts Press, 2013.

Hockx, Michel. *Questions of Style: Literary Societies and Literary Journals in Modern China, 1911–1937*. Leiden: Brill, 2003.

Hodges, Graham Russell Gao. *Anna May Wong: From Laundryman's Daughter to Hollywood Legend*. New York: Palgrave Macmillan, 2005.

Holmes, Colin. *John Bull's Island: Immigration and British Society, 1871–1971*. London: Macmillan Education, 1988.

Hong Shen, *Hong Shen wenji* [Collected works of Hong Shen] . 4 vols. Beijing: Zhongguo xiju chubanshe, 1959.

Horvitz, Dawn Lille. *Michel Fokine*. Boston, MA: Twayne, 1985.

Hosie, Lady. *The Pool of Ch'ien Lung: A Tale of Modern Peking*. London: Hodder and Stoughton, 1944.

Hsiao Ch'ien. *China but Not Cathay*. London: The Pilot Press, 1942.

Hsiao Ch'ien. *Etching of a Tormented Age: A Glimpse of Contemporary Chinese Literature*. Milton Keynes: Lightning Source, n. d., ca. 1941.

Hsiao Ch'ien, comp. *A Harp with a Thousand Strings: A Chinese Anthology in Six Parts*. London: Pilot Press, 1944.

Hsiao Ch'ien. *Traveller Without a Map*. London: Hutchinson, 1990.

Hsieh Ping-ying. *Autobiography of a Chinese Girl*. Translated by Tsui Chi. London: George Allen and Unwin, 1945.

Hsiung, Dymia. *Flowering Exile: An Autobiographical Excursion*. London: Peter Davies, 1952.

Hsiung, S. I. *The Bridge of Heaven*. London: Peter Davies, 1943.

Hsiung, S. I. *Lady Precious Stream: An Old Play Done into English According to its Traditional Style*. London: Methuen, 1934.

Hsiung, S. I. *The Life of Chiang Kai-shek*. London: Peter Davies, 1948.

Hsiung, S. I. *The Professor from Peking: A Play in Three Acts*. London: Methuen, 1939.

Hsiung, S. I., trans. *The Romance of the Western Chamber*. By Wang Shifu. New York: Columbia University Press, 1968. First edition 1935 by Methuen (London).

Hsiung, S. I. *The Story of Lady Precious Stream*. London: Hutchinson, 1950.

Hsu, Hua. *A Floating Chinaman: Fantasy and Failure across the Pacific*. Cambridge, MA: Harvard University Press, 2016.

Huang, Yunte. *Charlie Chan: The Untold Story of the Honorable Detective and His Rendezvous with American History*. New York: W. W. Norton, 2010.

Hu Die. *Hu Die huiyilu* [Memoirs of Hu Die] . Edited by Liu Huiqin.

Beijing: Wenhua yishu chubanshe, 1988.

Jenyns, Soame. *A Background to Chinese Painting*. With a preface by W. W. Winkworth. London: Sidgwick and Jackson, 1935.

Jordan, Donald. *China's Trial by Fire: The Shanghai War of 1932*. Ann Arbor: University of Michigan Press, 2001.

The Kinematograph Year Book, 1937. London: Kinematograph Publications, 1937.

Labanyi, Jo, and Tatjana Pavlović, eds. *Companion to Spanish Cinema*. Oxford: Wiley-Blackwell, 2013.

Lambert, Constant. *Music Ho! A Study of Music in Decline*. London: Faber and Faber, 1934.

Laughlin, Charles. *Chinese Reportage: The Aesthetics of Historical Experience*. Honolulu: University of Hawai'i Press, 2002.

Laurence, Patricia. *Lily Briscoe's Chinese Eyes: Bloomsbury, Modernism, and China*. Columbia: University of South Carolina Press, 2003.

Lee, Leo Ou-fan. *The Romantic Generation of Modern Chinese Writers*. Cambridge, MA: Harvard University Press, 1973.

Lee, M. P. *Chinese Cookery: A Hundred Practical Recipes*. London: Faber and Faber, 1943.

Lehmann, John, ed. *The Penguin New Writing* 24. Harmondsworth: Penguin Books, 1945.

Lehmann, John. *The Whispering Gallery*. London: Longmans Green, 1957.

Lewis, Jeremy. *Penguin Special: The Life and Times of Allen Lane*. London: Penguin Books, 2006.

Leyda, Jay. *Dianying: An Account of Films and the Film Audience in China*. Cambridge, MA: MIT Press, 1972.

Lin, Adet, and Anor Lin. *Our Family*. London: Jonathan Cape, 1939.

Lindey, Christine. *Art for All: British Socially Committed Art from the*

1930s to the Cold War. London: Artery Publications, 2018.

Liu Haisu. *Zhongguo huihua shang de liufa lun* [The theory of the Six Laws of Chinese painting] . Shanghai: Zhonghua shuju, 1931.

Liu, Miles. *Asian American Playwrights: A Bio-bibliographical Critical Sourcebook*. Westport, CT: Greenwood Press, 2002.

Liu Ruikuan. *Zhongguo meishu de xiandaihua: meishu qikan yu meizhan huodong de fenxi* [The modernisation of Chinese art: A study of art journals and art exhibitions] . Beijing: Sanlian shudian, 2008.

Lloyd, Stephen. *Constant Lambert: Beyond the Rio Grande*. Woodbridge: The Boydell Press, 2014.

Lo, Kenneth. *The Feast of My Life*. London: Transworld Publishers, 1993.

Lottman, Herbert R. *The Left Bank: Writers, Artists, and Politics from the Popular Front to the Cold War*. Chicago, IL: The University of Chicago Press, 1998.

Lu Jingqing. *Lu Jingqing shiwenji* [Collected poems and prose of Lu Jingqing] . Chengdu: Sichuan daxue chubanshe, 1997.

Luo Weiguo. *Huashuo Mile* [On Maitreya] . Beijing: Zhongguo wenlian chubanshe, 1994.

Lü Peng. *Zhongguo yishu biannianshi* ['A History of Chinese Art year by year from the year 1900 to 2010'] . Beijing: Zhongguo qingnian chubanshe, 2012.

Maclean, Caroline. *Circles and Squares: The Lives and Art of the Hampstead Modernists*. London: Bloomsbury, 2020.

Margolies, David, ed. *Writing the Revolution: Cultural Criticism from 'Left Review'*. London: Pluto Press, 1998.

Martin, Rupert, ed. *Artists Design for Dance, 1909 – 1984*. Bristol: Arnolfini Gallery, 1984.

McCormack, W. J. *Northman: John Hewitt (1907–1987): An Irish Writer,*

His World, and His Times. Oxford: Oxford University Press, 2015.

Mercer, K. *Welcome to the Jungle: New Positions in Black Cultural Studies*. London: Routledge, 1994.

Mitchell, Charles P. *A Guide to Charlie Chan Films*. Westport, CN: Greenwood Press, 1999.

Morton, H. V. *H. V. Morton's London*. London: Methuen, 1940.

Motion, Andrew. *The Lamberts: George, Constant and Kit*. New York: Farrar, Strauss and Giroux, 1986.

Ne'eman, Gulie, ed. *Passing into History: Nazism and the Holocaust beyond Memory*. Bloomington: Indiana University Press, 1997.

Ng Kwee Choo. *The Chinese in London*. London: Institute of Race Relations/Oxford University Press, 1968.

Okakura Kakuzō. *The Ideals of the East: With Special Reference to the Art of Japan*. London: J. Murray, 1903.

O'Neill, Mark. *The Chinese Labour Corps: The Forgotten Chinese Labourers of the First World War*. Melbourne, VIC: Penguin Group Australia, 2014.

Payne, Robert, and Yuan Chia-Hua, eds. and trans. *Contemporary Chinese Short Stories*. London and New York: Transatlantic Arts, 1946.

Powell, Anthony. *Casanova's Chinese Restaurant*. Harmondsworth: Penguin Books, 1964.

Qian Zhaoming. *Orientalism and Modernism: The Legacy of China in Pound and Williams*. Durham, NC: Duke University Press, 1995.

Qian Zhongshu. *Guan zhui bian* [Limited views] . 4 vols. Beijing: Zhonghua shuju, 1986.

Radford, Robert. *Art for a Purpose: The Artists' International Association, 1933‒1953*. Winchester: Winchester School of Art Press, 1987.

Read, Herbert. *Art in Britain, 1930‒1940: Centred around Axis, Circle, Unit One*. London: Marlborough Fine Art, 1965.

Read, Herbert. *Art Now*. London: Faber and Faber, 1933.

Read, Herbert [Li De] . *Jinri zhi yishu* [Art now] . Translated by Shi Zhecun. Shanghai: Shangwu yinshuguan, 1935.

Sang, Tze-lan D. *The Emerging Lesbian: Female Same-Sex Desire in Modern China*. Chicago, IL: University of Chicago Press, 2003.

Said, Edward. *Culture and Imperialism*. New York: Vintage, 1993.

Scott, A. C. *Mei Lan-Fang: Leader of the Pear Garden*. Hong Kong: Hong Kong University Press, 1959.

Schmidt, Jerry D. *Harmony Garden: The Life, Literary Criticism, and Poetry of Yuan Mei (1716–1798)*. London: Routledge Curzon, 2003.

Shafak, Elif. *How to Stay Sane in an Age of Division*. London: Wellcome Collection, 2020.

Shead, Richard. *Constant Lambert*. London: Simon Publications, 1973.

Smith, Amy Beth. ‘On “the Edge of a Crumbling Continent” : Poetry in Northern Ireland and the Second World War’. PhD diss., Durham University, 2014.

Smith, Barry, ed. *The Collected Letters of Peter Warlock*. Woodbridge: Boydell Press, 2005.

Snow, Edgar, ed. *Living China: Modern Chinese Short Stories*. London: George G. Harrap, 1936.

Song Luxia. *A Collection of Qipaos from China's Prominent Families*. Shanghai: Shanghai Scientific and Technological Literature Press, 2017.

Stansky, Pater, and William Abrahams. *Julian Bell: From Bloomsbury to the Spanish Civil War*. Stanford, CA: Stanford University Press, 2012.

Stravinsky and the Dance: A Survey of Ballet Productions, 1910–1962. New York: New York Public Library, 1962.

Su Hua [Ling Shuhua] . *Ancient Melodies*. London: Hogarth Press, 1953.

Surya Sena, Devar. *Of Sri Lanka I Sing: The Life and Times of Devar*

Surya Sena, O. B. E., M. A., L. L. B., A. R. C. M. Colombo: Surya Sena, 1978.

Taruskin, Richard. *Stravinsky and the Russian Traditions: A Biography of the Works through Mavra: Volume One*. Berkeley: University of California Press, 1996.

Tcheng-Ki-Tong. *Chin-Chin; or, The Chinaman at Home*. Translated by R. H. Sherard. Fairford: Echo Library, 2019. First edition 1890 as *Les plaisirs en Chine* by Charpentier (Paris). First English edition 1895 by A. P. Marsden (London).

Thomas, Myfanwy. *One of These Fine Days: Memoirs*. Manchester: Carcanet New Press, 1982.

Townsend Warner, Sylvia. *Letters*. Edited by William Maxwell. New York: Viking, 1982.

Tsui Chi. *A Short History of Chinese Civilization*. London: Gollancz, 1942.

Tsui Chi. *The Story of China*. London: Puffin Books, 1950.

Vincent, Susan J. *Hair: An Illustrated History*. London: Bloomsbury, 2018.

Wade, Christopher, ed. *The Streets of Belsize*. London: Camden History Society, 1991.

Waley, Arthur. *An Introduction to the Study of Chinese Painting*. London: Ernest Benn, 1923.

Walsh, Stephen. *Igor Stravinsky: A Creative Spring: Russia and France, 1882–1934*. London: Jonathan Cape, 2003.

Wang Chi-chen, ed. *Contemporary Chinese Stories*. New York: Columbia University Press, 1944.

Wang Chi-chen. *Stories of China at War*. New York: Columbia University Press, 1947.

Wang, David Der-wei. *Fictional Realism in Twentieth-Century China: Mao Dun, Lao She, Shen Congwen*. New York: Columbia University Press,

1992.

Wang Pu. *The Translatability of Revolution: Guo Moruo and Twentieth-Century Chinese Culture*. Cambridge, MA: Harvard University Asia Center, 2018.

Wang Lixi. *Li Changji pingzhuan* [The biography of Li Changji] . Shanghai: Shenzhou guo-guang she, 1930.

Wang Lixi. *Haiwai erbi* [A second notebook from overseas] . Shanghai: Zhonghua shuju, 1936.

Wang Lixi. *Haiwai zabi* [Miscellaneous notes from overseas] . Shanghai: Zhonghua shuju, 1935.

Wang Lixi. *Zai guoji yuanhua zhenxian shang* [On the international aid-China front] . Chongqing: Shenghuo shudian, 1939.

Wang Lixi. *Zhanshi riji* [Wartime diary] . Shanghai: Shenzhou guoguang she, 1932.

Ward, Laurence. *The London County Council Bomb Damage Maps, 1939–1945*. London: Thames and Hudson, 2015.

Welland, Sasha Su-ling. *A Thousand Miles of Dreams: The Journeys of Two Chinese Sisters*. London: Rowman and Littlefield, 2006.

Whittingham-Jones, Barbara. *China Fights in Britain: A Factual Survey of a Fascinating Colony in Our Midst*. London: W. H. Allen, 1944.

Witchard, Anne, ed. *British Modernism and Chinoiserie*. Edinburgh: Edinburgh University Press, 2015.

Witchard, Anne. *England's Yellow Peril: Sinophobia and the Great War*. Melbourne, VIC: Penguin Group Australia, 2014.

Witchard, Anne. *Lao She in London*. Hong Kong: Hong Kong University Press, 2012.

Witchard, Anne. *Thomas Burke's Dark Chinoiserie: Limehouse Nights and the Queer Spell of Chinatown*. Farnham: Ashgate, 2009.

Woolf, Virginia. *Leave the Letters till We're Dead: The Letters of*

Virginia Woolf, Vol. 6: 1936–1941. Edited by Nigel Nicolson. London: The Hogarth Press, 1994.

Wu, Frank H. *Yellow: Race in America beyond Black and White*. New York: Basic Books, 2002.

Wu Shengqing. *Modern Archaics: Continuity and Innovation in the Chinese Lyric Tradition, 1900–1937*. Cambridge, MA: Harvard University Press, 2013.

Wu, William. *The Yellow Peril: Chinese Americans in American Fiction, 1850–1940*. Hamden, CT: Archon Books, 1982.

Xiao Ruping. *Nanjing guomin zhengfu yu 'yi·erba' Song–Hu kangzhan yanjiu* [The Nanjing Nationalist government and the January 28 Shanghai War of Resistance] . Hangzhou: Zhejiang daxue chubanshe, 2016.

Xiong Delan, and Wu Guanghua, *Haiwai guiren* 海外归人 [Those who returned from abroad] . Beijing: Beijing shiyue wenyi chubanshe, 1998.

Yang Haosheng. *A Modernity Set to a Pre-modern Tune: Classical-Style Poetry of Modern Chinese Writers*. Leiden: Brill, 2016.

Yang Xianyi. *White Tiger: An Autobiography of Yang Xianyi*. Hong Kong: The Chinese University of Hong Kong Press, 2002.

Yang Yu-hsun. *La calligraphie chinoise depuis les Han*. Paris: Librairie Orientaliste Paul Geuthner, 1937.

Yeh Chun-chan [Ye Junjian] . *Ye Junjian quanji* [The complete works of Ye Junjian] . 20 vols. Beijing: Tsinghua University Press, 2010.

Yeh Chun-chan, ed. and trans. *Three Seasons and Other Stories*. London: Staples Press, 1946.

Yeh, Diana. *The Happy Hsiungs: Performing China and the Struggle for Modernity*. Hong Kong: Hong Kong University Press, 2014.

Zhang Yingjin. *Chinese National Cinema*. London: Routledge, 2004.

Zhang Yingjin, ed. *Cinema and Urban Culture in Shanghai, 1922–1943*. Stanford, CA: Stanford University Press, 1999.

Zheng Da. *Chiang Yee: The Silent Traveller from the East — a Cultural Biography*. New Brunswick, NJ: Rutgers University Press, 2010.

Zheng Da. *Shih-I Hsiung: A Glorious Showman*. Vancouver, BC: Fairleigh Dickinson University Press, 2020.

Zheng Da. *Xixing huaji* [Chiang Yee biography] . Beijing: Commercial Press, 2012.

Zheng, Jane. *The Modernization of Chinese Art: The Shanghai Art College, 1913-1937*. Leuven: Leuven University Press, 2016.

Zhongguo minghuaji ['Famous Chinese paintings collected by Ping Teng Ke'] . 2 vols. Shanghai: Yu Tseng Book Company, 1930.

Zuroski Jenkins, Eugenia. *A Taste for China: English Subjectivity and the Prehistory of Orientalism*. Oxford: Oxford University Press, 2013.

文章及图书章节

Cheang, Sarah. 'Roots: Hair and Race'. In *Hair: Styling, Culture and Fashion*, edited by Geraldine Biddle-Perry and Sarah Cheang, 27-42. Oxford: Berg, 2008.

Harris, Kristine. '*Ombres Chinoises*: Split Screens and Parallel Lives in Love and Duty'. In *The Oxford Handbook of Chinese Cinemas*, edited by Carlos Rojas and Eileen Cheng-Yin Chow, 39-62. Oxford: Oxford University Press, 2013.

Heinemann, Margot. '"Left Review", "New Writing" and the Broad Alliance against Fascism'. In *Visions and Blueprints: Avant-Garde Culture and Radical Politics in Early Twentieth-Century Europe*, edited by Edward Timms and Peter Collier, 113-136. Manchester: Manchester University Press, 1988.

Hsiao Ch'ien. 'The Ramshackle Car'. In *The Spinners of Silk*, 70-75. London: George Allen and Unwin, 1944.

Hsiung, Shih-I. Foreword to *The Romance of the Jade Bracelet and Other Chinese Operas*, by Lisa Lu, 5-8. San Francisco, CA: Chinese Materials Center, 1980.

Kao Yu-kung. 'The Aesthetics of Regulated Verse'. In *The Vitality of the Lyric Voice: Shih Poetry from the Late Han to the T'ang*, edited by Shuen-fu Lin and Stephen Owen, 332-385. Princeton, NJ: Princeton University Press, 1986.

Hewitt, John. 'The Little Death'. In *The Collected Poems of John Hewitt*, edited by Frank Ormsby, 44. Belfast: Blackstaff Press, 1991.

Holmes, Colin. 'The Chinese Connection'. In *Outsiders and Outcasts: Essays in Honour of William J. Fishman*, edited by Geoffrey Alderman and Colin Holmes, 71-93. London: Duckworth, 1993.

Inaga Shigemi. 'Okakura Kakuzō's Nostalgic Journey to India and the Invention of Asia'. In *Nostalgic Journeys: Literary Pilgrimages Between Japan and the West*, edited by Susan Fisher, 119-132. Vancouver, BC: Institute of Asian Research, University of British Columbia, 2001.

Laughlin, Charles A. 'The All-China Resistance Association of Writers and Artists'. In *Literary Societies of Republican China*, edited by Kirk A. Denton and Michel Hockx, 379-411. Lanham, MD: Lexington Books, 2008.

May, J. P. 'The Chinese in Britain, 1860-1914'. In *Immigrants and Minorities in British Society*, edited by Colin Holmes, 101-115. London: George Allen and Unwin, 1978.

Pejčochová, Michaela. 'Exhibitions of Chinese Painting in Europe in the Interwar Period: The Role of Liu Haisu as Artistic Ambassador'. In *The Reception of Chinese Art Across Cultures*, edited by Michelle Ying-Ling Huang, 179-199. Newcastle-upon-Tyne: Cambridge Scholars Publishing, 2014.

Potter, Rachel. 'International PEN: Writers, Free Expression, Organisations'. In *A History of 1930s British Literature*, edited by Benjamin Kohlmann and Matthew Taunton, 120-133. Cambridge: Cambridge University Press, 2019.

Ren Ke. 'The International Peace Campaign, China, and Transnational Activism at the Outset of World War II'. In *The Routledge History of World Peace since 1750*, edited by Christian Philip Peterson, William M. Knoblauch, and Michael Loadenthal, 359−361. New York: Routledge, 2018.

Schultz, Anna. 'John Heartfield: A Political Artist's Exile in London'. In *Burning Bright: Essays in Honour of David Bindman*, edited by Diana Dethloff, Tessa Murdoch, Kim Sloan, and Caroline Elam, 253−263. London: UCL Press, 2015.

'Shelley Wong'. In *Pour la défense de la culture: Les textes du Congrès international des écri-vains, Paris, juin 1935*, edited by Sandra Teroni and Wolfgang Klein, 499−500. Dijon: Editions Universitaires de Dijon, 2005.

Thacker, Andrew. 'Circulating Literature: Libraries, Bookshops, and Book Clubs'. In *A History of 1930s British Literature*, edited by Benjamin Kohlmann and Matthew Taunton, 98−102. Cambridge: Cambridge University Press, 2019.

Vainker, Shelagh. 'Chinese Painting in London, 1935'. In *Shanghai Modern, 1919−1945*, edited by Jo-Anne Birnie Danzker, Ken Lum, and Zheng Shengtian, 118−123. Ostfildern- Ruit: Hatje Cantz Verlag, 2004.

Vainker, Shelagh. 'Exhibitions of Modern Chinese Painting in Europe, 1933−1935'. In *Chinese Painting and the Twentieth Century: Creativity in the Aftermath of Tradition*, edited by Cao Yiqiang and Fan Jingzhong, 554−561. Hangzhou: Zhejiang Art Publishers, 1997.

Vinograd, Richard. 'Patrimonies in Press: Art Publishing, Cultural Politics, and Canon Construction in the Career of Di Baoxian'. In *The Role of Japan in Modern Chinese Art*, edited by Joshua A. Fogel, 244−272. Berkeley: University of California Press, 2012.

'Wang Lixi'. In *Wuchang nongmin yundong jiangxisuo renwu zhuanlüe* [Brief biographies of figures of the Wuchang Peasant Training Institute], edited by Wuchang nongjiangsuo jinianguan, 23−26. Wuhan: Wuhan chubanshe, 1997.

Wang Lixi. 'Yingguo wenhuajie de yuanhua yundong: zuoshuhui ji qita' [The aid-China movement in the English cultural sphere: On the Left Book Club and other matters] . In *Wang Lixi wenji* [Collected works of Wang Lixi], 74–76. Beijing: Xinhua chubanshe, 1989.

Yeh, Diana. 'Contested Belongings: The Politics and Poetics of Making a Home in Britain'. In *China Fictions/English Language: Literary Essays in Diaspora, Memory and Story*, edited by A. Robert Lee, 299–325. Amsterdam: Rodopi, 2008.

Zhang Yingjin. 'Chinese Film in the West'. In *Encyclopaedia of Chinese Film*, edited by Yingjin Zhang, and Zhiwei Xiao. London: Routledge 2002.

Zhang Zhen. 'Transplanting Melodrama: Observations on the Emergence of Early Chinese Narrative Film'. In *A Companion to Chinese Cinema*, edited by Yingjin Zhang, 23–41. Chichester: Wiley-Blackwell, 2012.